空宗與有宗

佛教判教的對話詮釋初續

吳汝鈞等著

臺灣 學生書局 印行

序

　　去年上學期我又為國立中央大學中文研究所及哲學研究所繼續開課，仍然是以對話的方式，順著拙著《佛教的當代判釋》講下來，主要是講印度大乘佛教的空宗與有宗的哲學。空宗包括般若思想與中觀學，有宗則指唯識學，又兼涉及與唯識學有關連的較早期出現的說一切有部與經量部的實在主義的思想。後二者可以歸入小乘佛教方面去。這門課的師生對話授課的內容記錄，便是這本書了。這可以視為前年授課記錄的《佛教的當代判釋的對話詮釋》的延續。

　　同學修讀這門課而擔任不同題材的報告的安排如下：

吳嘉明報告第一章〈說一切有部與法體問題〉

黃惠美報告第二章〈經量部的實在論的傾向〉

林鳳婷報告第三章〈即法體空：龍樹《中論》的探究〉

蔡明儒報告第四章〈即法體空：般若思想〉

鍾雪寧報告第五章〈即法體空：般若波羅蜜多的理解與實踐〉

關啟匡報告第六章〈識中現有與種子理論〉

沈威廷報告第七章〈識中現有與識轉變問題〉

李哲欣報告第八章〈唯識學的判教問題和對它的反思〉

洪楷萱報告第九章〈空有互融概說〉

　　李唯嘉報告第十章〈空有互融的相關問題〉

　　顏銘俊報告第十一章〈蓮華戒《修習次第》的漸教綱領與瑜伽
　　　　　行中觀派的教相判釋〉

其中，鍾雪寧、林鳳婷、關啟匡、李哲欣、李唯嘉、洪楷萱、沈威廷是中央大學中文所的博士生，蔡明儒則是碩士生，顏銘俊是中央大學哲研所的博士生，黃惠美、吳嘉明是臺北市立教育大學中語所的博士生。另外，旁聽的有中央大學哲研所博士生瞿慎思和玄奘大學宗教所碩士生薛錦蓮。另外，還有在本院本所做博士後研究的趙東明，和來自四川大學的碩士生石英。

　　整體而言，同學們都很用功，很認真。其中以顏銘俊君的表現為尤佳。我的回應也很多元，涉及的層面相當廣泛，加上其他同學的提問和討論，一篇五、六千字的報告，做起逐字稿來，竟然會成為一篇二、三萬字的作品。通常這門課安排由星期六下午二時開始，五時結束。但實際上時常會拖長，有時會拖到六、七時才下課。大家都有點累了，也很餓了。我自己更是疲累得很，回到家裏，躺在床上，望著天花板發呆。但還是有滿足感，覺得沒有浪費時間與精力。做學問和做其他事情一樣，要有收穫，便得努力，付出代價。只是做學問一時難以看到成效。即便有成效，也未必在日常生活中用得上。特別是目前的狀況，不管是在中、港、臺，以至歐、美、日本，都鬧著教職荒的問題。年輕的朋友，熬了多年，拿到博士學位，幾乎都馬上面臨職業問題：怎樣吃飯呢？要在大學或研究機構找到一份職位，發揮自己的所學、所長，幾乎是不可能的事。即使有機會，也得等上三、五年。

　　我來中央研究院以前，曾在香港浸會大學宗哲系任教了十五

年，有一個頗為有潛質的學生，先後讀了兩個學士和三個碩士，卻在二十年間，找不到一份全職的工作。現在已四十多歲了，將來找工作也不容樂觀。當然這是一個少見的事例，但目前的確是一個很困難的時期。我這樣說，並不是向將要寫博士論文的年輕朋友潑冷水，讓他們感到沮喪。我只是提出一種訊息，要這些朋友有心理準備，即使得到最高學位，並不表示工作已告一段落，毋寧是艱苦的任務才開始。人生還有一大段路在前面，等待著你們去走。你必須繼續努力，不輕易認輸，才有前途。

最後，我還是要感謝中央大學中文所及哲研所與中央研究院文哲所的有關人士容許我在中研院文哲所上課，讓我不必老遠跑到中央大學去上課。這也讓我有更多的時間和更好的健康條件做好自己的教課作業。同學能來中研院上課，也是我銘感在心的。

是為序。

吳汝鈞
2013.5.10 於南港中研院

空宗與有宗
佛教判教的對話詮釋初續

目　次

第一章
說一切有部與法體問題

吳嘉明：

　　這堂課一開始，我所負責的部分是法有我無，說一切有部的部分，基本上我在閱讀《佛教的當代判釋》中這個篇章的時候，因為我上禮拜並沒有聽到前面的部分，但是就我在閱讀這篇章的感覺就是，我以為老師在進行這樣一個佛教判釋的時候，選此一篇章，可能是想從西方比較傳統式的一個形而上實體講（Metaphisical Substance）下來，這樣才有所謂的從一個形而上實體往下說，說到《中論》（*Madhyamaka-kārikā*）的部分。後來剛剛老師說是因為上學期講到一半，這學期繼續接著講，所以可能是我誤解了（笑）。不過，就實體性來講，說一切有部的理解難度沒有那麼高，而且它的內容也比較淺顯一點，所以在整理上面，我就稍微把老師在《佛教的當代判釋》的講法做了一些整理跟一些闡述，然後再做一些基本的延伸，在內容上面可能不是很多，大概……可能只有三千字而已，所以請大家包涵一下。就這個章節裏面，我試圖分做兩部分來跟大家做一點介紹，第一部分是「作為實在論而思考」，第二則是「從經驗到超越的諸問題」。我分成這兩個章節來

試圖以比較方便的方式來解釋「說一切有部」的部分，那麼以下就進入文章的內容。

其實說一切有部（Sarvāsti-vāda）是屬於部派佛教中一個相當具有特色的佛教體系，尤其在中國，它雖然後來被貶為小乘佛教，但是在當時，它還是具有一定的影響性。它不同於所謂的「原始佛教」（Primitive Buddhism），吳老師在《佛教的當代判釋》的導論裏面有提到。佛教所要求的依據是在於一個佛教系統中所言的「佛性」（Buddhatā），必須要有動感義，那甚麼是動感義呢？人在這樣一個世界的變化流轉裏面，他可以有一個空性（śūnyatā）、一個佛性，因為人是無自性的。

吳汝鈞：你說這個佛性是吧？

吳嘉明：嗯，對。

吳汝鈞：在那階段的佛性的概念，或者觀念，還沒有⋯⋯

吳嘉明：完整的？

吳汝鈞：還沒有出現。

吳嘉明：對。

吳汝鈞：還沒有出現，這個問題要到大乘佛教，大概是《法華經》（Saddharmapuṇḍarīka-sūtra）、《涅槃經》（Nirvāṇa-sūtra）的那個階段，佛性的觀念才明確的給提出來。就說一切有部來說，它主要是涉及有跟無的這個問題，它是把存在世界裏面各種事物，分成

兩個方面，一方面是「法」，是客觀的那些存在。一方面是「我」，是主觀的存在，或者是自我。它的立場就是「法有我無」，就是說，諸法有它的實在性，這個「有」（Sein），就是有實在性，有自性，至於「我」（Ich），就是沒有這種實在性，沒有實體，沒有自性。那從這個法有我無來講，它是在我無這一方面，繼承了佛祖釋迦牟尼的諸法無我思想，就是沒有實實在在的自我，或者是「主體」這樣子，這是從我來講，沒有實在性。但從「法」這方面來講，就是「有」，就是「有」這個實在性，所以它在這裏把宇宙的存在二分為「法」、「我」，然後對它們有不同的觀點，就是從形而上學來講，法是有，我是無。這個法有，是以一種實在論的觀點來說，所謂實在論（realism）是觀看事物的一種基本觀點，就是說，我們所面對外在的世界，一切都有它的實在性，無論是我們感官所碰到的那些東西，或者是我們思想所涉及的那些形而上學的東西，皆為有。

這就是所謂實在論的基本觀點，如果你要比較進一步了解這種實在論的話，我有一本著作《西方哲學的知識論》，裏面就涉及實在主義的知識論，這裏對所謂實在論有比較周延的闡述，我挑羅素，就是 Bertrand Russell，是英國很有名的哲學家，他那套哲學就是「實在論」。我這本書中第五章，就是說羅素的實在論、知識論。如果你們要進一步了解「實在論」這一種思想，可以拿來參考，羅素的那一套有代表性。在西方哲學裏面，講實在論的人很多，古今都有，遠古可以推溯到柏拉圖（Plato），再往前推溯，有些希臘的哲學家，認為宇宙的存有論的根源是「水」，或者是其他甚麼因子，都是有這種實在性的。然後一直發展下來，這種思想

在西方從沒有斷裂過，一直都有發展，直到現代，現代就是以羅素，跟摩爾（G. E. Moore）作為代表，他們都是相當有名的分析哲學家，他們的理論立場，就是實在主義、實在論。

前一陣子我看勞思光的書，他剛剛去世，他也有分析，或者是解析這種興趣，而且這方面的本領很高，非常高，很聰明。可他不是實在論，他不走羅素他們的那條路，他是講所謂超越的主體性，如果你要給他定位，可以把他擺在觀念論上面，跟實在論剛好是對反的。實在論是說客觀的存在，都有所謂的實在性。觀念論就不是這樣講，它說，一切東西存有的根源，在觀念，在我們的思想觀念這方面。所以在哲學上就有一種二分，尤其是馬克思列寧主義，就喜歡提出哲學立場的二分法，一邊是唯物，一邊是唯心，唯物就是偏向實在論，唯心就是偏向觀念論。這種分法不恰當，就是太機械性、太 mechanical，因為有些思想，你不能說它是純然的唯物論，也不能說它是純然的唯心論，是吧？對於這些事情，你要怎麼處理，就很麻煩。唯心論、唯物論的這種機械性的思考，我們以為不可取，大陸那邊已經有很多人放棄了。在哲學上這樣做區分，他的理由就是我剛才所講的，像柏拉圖，他算是實在論，可是他所謂實在是指理型那些東西，不是指日常生活所見到接觸到的東西，那你說柏拉圖是唯心論還是唯物論呢？很難講，如果從理型觀念那邊來說，他是有實在的意涵，我們可以把它放在觀念論來講，可是我們當前所面對的所謂客觀世界的種種事物，在柏拉圖來講，他不承認這些東西有實在性，因為這些東西是模仿理型而成立的，所以我們就不能說這些東西是唯心論。理型可以說是唯心論，以理型為一個樣本、一個模型，可產生萬事萬物。這些東西我們不能說是唯心，

反而是唯物。所以唯心唯物這種分法，對柏拉圖來講，就很難有一種完滿的處理方式，因為在柏拉圖裏面，他強調這個理型，而理型有實在性，是觀念，不是實物，所以這裏我們可以說是唯心。那柏拉圖對於一般的事物如現象界裏面的花草樹林、山河大地，認為不能講終極性與實在性，因為它們只是被導引出來的，是 secondary，也就是第二層次的東西。它們都是理型的模仿品，這些東西當然不能說是唯心這方面，反而你可以將它放在唯物這方面。可是，如果你將它們放在唯物這方面，它們也不可說是終極的，是吧？而是屬於次一層次，不是最高層次，最高層次就是觀念、理型，清不清楚？所以我的意思是說，在大陸流行的那種了解西方或是東方的形而上學，把他二分為唯心或是唯物這種講法，已經在理論上失去效力，應該放棄了。

在大陸很多人都發現這個問題。可是在所謂改革開放以前，那時在思想控制方面比較嚴，它是強調說哲學上只有兩種觀點，不是唯心就是唯物，二分法，就是只能以這種思考的方式來看客觀的存在世界。這是政治決定人的那種思考，那麼現在政治那種壓力已經慢慢淡化下來，所以我們就不需要提唯心、唯物的這個問題。如果沒有問題的話，我們就繼續。

吳嘉明：

原始佛教所談到的一個基本的課題，就是所謂「諸行無常」。從原始佛教的觀點，如何去說明諸行無常呢？其實剛剛老師在書中已經講的相當明白了，佛教認為世間所有的一切，是生滅的，是有為的，有為即是被造（saṃskṛta），所以它們並沒有所謂常住性。

佛教要如何去面對現象界，使後者成為它的課題，那麼我們便要對一切有部所理解的表象世界，有透澈的理解。

在解除生死、苦業意識的問題上，部派佛教似乎有更為細微的觀察與理解。甚麼樣的觀察與理解呢？它將世間一切無常的事物，不斷的析解，析解到最小的分子，而這最小的分子，他們稱其為「法數」。他們以這樣的方法對世間、對表象世界做理解之後，便必須要給予這些因子一個更高級的保證，這保證就是所謂的「法體」。所以大家可以看到《大正藏》談到這問題，其云：「以識起時必有境故，謂必有境，識乃得生，無則不生，其理決定。」[1]說一切有部的世界觀為：識必須要依於境才得以呈顯出來，所以境這樣的內容，就成了表象世界的一個載體，那我們要如何去區分這樣一個內涵呢？我們知道佛教最基本的一個觀點就是緣起性空。緣起是在甚麼樣的內涵上談呢？說一切有部認為，緣起必須依隨著境，這境的內涵即是一圓滿、完備而自足的實存。這樣的實存，老師以實在論來說。我在理解這樣一種實在論的時候，其實有一個困難，如果我們單純用格義的方式，以西方語詞來對佛教做一個定義的時候，在語意上多少會有一點誤差，所以我必須在「實在論」此語詞上再加上一個「超越的」實在論，才能夠更為正確的理解它。為何會如此定義呢？如果大家有看過牟宗三先生在《中西哲學之會通十四講》，在書中，牟氏對英國哲學家的實在論，以「超越的實在論」來稱呼，康德的實在論，則是「經驗的實在論」。在佛教說一

1　《阿毗達磨俱舍論》卷 20〈分別隨眠品〉，第五之二，《大正藏》卷 29，頁 104 中。

切有部中，我認為它的實在論比較逼近於所謂超越的實在論，因此
我便以「超越」一語詞來說明它。

　　對於這樣一個「境」的實存，說一切有部有一個相當重要的說
法，就是「三世實有，法體恆有」，它認為認識世界較為恰當的方
法，就是將世界分判為有跟無二者，作近似於「現象與物自身」的
二元區分；他們便直截的以二元對立的方式去表現這個世界。何以
展現出二元性呢？如果你要說世界是無時，你會不斷的將其析解，
析解到最後得到一個最小分子，說一切有部並不說它就是空，而是
說它「有」，這就成了「法體恆有」的思想。在這裏，認識論很重
要，因為在三世中皆為實存，人才可以從過去到現在，達致記憶、
回想的可能性。在過去，人們能夠記憶它，在現在，人們能感受到
它，而在未來，人們能夠對未來有所推測，這是說一切有部對於如
何去認識與經驗表象世界的說法。

吳汝鈞：嗯……，你這裏提到五位七十五法，其實我們應該這樣瞭
解，就是說，根據有部的說法，它是把宇宙以內所有的東西，把它
們歸納起來。歸納到最後，就成了七十五種，而這七十五種事物，
也就是「法」（dharma），最後不能再歸納了，我們只能把它歸為
五個大類，因此稱為「五位七十五法」。那這七十五法都有終極
性，也就是形而上學的終極性、存有論的終極性。它就把具有存有
論的這七十五種終極性，稱為「法體」，說法體是恆常有的。從法
體轉變出來的那些，也就是以法體做為基礎而發展出來的那些東
西，不算在七十五法裏面，只有法體才有獨立的實在性，不能再分
了，不能再還原，所以它提出一個口號：「三世實有，法體恆

有」。這個三世就是過現未，過是過去，現是現在，未是未來，屬於時間的觀念。法體三世都存在，不會消失，其他那些事物，就是從這七十五種法體發展出來的，它們皆不具有獨立的實在性，因為它們的根據是所謂的法體，就是那七十五種元素。至於五位七十五法到底具體的講法是如何，要另外找參考書來看，我這本《佛教的當代判釋》有沒有提到？

學生（們）：有。

吳汝鈞：是吧，那你們回家去看看。你在這裏的理解基本上沒有問題，但你說部派教學延伸出了近於認識論架構。這不能算是認識論架構，而是存有論架構，認識論是涉及我們認識主體去了解客觀對象那種活動，這就是認識。而存有論就是先不講認識問題，而是講整個宇宙，它的存在性是怎樣，是不是每種東西都有它獨立的存在性？或者說，它們都是由其他一些東西組合而來，如果是這樣的話，其他東西組合成某一些東西，它們的存在性的層次就不一樣了。就是宇宙種種東西，都不具有獨立實在性，它們都是由一些更為基本的東西所組成，而這些基本的東西，它們的存有論性格，就比宇宙種種的東西更為基本，是吧？這是從它存有的那個層次來講。所以這裏它就提出所謂宇宙最為基礎的要素，也就是「法體」，有七十五種，其他沒有了，所以這七十五種就是存有論的基礎，屬於存有論意義的基礎。其他東西，它們的存有性，都是由這七十五種法體所構成，是吧？所以我們要區分清楚認識論與存有論兩種不同哲學所要處理的問題。

吳嘉明：那，剛剛談到五位七十五法。

吳汝鈞：你們有沒有問題啊？就我們剛才講的，他剛才講的跟我剛才講的，沒有問題是吧？那你說（指某一位同學），法體是甚麼東西？

眾人：（笑）

吳汝鈞：我看你好像是很有信心的樣子，那你回答這個問題，甚麼是法體？

該同學：（遲疑）

吳汝鈞：你這樣看就證明你還不是很懂。

該同學：嗯……

吳汝鈞：對啊，那你為甚麼不提出呢？說你有不懂的地方就提出來，你沒有提出，那我就假定你懂。然後我就問你，你現在好像有點遲疑的樣子，這樣你不是講真話了。

眾人：（笑）

吳汝鈞：明就是明，不明就是不明，這樣才行。那你說法體是甚麼東西？（指另一位同學）

該同學：根據老師剛才的說法，就是恆常存在的元素稱為法體，因為這位同學的報告是有部，而這是屬於有部的觀念，應該是這樣子。

吳汝鈞：嗯，勉強給你過關。好吧，繼續。

吳嘉明：嗯，好。那接下來要談到「五位七十五法」的部分。針對我方才在語詞上的問題，由於我在思考時沒有那麼謹慎，所以這裏就麻煩大家動手改一下，把認識論改為存有論。我可以大概跟大家說一下我的一些想法。我談到所謂「五位七十五法」，如果真的要介紹的話，大家可以看老師在書中談到這樣的分類。老師在書裏談到五位就是色法、心法、心所法、心不相應法、無為法。剛剛提到一個相當重要的論題就是，這五位都可以導人向一個終極目的，到達一個得證涅槃的可能性，以一種無為法作為涅槃之可能的保證。色法是人感知、感觸外在事物的基礎，所以在此處我很自然的就把它視為認識論了，此處是我的失誤。談到五位七十五法的部分，有別於原始佛教，一切有部更為執著的觀注無常此一層面，並且析解以及說明我們存在的世界，所以他們將世界不斷的析解，析解到了近乎西方一個原子的狀態，為甚麼會採取這樣的方式呢？因為在他們認識到在原始佛教中，佛陀曾經將人解析為五個部分，就是所謂的五蘊（pañcaskandha），這是佛教的基本教義。但是一切有部在詮釋這五蘊的時候，認為人不斷的被析解成這五蘊。那麼人在這世間的生生合合，就會形成一種在表象世界中不斷流轉、生滅的狀態。他們藉由這樣的觀點，再去詮釋修養論、工夫論，以及所謂本體實有，而形成將這些概念給拆解開來的思想體系。因此，有人說他們這樣的作法是屬於「析法空」這樣的一個系統。但是在原始佛教中，佛陀分這五蘊，其實是想要人去破除這些我執，因為人作為有情眾生會執著於世間的虛妄性，而佛陀必須要將此消解掉，所以

原始佛教才會分為這五蘊。而部派佛教似乎是將這樣的思維模式做了一層翻轉，他們用了各種智思的方式，也就是以自己的智性去臆測、推想世界組成的可能性，所以造成了他們認為法體恆有的一個想法。大體上，我們可以將這五類理解為統攝本體論到工夫論的析解過程，而一切有部以嚴密的考察，將種種事物不斷的析解，形成具有上下層次的的體系，而這些被析解開的因子，也就被稱為「法數」，這是一切有部在五位七十五法的一個內容。

　　因為他們執著了一種二元對立的理論基礎，所以不得不將法體視為一個存有實體，將其直截視為純然之「有」，而形成其理論基礎。如果他們連這樣的一個「有」都消除掉，其理論系統將有坍塌的危險。何以如此呢？因為人是五蘊和合，人沒有所謂的實體性，如果將法體實有消解掉，那麼他們就沒有一個較為圓滿的基準點去支撐其架構，因此法體實有也是一切有部所不得不做的思想保證，以充實其工夫論或實踐論的價值。

吳汝鈞：為甚麼要提那個 practice？

吳嘉明：因為我覺得如果說一切有部連實踐的部分都保不住的話，那麼它與原始佛教就幾乎是沒有關聯性了。因為畢竟實踐的概念，還是屬於在佛教中一個相當重要的內容。

吳汝鈞：那這個有部可以從哪一點可以見到它還是有實踐的精神呢？

吳嘉明：我覺得它是在設五位的智思與推想的時候，談到心法、心所有法、心不相應法，乃至於到無為法的時候，他們都是在世間表

象內進行這樣的實踐過程，它不可能脫離一切表象世界而獨立出來，形成獨立自行的思想，因此我認為，它還是有這樣的意涵在。

吳汝鈞：還是不清楚，我是說，你說那種 practice，那種實踐，它是涉及一種行為、一種活動，跟你現在講的那些所謂五蘊、五位七十五法，這好像是偏向存有論那一方面，跟實踐沒有直接的關連。因為有部的主題是處理存有論那些問題，而存有論是講客觀世界種種事物的存在，就到這裏而已。可是你講這個實踐，講工夫，就不光是講存有，而是要講實踐的行為。你要達致某一個目標，你就要做工夫、實踐、practice，是吧？譬如說，你要達致解脫這個目標，這個宗教的目標，那你就要實踐，非要實踐不可。如果從佛教來說，你要了解終極的真理，達致覺悟、得到解脫的話，你就先要去除種種執著。就是因為你有很多執著，所以你產生很多煩惱，你要去除種種執著。怎麼去除呢？就是要從你的認識、理解種種事物，這方面來著手，這也有認識的意味在裏面，可是那個主脈，還是非要有一種在一般生活上，得以對應的實踐工夫才行。這種工夫，就是去執、去妄，去除所有的執著，所有的妄念、妄見，才能見到那個真理，就是空的真理，才能說是覺悟、解脫。所以有部沒到這樣的層次，它一直都是停在存有論這個範圍，反而在佛陀的思想裏，實踐性是很強的，是工夫論很強的一種思想。所以，在佛陀的講法裏面，或是原始佛教裏頭，你可以說它的基調是一種實踐的哲學，基本的風格是實踐性的，不是理論性的，不像康德將理性分為兩種，一種是純粹理性，或者說是理論理性，另外一種就是實踐理性。在佛陀那個階段，他很強調實踐的活動，反而他的理論性、

思辨性不是很強，日本學者和辻哲郎寫了一本《原始佛教の實踐哲學》，就是專講實踐方面的問題。可到了有部，就把重點從實踐轉移到理論這一方面。所以他們學說的型態是不一樣的，原始佛教是非常有實踐性的，可這個有部強調的是對存有的認識，不直接講實踐，反而在它這種認識裏面，提出「法體恆有」，提出法有的意旨，就遠離了原始佛教的方向。結果它就生起一種對法的執著，原始佛教談的是「我法二空」，不光是我空，法也空，可一切有部講我空、法不空。法有：有就是法體，而且是法體恆有，不只是現在存在，而是過去、現在、未來，三個不同的時段，都有它的存在性。

　　這跟實踐拉不上關係，反而會造成一種很大、很嚴重的執著，你執著的太深就沒有救了，而且是執迷不悟啊！有些人很聰明，你跟他講一種東西，他就馬上了解，而且馬上推想十種，他能以一推十。可有些人很愚痴，講來講去，說到口水都乾了，還是不明白，他還是有執著。就是說他的思路、認識，不夠通徹，塞住了。就像一個人，他的血管變得很窄，結果通不過去，塞住了，這後果很嚴重啊，塞住了，壓力一大，這血管就爆了，爆血管你知道吧，很嚴重的病呀。如果你在腦袋上面爆血管，你馬上就要去見馬克思了，是吧，沒得救的。你其他部分血管塞爆了，還有得救。這樣有沒有問題？沒有的話就繼續。

吳嘉明：那剛剛談到所謂的說一切有部與原始佛教的聯繫性，它在這裏就已經產生了斷隔。而我在前面不斷提到的，說一切有部的法體，是立基在圓滿無缺憾的形而上實體思想中，它是一個外於我而

獨立自存的三世存有。在這樣的論述裏面，如果我們回到說一切有部的文獻，你會發現它並不去談佛性的問題，它並不去處理主體上的問題。其實因為文獻上沒有談到，因此於此處我們先暫且說它有一種對於我本身的遮蔽。如果我們說說一切有部完全沒有這樣的主體性，似乎有些武斷，因此在權說上，我們姑且稱它為遮蔽。那麼按五位七十五法的概念來看，它不斷的將這個世界析解、還原，並否定世間生滅與虛妄的事物，那他們將實有這樣一個論述往上拉抬，抬到一個所謂純然的法體，就是剛剛不斷強調的「法數」與實有、恆有的部分。它這樣一種具有超越性格的法體，卻無法容納具有實踐義的佛性，因為它在所謂我無的部分，就是先前所提到人的五蘊和合，因人是這樣和合生滅，使它產生人不具實踐的佛性的想法。為甚麼我試圖去將它與實踐做上聯繫呢？因為如果說一切有部連實踐都不重視了，那麼我們實在很難將它歸於佛教之中。所以我只能說，它無法容納具有實踐意義的佛性。也就是說，這個理論將形而上的根源透析出來，作為一切理論的依據，但是在相應的行為上，主體就缺乏一種在心上顯現的動力，它並沒有一個能夠去活動、能夠去彰顯人之為人之主體的佛性，這是說一切有部相對於原始佛教一個相當重要，而且無法推導到更進一步的原因。因為它不具有一個載體，人不具有一個實踐的動力時，那麼這樣一個外於我的實存要如何與人做溝通呢？這是有困難的，那這理解就回到先前我所說我「無」的部分。不過這邊我有個疑問就是，一切有部在其他文獻上似乎較多說的是「無我」，不知道老師所說的「我無」在文獻上面有相同的說明嗎？

吳汝鈞：嗯？你說「法有我無」啊？

吳嘉明：嗯，因為我看老師在引其他的《大正藏》還是⋯⋯？

吳汝鈞：那無所謂，無我跟我無是一樣的，只是將它倒轉來說，釋迦牟尼是說無我，有部是說我無，一樣。這有部說「法有我無」的我無，就是說我這實體是沒有的，法有就是法這個實體是恆有的，所以它是把「法」跟「我」給割裂了。佛陀釋迦牟尼說的無我，諸法無我，無我也是沒有那個實體，沒有獨立存在性，基本上是一樣，所以在這點，有部可以說還是遵循佛陀的觀點。就是對我的這種了解，就是我是沒有實體的。可是在法這一方面就有分歧，佛陀說「我法二空」，有部說法有我無。其不同之處就是在這裏，它背離了佛陀的教法，實在論的趨向非常強，佛陀沒有這個實在論。佛陀的主脈是工夫論、實踐論，強調無我，否定我的實體性。這有部將它一轉，就轉到了法體恆有，也就是「法有」的思想上面，這就是從工夫論轉到存有論一方面。結果越離越遠，跟原始佛教原本的精神，距離也就越來越遠。你也可以說它是受了所謂外道的影響，因為當時印度流行的思想不光是佛教，還有很多其它的思想，在以前其他的婆羅門教，說《奧義書》（*Upaniṣad*），說大梵，還沒有停滯，還在繼續發展下去。佛陀就是反對印度教所說的「大梵」這個實體，才講「無我」。並沒有所謂的「大梵」，那應該是空的，不應對它有所執著。根本就沒有甚麼「大梵」，所謂「印度六派哲學」，其中有好幾種就是實在論的，就是勝論、數論、正理派，都是屬於實在論的。這個有部好像是夾在中間，一邊是原始佛教、佛陀，另外一邊就是外道：婆羅門教，這就是六派哲學，以勝論、數

論跟正理派為主。所以它是夾在中間，因而造成法有我無的觀點、立場。「法有」是受了外道的影響，然後「我無」是承存自釋迦牟尼的原始佛教。所以佛教發展到小乘，特別是有部這個階段，佛陀原來的精神就保不住了，這要等到大乘出現才穩定下來，就是把佛陀基本的精神守住、保住。

黃惠美：老師可是你在總的評論那裏面有提到說，我無是存有論的命題，那無我其實還包含了工夫義、實踐義，兩者並不完全等同。

吳汝鈞：你說工夫論或實踐論？

黃惠美：嗯。

吳汝鈞：那都差不多，也許我無易通到存有論一面，無我則偏向工夫論。工夫論是中國本來就有的名詞，宋明理學就說這個工夫，他們不是有一種說法，就是說工夫即本體、本體即工夫麼？這是黃宗羲的說法，所以這工夫就是儒家的語詞。實踐是西方的，practice，是康德他們用的，都是指那些具體的行為，就是在日常生活裏面，你要通過一些具體的行為，來修、來觀，來做你的學問，所謂生命的學問，這是從實踐、所謂工夫這一面講的。你光是講理論、講形而上學、講存有論，完全不關心修心養性的工夫論，那是不行。你天天講都沒有用，你還是執迷不悟，因為你沒有工夫啊，你沒有在行為表現出來，是吧？有些人好事講盡，可壞事就做盡。有沒有聽過有這麼一些人，秦檜就是呀，那個害死岳飛的秦檜，他老婆更兇，比他更毒，有沒有看過《說岳全傳》？它講岳飛的最後一個回目，就是〈東窗下夫妻定計，風波亭父子歸神〉，就

是秦檜老婆出的主意。她說你把岳飛定罪啊，莫須有，不需要有甚麼特別的罪名，你就是命令執法的那些人，監牢裏面的人，把岳飛跟他兩個兒子都綁起來，牽到風波亭吊死不就行了嗎？秦檜還是有點猶豫，還有百分之零點一良心，還是有點猶豫，說需要有一個罪名才行，他老婆說：「莫須有。」不需要有，暗中把他搞定就行。所以秦檜本來不是那麼壞，是他的老婆把他推到最壞的邊緣。所以你要達致一種理想，特別是一種行為，例如道德、宗教信仰的理想，你就特別需要一種實踐，一定要有工夫實踐，光講是不夠的，那我們接著說。

吳嘉明：那麼，以上就老師所說，我先將這個小節做個總結。基本上我是從判教基礎論說一切有部的這一部分，它其實並不是相應於原始佛教來談有跟無的問題。比如我們說到中觀學，談到雙邊否定，以此來說非有非無的一種空性，它就是不斷要去彰顯佛教所說的緣起性空，或是因緣起而無自性的教義。但是部派佛教在法體的實在論上，就是預設了一個自性、自存的形而上實體，形成一個獨斷的形而上學說。不過此處有一個疑問：假設部派佛都是把這樣一種存有論的認知方式作為他們的基本教義，那和尚在修行時，究竟是要對甚麼作修持呢？他們只是純粹的拿這些知識、一些已經架構好了的法體的體系，拿來以讀書的方式作理解。這樣就是他們的修行過程，還是以禪坐、燒香拜佛的方式？因為如果依照一切有部的理論基礎來看，我們很難知道，你拿著這樣的教義，就好比你知道了一套完整的體系，但是你卻沒有入手的方向與切入的角度，這是我蠻疑惑的地方。

吳汝鈞：所以後來它就發展不下去了。這個有部呀，它生存的時間很短，到了大乘佛教出來，它就結束了，沒有人再講。因為它談那些存有論的問題，它講的那套存有論，其實是一種迷執，就是心靈上的迷執。正確的看法，應該是我法二空，但它卻偏偏要說這個法有，談法體，講三世實有，所以它在這方面抓的太緊，太死煞，不會變通，腦袋已經不能活轉，已經固定下來，沒得救了，沒有轉彎的餘地。

吳嘉明：以上這一節，我在談關於「法體」的基本問題，如果到這邊，大家對於法體有甚麼想法，或是認為在敘述上有甚麼不妥的地方，可以提出來。

趙東明：提一個小問題，在第二段第二行是不是「三世實有」？

吳嘉明：嗯……對，我打成三界實有，不好意思。

吳汝鈞：哪裏？

趙東明：這裏，「三世實有」。

吳汝鈞：嗯，對。本來也可以講，如果順著它那種思路，他寫三界實有其實也無不可。三界就是欲界、色界、無色界，是講存在這一方面，講周圍的環境，三個領域。一個是欲，一個是色，色就是物體，一個是無色，無色雖然不是物質，可是依然還是有障礙性，就是不是物質但還是有障礙的元素。一切有部這裏是說三世實有，還沒有提到三界實有，不過我這樣想，你順著它的脈絡而論，講三界實有也是可以的。正宗的佛教：原始佛教或是後來的空宗、有宗，

在他們看來，你說三界實有，只作為一個應該要否定、要反對的一種講法，也可以。因為在他們眼中，三界本是空的，所以如果你說三界實有，他們就會反對。但如果你順著有部的那種思路來說，說三界實有是可以的。

林鳳婷：老師我想問一個問題。這裏說「故說我無，也是要人拋棄作為實然有之主體，而沒有一個不變的我體存在」，後面接著說，「這樣我就成為了五蘊合和的機械性存有」，我不太明白的是，這裏為甚麼會出現這樣一句話？我的意思是說，在這裏面提的是法有我無，所以這個我本來就是無的，那麼這裏為甚麼會出現所謂「五蘊合和的機械性存有」？然後，我看你後面的推論是說，「實際上也就是將人的存在析解為最小分子，如同將世間推向各式組成成分的和合，進而保有形上法體的實存性」，如果照你的推論來看，你是說他是把這個我，析解成最小的分子。可是這裏還是有一個做為五蘊合和的機械性存有，那這樣的話，便與我無的思想矛盾。（按這在原稿上作了一些修飾）

吳嘉明：這部分為甚麼我會這樣談呢？《雜阿含經》說道：「如和合眾材，世名之為車，諸陰因緣合，假名為眾生。」[2]我這邊說一個機械性實有，其實也只是一個方便說法，單純帶出眾生的問題。其實它說的很有趣，你看它這樣說，世界上有這輛車子這樣的東西，是因為有很多木材合在一起，所以有「車」這樣一個假名的存在。我說這個機械性的存有，就是想要提一個類似於車的假名，所

2　《雜阿含經》，《大正藏》卷二，頁 327 中。

以這只是一個權說。

林鳳婷：對，我知道。可是如果就我來說的話，這句話是可以刪掉的。

吳嘉明：為甚麼我會這樣講呢？因為我們在談說一切有部，它很重要的一個說法是，要破除生死輪迴之苦。怎麼破除呢？它認為，人的生死輪迴的形成，是因為人有五蘊，那五蘊在這世間和合而成為人，但是它的存在是剎那的，還是會消滅掉，那它消滅之後，因為有欲愛，所以五蘊又起，這樣不斷起合、起合的過程，我覺得它就是一個假名。那麼機械性存有，就是為了說明這世間本來就是一個機械性的原則，彷彿按著軌道而行。

吳汝鈞：你這裏是說五蘊吧？五蘊就是說緣起，基本上「我」就是這五蘊所引起的，所以你如果能夠明白這個道理，便不會執著這個五蘊。甚麼是五蘊呢？

林鳳婷：色、受、想、行、識。

吳汝鈞：對啊，這人的我、自己的生命存在，由五種因素合成。色就是物質。受就是感受。想就是取象，不是想像，是把對象的外貌吸引進來，取象為想，像照相機一樣。然後行就是意念。最後識就是認識。除了色的物質以外，其他受、想、行、識都是心理上、精神上的因素。所以五蘊合起來就構成自我、自我的生命存在。如果我們用一種通俗的講法，譬如說我們的生命存在，不過是由兩種要素所組成而已，一種是物質，另外一種是精神。所以《心經》，就

是《般若波羅蜜多心經》，（*Prajñāpāramitāhṛdaya-sūtra*），所涉及的問題就是五蘊皆空，是吧？「觀自在菩薩，行深般若波羅蜜多時，照見五蘊皆空，度一切苦厄。」可這是大乘的講法，跟有部沒有甚麼密切的關連。可是你說有部，說「我」是「空」，它也不反對，佛陀是這樣講，後來大乘佛教也是這樣講。可是這個法，這東西它就有另外一面的了解，法這一面不是空而是有，法體恆有，而且是三世恆有。它有一個心結，好像腦袋裏面，有一部分不能運作，轉不動啊，好像有一個迷執，解不開，就是法有我無。法有這個根本觀點，始終解不開，就把它綁死了。

李唯嘉：老師，這樣的話我想問，為甚麼有部除了受到外道的影響，為甚麼一定要去發展這個理念，就是從實踐發展到存有論。嘉明說，緣起必須以境作為其載體，才能夠感受到世間的生滅輪迴業報，那人的意識在有部裏面算不算……，或者說在佛教裏面算不算是一個實在性的東西呢？如果不是實在性，它還是在這個緣起性空的空性裏面。那麼客觀界沒有實在性，主體界又沒有實在性的話，佛教的認識論要怎麼去談呢？

吳汝鈞：這有部啊，他們本來就是有比較濃厚的思維、分析的興趣，喜歡觀察跟分析存在世界的結構是怎麼樣。它在這一方面的興趣很強，結果就導致他們那一套東西，所謂區別的哲學出現。現在日本學界跟西方學界用的字眼來講有部這樣的實在論，稱之為區別的哲學。所謂區別就是把種種東西區分出來，加以分類。把宇宙所有的東西集合起來，把它分類，將那些層次不高的東西還原到層次比較高那一方面，一直還原，最後還原成七十五種元素，這七十五

種就是究極的——ultimate，就是所謂七十五法，是構成這個存在世界的七十五種基本要素。像化學裏面，他們所研究的這個世界，也是有很濃厚的區別意味在裏面，他們最後把所有的東西都還原為原子，那些一顆一顆的基本要素——atom，一開始先是分子——molecule，他們以為是最基本的，後來發現分子可以再分析為原子。後來再發展下去，他們認為原子還是可以再分，分為一個核，核外面有一些不斷轉動的東西，這個核裏面有甚麼質子、中子，外面那些就是電子，然後好像到了這裏就盡了。最後似乎還可以分。所以你這樣分啊，就永世不能覺悟，有甚麼用呢？你就是以區別的、一種認知的心態來看這個世界，那你的行為會不會跟你的學問有所關聯呢？不會的。化學是科學知識，可我們的人格修養是另外一個範疇，沒有直接的交集。釋迦牟尼哪有科學的知識，你看他的資料裏面有出現原子、分子、中子，質子或是電子麼？沒有啊！外道就有，他們講「極微」（aṇu），就是在說原子。可佛陀不講這個，他認為講這個沒意思，跟我們所追求的宗教理想，要體現、證成的宗教理想沒有關係。沒有作用，所以他就不講，其他那些形而上學的問題，他也沒有很大的興趣。釋迦牟尼牽連及一個故事：有一個人給箭射中，受了重傷，然後有些佛教徒就問是從哪個方向射過來？射箭的人是誰？他為甚麼要射過來？這樣問個沒完沒了，結果解決不了問題。你要先處理最為緊要的問題就是，那支箭頭已經插了進去，箭頭有毒，你應該在這方面做工夫，這個人才有救啊。你在探討一些外在的東西，根本無法解決這個問題，那個人就死了。所以一點都不實際，沒有效果。

在這裏你也可以說佛陀有實用主義的意味在裏面，跟 John

Dewey，杜威有交集。這也可以說，杜威說 Pragmatism，就是實用主義，這套哲學也不是完全沒有用，我們要知道這套哲學的性格、長處跟限度在哪裏，這樣就好，不要像胡適之把它捧到天那麼高，不管甚麼都從實用主義的觀點來看。其實啊，胡適之除了這套哲學以外，其他學問都不大行，所以他只能講這個。而且他不是在美國講，他是回到中國來講，大家都不知道，他講錯了也不知道。他在美國不是學康德，不是學柏拉圖，不是講黑格爾，不是講這些，講中國的名學，就拿了個博士，揚名天下。誰不能做啊！你跑到外國去講中國的老傳統的東西，西方人都不懂，他還要請教你，做他指導教授哩，有關論文的題材還要請教胡適之，哪敢對他提出甚麼挑戰性的問題呢？但是他回到中國，不講這些名學，因為這是中國的老東西，很多人都知道，而且人家知道的比他更深更廣，所以他就講實用主義，大家都不清楚，是一種新興的哲學。所以他就以實用主義的專家這種身份來講，大家都不斷的給他拍掌，他講錯了也沒人知道。所以他搞學問是兩邊都佔便宜，他在外國是講中國的東西，回到中國講外國的東西，這樣就好像是很通達，很順利。這種途徑很順利。

可是有時候這條路也不是很暢順，因為他後來講王陽明的良知，又講佛教神會的靈知，都講錯了，這是中國傳統的東西，可他都不知道，他把陽明的良知，解釋為知識論的知，認知的知。陽明講良知是講道德理性，說道德主體，跟科學知識沒有關係。然後神會講的靈知，他也把它曲解為知識，也不對，神會講的靈知是一種宗教上的洞見，見甚麼？見一種萬物的終極真理，哪裏是甚麼科學知識呢？這是靈知，是靈性上的那種知。

好，那你第一節就講完，是吧？接下來就講第二節，還有你提到現象與物自身，這個物自身的字眼，它的意思你要抓的很準才行，不能說不是現象就是物自身，像不是唯物就是唯心那種。這物自身的意思有時候是看誰講來決定，譬如說康德（I. Kant）講物自身（Ding an sich），是一個意思，然後牟宗三講物自身，又是一個意思，這兩個意思是不是完全相同，可不一定。然後那個現象學，胡塞爾（E. Husserl），他也講到事物的自身，那意思也不完全一樣。我們先休息一下，等一會來問你們，到底怎麼去了解。

（休息後）

吳汝鈞：現在有一個很重要的觀念：物自身。這物自身的字眼，不同的人提起來就有不同的理解。佛教裏面也可以講物自身這個觀念。關於物自身有兩種極端的說法，而其他的說法，都是在這兩種極端的說法裏面，因此最少有三種說法。如果把佛教帶入，你在這裏用物自身的字眼，要相當小心。你現在講有部，所以講物自身應該是在有部的脈絡下講。我們先看有兩個比較極端的看法。顏銘俊，你說一下，甚麼是物自身？

顏銘俊：就是在現象背後，有一個比較真實的東西。

吳汝鈞：是講真實麼？我們能不能接觸這個東西？

顏銘俊：依康德來說，我們不能夠接觸到物自身，只有上帝可以。

吳汝鈞：嗯，沒錯。那還有呢？因為也不光是康德講物自身。

顏銘俊：老師我比較知道康德而已。

吳汝鈞：我這裏有一份名單啊，有哪一位是不在上面的？

瞿慎思：老師，我。

吳汝鈞：妳啊？好，那妳就物自身來說一下。

瞿慎思：就康德的知識論來講，它就是一個知識攝取的界線，知識的範疇只在現象，對於物自身，人的智思沒有辦法對它進行瞭解，只有上帝才有睿智的直覺可以把握物自身。至於說它是甚麼，人的知識無法對它說明，但是似乎是有那樣的存在。

吳汝鈞：那這觀念在康德看來是積極的觀念還是消極的觀念？

瞿慎思：就知識論來講是消極的觀念，它是一個界線。

吳汝鈞：是我們不能接觸的？

瞿慎思：就是以人的理智與直覺來講，是沒有辦法把握它。

吳汝鈞：那有沒有其他東西可以瞭解物自身？

瞿慎思：只有睿智的直覺，康德預設了這樣的直覺，只有上帝有之。在知識論，他預設一個上帝，具有這樣一種機能可以去把握物自身。

吳汝鈞：妳說，他預設了一個上帝？

瞿慎思：對。可是他的知識論並沒有辦法，他並沒有講清楚上帝，

我想是因為他的信仰。他的知識論並沒有說明上帝是一個怎樣有別於人的存在。

吳汝鈞：那他信不信有上帝呢？

瞿慎思：應該信吧。他在《實踐理性批判》（*Kritik der praktischen Vernunft*）預設有上帝。

吳汝鈞：你們兩位講的差不多啊，不錯。我們可以這樣想，就是我們眼前看到一個茶杯，我的眼睛可以看到它，我的手可以觸摸它，我可以敲它，我的耳朵可以聽到，這表示這些東西，是我的感官所能夠接觸的。然後我的視線離開茶杯，看其他東西，看到它的外形，聽見它的聲音。我知道這兩個東西都有同一的功能，都能放一些水進去，可以拿來飲水，它們有這樣的功能。所以這些東西就是有兩點很確定的，第一點是它的外形確定，它的作用也確定。那這兩個東西我們就給它一個概念去概括，我們說是茶杯好了。然後這些東西我都當它是茶杯，接著我們就可以離開這些東西，在我們的思想裏面建立一個茶杯的概念。對應於茶杯這個概念的這些具體的東西，我們通常把它說為現象。所謂現象就是呈現於我們的感性面前，我能通過感性的功能，不同器官有不同的功能，來接觸和知道它。現象是依感性的。我們可以繼續想，在這個個別物的背後，是不是還有別種東西作為它的基礎、依據，做為存有論的基礎，還有認識論的根據。進一步說，是不是有一個東西是我們感官所不能接觸的，是我們認知的機能所不能達到的，一種隱藏於具體物後面的東西。物自身大概就是我講的那個意思，就是隱藏在那東西的背後

支持它，在存有論、認識論上面作為它的基礎，讓它能夠以一定的姿態跟作用，呈現在我的感官面前，讓我瞭解它。那這東西背後是甚麼？一般來說，我們把它稱為「物自身」。

　　這也不是極端的說法，一般是這樣瞭解，但這說法不是很精準、不是很確定（precise）。如果依照康德所提出那所謂物自身，他是在講知識論這脈絡下的物自身，不是從存有論這一點來講。他基本上有一個問題在心中，就是當發展知識論時，我們所有的那種認知能力，有沒有限度？一般人的講法是，我們可以認識現象，就是剛才我講的形象、作用，那麼對於物自身，不能確定。康德的意思是比較確定的，我們認知的範圍只限於現象這個範圍，在這現象範圍以外的東西，我們就不能認識。我們不能認識的這些東西，他就把它推到物自身（Ding an sich, thing-in-itself），從這意思來講，物自身沒有積極的意味，只有消極的意味。所謂消極就是說，我們不能正面對它有甚麼描述，它是一個限制的概念，限制我們認知的範圍，就是只能到現象這個範圍，超越這個現象，到它以外，我們就不能認知。我們，「人」不能認知。所以這些我們不能認知的，在現象背後的東西，他就用物自身來加以概括。在這裏，無論你從存有論來講，或者從認識論來說，它都是很消極的，所以他說，物自身是一種消極的限制意義的概念（Grenzebegriff）。它本來由兩個字構成，是德文不是英文，Grenz 是邊界、限制，Begriff 就是一般所講的概念。兩者合在一起就是限制概念，只有消極的意味：限制我們認知的範圍，把範圍限定在現象裏面，現象外面的物自身，我們對它毫無認識。物自身做為一個消極的限制概念，它沒有認識論跟存有論的意味，因為我們不能接觸它，認識它，也不能

確定它的存在，確定他有存在性，這是康德所提的物自身的比較確定的定義方式，這是在他的《純粹理性批判》（*Kritik der reinen Vernunft*），第一批判裏面，就講得很清楚。然後康德進一步說，我們不能了解所謂物自身，因為要瞭解物自身，需要一種直覺，他把它稱為「睿智的直覺」，die intellektuelle Anschauung（德文），the intellectual intuition（英文）。我們人沒有睿智的直覺，我們人有的是感性的直覺，上帝才有這睿智的直覺。上帝沒有感性的直覺，可祂有睿智的直覺。上帝瞭解這些具體的東西，不是以現象來瞭解，而是以物自身來瞭解，可我們人就不一樣，我們人瞭解這些東西是以現象來瞭解，不是以物自身來瞭解。這是康德的講法，是極端的講法，非常消極。

　　另外一種講法是非常積極的，就是牟宗三的講法。他說，康德所說的能夠瞭解物自身的睿智的直覺，人也可以表現出來。根據他的講法，儒家、佛教、道家都持這種觀點，就是說人有這種睿智直覺的潛能，如果能培養、能展現出來，我們就能理解物自身。睿智的直覺對於人來說是可能的，人可以培養這種認識的功能，透過這種認知的功能，我們就可以瞭解物自身，如此說就一點也不消極，它是非常積極的講法。你可以說，我們可以在完全無分別的情況下來瞭解這物自身；我們瞭解物自身，不是把它當成對象，不是在一種主體跟對象所成的二元對立的關係裏面去理解，而是以一種超越主客關係，就是以一種直接的、垂直的，不是橫向的，而是一種立體的方式來瞭解它。這是牟宗三的講法，他說儒道佛這幾方面的思想都是這樣，基本上都肯定人可以培養出睿智的直覺，因為人有這種潛能。如果這樣講的話，它一點也不消極，非常積極，這涉及我

們講的終極真理。

　　我們通常講真理，如果照佛教來講，有兩個層次，一個是俗諦，一個是真諦，這你們都聽過。俗諦就是科學的、常識的、主客對立的那種關係。真諦就是超越主客對立，對被認知的對象，運用直覺，就可以把握它，不需要時間空間，也不需要種種的概念、範疇，就能瞭解它的真相，這就是真諦，或者是第一義諦、number 1。

　　這裏就有兩種極端的講法，其他的瞭解，大概就是在這兩種極端的說法裏面。你可以提一種比 Grenzbegriff 稍微積極一點的物自身，比如說胡賽爾，他也講物自身，說要回到那物的自身方面去，它的意味可以說是介乎這兩極端之間的一種講法。就是說康德的講法是一個極端，是消極的，然後牟宗三，它提另外一種講法，是積極的，是非常積極的。其他像胡賽爾、像懷德海，它們也講接觸物自身的問題。在我看來，他們是介乎這兩種極端之間。還有很多其他包含神祕主義的講法，大概都是介乎這兩個極端之間的。所以你在這裏用物自身這個字眼，要很小心。就是說，你是在哪一個觀點、哪一個脈絡下用這概念呢？你一定要用得很小心，這個概念才能用。有沒有問題？所以我就可以提一個問題，就是從佛教的角度來講物自身，也有不同的講法，唯識學有它的講法，中觀學也有它的講法，如來藏思想也有它的講法。甚至說一切有部，它能不能說物自身，也可以成為一個討論的問題。就是說，它那套所謂區別的哲學，能不能跟物自身關連起來；它這套區別的思想，跟物自身這概念有沒有交集？我們光是從佛教、從梵文資料裏面，就可以提不同的講法，起碼中觀學可以提一種講法，唯識學也可以提一種講

法，然後佛性思想、如來藏思想也可以提一種講法。那在區別哲學的有部，是不是也可以提出一種講法呢？或者進一步具體來講，他們所說的法體能不能說成是一種物自身呢？其他像大乘佛教那些系統，我們先暫時把它們給擱開，沒有時間討論，我們只先注意有部。以它那種思想的形態與背景，面對物自身這問題，我們可以期待，它可以提供甚麼樣的答案？最明顯的一個問題就是，它說「法有我無」這個有、這個法體是不能再被分割，不能再被還原的一種終極意味的概念，可不可以說是一種物自身，你們有沒有反應？那我就問你們。這因為有名單，所以我把你們各位的身份都抓得很緊哩。關啟匡，我剛剛提的問題你怎麼回應？

關啟匡：這個我要再想一想。

吳汝鈞：你老是喊這個，很謹慎。那我們問另外一位比你更謹慎的，她叫瞿慎思，她是在思想上非常謹慎的一位，請她說。

瞿慎思：我？

吳汝鈞：沒關係，妳把想法講出來就好。

瞿慎思：如果法體是存有義的話，那要怎麼從知識論上去對它作具體的把握？這是不同層次的，可以這樣子去討論嗎？

吳汝鈞：其實知識論跟存有論不是可以分的那麼清楚的，在知識論上面可以確認一個物自身，那存有論的意義就在裏面。起碼在你的知識範圍裏面，就知識論的脈絡來講，如果你能對物自身有一種正面的安頓，那同時你就能講它的存有論方面的存在性。就是說，你

如果能夠認知某一種東西，那就表示它是存在的，不然的話你怎麼認知它，是吧？除非你是在作夢……

瞿慎思：幻想出來的？

吳汝鈞：你在作夢裏面，碰到它的出現。不然的話，你在正常的條件下，能夠很確定認識某種東西的話，那它的存在性也包括在裏面，不然的話，你這種認知還是不可能的。

林鳳婷：老師，我想問一個問題。就是像那物自身是絕對性的嗎？

吳汝鈞：對，它有終極的意味。

林鳳婷：那如果這樣的話……

吳汝鈞：它是超越的，它是絕對的，具有無限性的。

林鳳婷：老師如果是那樣的話，那麼書上的一句話……

趙東明：第幾頁？

林鳳婷：二百一十三頁。

吳汝鈞：怎麼說？

林鳳婷：老師說那個，第二段，第三行後面，就知識論的角度來說，它們所分析到的原子，雖然是超越知覺的範圍，可是一樣可以憑推想而得，所以這樣的分析，不能被視為超越相對性的認識範圍。換言之，就一切有部來說，法體就不是一個絕對性的東西，它

是可以被推想而得知，所以不能算是物自身，按照老師這樣的說法的話，我可不可以這樣理解呢？

吳汝鈞：如果從積極的程度來講物自身的話，那它就是……，如果你能夠認知物自身，你就能夠確認它的存在性，不然你所認知的是從何說起？沒有一種東西是你認知而不存在的，除非在作夢。在夢裏面那些東西，你在睡覺的時候，意識沒有起作用，可是就弗洛伊德（S. Freud）的講法來說，作夢就是一種潛意識的作用，我們人意識所觸及的東西，不代表一切，起碼不能接觸潛意識那些東西。我們人的意識沒有那種潛意識功能，所以這是兩個層次。我們的意識，只能想那些在我們意識範圍以內的概念，那不在這範圍以內、不在意識範圍以內，而是在潛意識範圍以內，意識就沒有辦法。除非在潛意識範圍以內的，可以轉移到意識這一方面，因為他的精神分析中，下意識或者潛意識那些元素，有機會轉為意識，中間有一個叫做前意識，你只要把它一腳踢開，那你的潛意識的那些東西就可以進入意識之中，那你就可以想它、講它。這裏面有一種很嚴格的關卡就是，不要想的那麼容易，意識是盡量不讓潛意識的東西跑進它的領域，在它的旁邊還有一個關卡叫前意識，是 before consciousness，守住潛意識裏面的東西，不讓它溜到意識這個範圍裏面。弗洛伊德的精神分析是這樣講，所以我們作夢也不能說它完全是無中生有，你在夢裏面所經驗到的東西，或多或少跟你日常生活所碰到的東西，有某種程度的聯繫。除非你是做白日夢，像一個白癡一樣，甚麼都不想，所以這裏我們就看到夢的價值在哪裏，就是說夢在某一個程度可以反映現實，尤其是一個人早年所遭遇到的

現實，可以在夢中出現，這對治療一個人的精神症啊，甚麼憂鬱啊、焦慮啊、精神分裂那些，它都有很好的、很有效的功能。一個人的精神狀態、想法，可以追溯到他的童年，弗氏提的那種治療方法，就比較全面、比較徹底，當然還需要很長的時間，而且它的收費很高，不一定付的起，一般來講香港啊、新加坡啊、美洲那些地方，一個精神科醫師，一個 psychiatrist，給你治療一鐘頭，光是跟你談話，不用做其他的工作，就是談話一個鐘頭，你就得付五千塊給他，五千塊是港幣，台幣是兩萬。他如果每天用十個鐘頭來跟病人談話，他一天可以賺多少，計得出來，還不包括藥物，藥物還是在他的診所裏面配，所以他有兩條路賺錢。

好，再回到有部，你說，吳嘉明，有部能不能講物自身？這個法體算不算是一種物自身？

吳嘉明：嗯，因為是我寫的，所以我認為……自然是可以的，因為物自身作為一個概念當然是可以談的，我們可以回到剛剛所說二一三頁的地方，這樣來讀這一段話。我這樣解讀，裏面說，他們所分析到的原子雖然超越知覺的範圍，但仍可憑推想而得。而這樣的分析，不能被視為超越相對性的認識範圍，所以世親的勝義諦能夠透過認識而瞭解，然後對比於大乘佛教的中觀學、唯識學，他們必須要訴諸睿智直覺，那他們討論的問題是甚麼？他們討論的問題不是物自身存不存在的問題，而是如何達到這個層次的問題，這是一個方法而不是內涵的討論。這物自身的存在本身並沒有任何問題。

吳汝鈞：好，我們比較精細的念一下這一段，你念下去。

吳嘉明：這裏明顯的可以看到世親對於事物的實在論的觀點。這種觀點是小乘教義的一種特色，它在很大程度上影響到對外界事物的處理方式。由於要求得對勝義諦的知識，他們傾向於對外邊事物進行精細的分析。在知識論的角度來說，他們所分析到的原子雖然超越知覺的範圍，但仍可憑推想而得，不能被視為超越相對性的認識範圍，故世親的勝義諦能夠透過知識論而加以瞭解。相反的，大乘佛教如中觀學和唯識學所說的勝義諦則屬超越的，遠離相對的認識層面，它超越感官知覺，不能單以一般的知識論的途徑來處理，而要訴諸睿智的直覺來處理。

吳汝鈞：好，就這一段。你怎麼看？

吳嘉明：我認為這一段所談的東西其實是一個方法上面的問題，而不是去質疑所謂的物自身的問題。

吳汝鈞：甚麼方法？

吳嘉明：從這邊老師分為兩個部分，一個是從小乘教義裏面談到知識論所能觸覺到的範圍。然後到大乘教義，他們對於所謂的物自身採取睿智的直覺來作探討的方法，這樣的方法只是差異性而已，並沒有對物自身提出批判，這是我在這邊的理解。

吳汝鈞：你說誰沒有對物自身有批判？

吳嘉明：我覺得這兩者都沒有對物自身提出批判，而是他們是如何達到這樣的層次。

吳汝鈞：嗯……，好像講的不是很清楚。你們懂不懂？

瞿慎思：如果說物自身要透過睿智的直覺來掌握的話，依照這段的文意，那世親的勝義諦是從相對的知識來掌握，他沒辦法去瞭解物自身。

吳嘉明：那麼物自身其實還是存在，他並沒有這樣的問題，所以我說這邊我把它分為……

瞿慎思：所以他就沒辦法去講，他連碰都不能碰。

林鳳婷：是。

瞿慎思：所以老師是要我們去自己做一個比較，它有沒有去處理批判這個問題，老師要我們在這邊講，用腦袋去做推想。

吳汝鈞：我們要先解決一個問題，就是說，物自身是不是一個本體論的觀念。就是說，我們能不能把物自身看成為是本體，因為我們說本體的這個名相時，就是跟現象相對的那個本體，ontology。本體的意思應該比物自身清楚，我們通常把這個世界兩分，現象這個世界，跟本體這個世界。我們也可以舉例，如果拿柏拉圖的理型論來講，他的那套理型論，的確有這兩界：現象的世界跟本體的世界。現象的世界就是我們通常所看到的事物，本體的世界就是理型，這本體的世界不存在於我們心中，存在於理型世界的境界中，可是我們可以用我們的思想、我們的認知能力去了解那個理型，這是柏拉圖的立場。很明顯他講的那個理型是本體，你也可以說是現象的根源，因為現象的東西，比如說茶杯啊、包包啊、筆、眼鏡之

類，他們在理型世界裏面都有自己的理型，所以這些具體的東西都是理型的仿製品，一個 copy。所以它是仿製品，不是原型，不是最完美，只有理型是最完美，現象都是有缺憾的。所以我們可以探討：就是說，物自身應該可以說是一個本體論的概念，或者是觀念，比如說上帝跟本體論的觀念，我們說本體就是從不同的角度來講，上帝是本體，儒家講的天命、天道、良知，是本體，柏拉圖的理型是本體，老子、莊子講的自然也是本體，是吧？物自身是本體，這樣瞭解雖然不是絕對沒有問題，不過也是基本上可以說得通的，那這個法體是不是就是物自身呢？

吳嘉明：如果站在必須要保住我無的立場的話，法有是必須的，不然連我無都不能說了。

吳汝鈞：怎麼樣？

吳嘉明：就是他們如果要保住法有的話，那它的法體必須要是物自身。

吳汝鈞：我們是以一種旁觀者的身份來審查有部所提法體的這個觀念，我們問法體的觀念是不是一個本體論的觀念，像上帝、天命、天道、天理、自然、良知，是一個本體論觀念那樣，可不可以這樣說？你怎麼想？你叫甚麼名字？

沈威廷：沈威廷。

吳汝鈞：你說。

沈威廷：我覺得這樣聽下來，說一切有部的法體不等於物自身，當然我們可以說有現象，有一個東西存在是就它的物質性來說，但說一切有部的法體，並不等於物自身。他肯不肯定物自身，這我們不敢講，但法體這觀念不是物自身這觀念。

吳汝鈞：法體不是物自身，你這樣講就好像有點不是很明確。你提的這物自身是哪一個程度的物自身？

趙東明：是消極還是積極？

吳汝鈞：你說這物自身是吧？那你說這物自身到底是康德的意思？是牟宗三的意思？還是懷德海、胡塞爾的意思？

沈威廷：如果以康德的意思來講，我覺得不是的原因在於，前面吳嘉明學長的報告，他有說把它分為五位七十五法，就是這些分類，有萬法把它們分為七十五種要素是經驗上面的區分，所以如果就這個講法體的話，我覺得不是物自身。

吳汝鈞：法體的五位七十五法應該不是經驗上的區分，因為法體有終極性，不能再分，不能再還原，凡是不能再還原為比它更基本的那些東西，我們都可以說它有終極性。所以七十五法是法體，應該是有終極性，不能說是一種經驗的區分。因為有部講法體好像講的相當確定，而且有部能列出七十五種，應該可以看成是一種本體論的觀念。那是從它的講法的脈絡來思考。至於它所說的本體，則不能成立，就是那個法體不能成立。為甚麼呢？因為是它的執著，這是對法的執著，你說這個法有法體，這個本體，如果從佛教的基本

空的立場來講，是虛妄的，有部這種「法體恆有」是不對的，是給外道雜入，受了外道的影響，不是佛門的正宗。這裏面有一個差別，就是說，以有部的講法來說，你可以說這是本體論的觀念，可是以大乘佛教的立場來講，這種所謂法體是沒有的，是一種虛妄執著，需要掃蕩，把它打掉。如果是這樣，它就失去了本體論的意味了，哪有被執著的本體呢？本體是真實無妄的，基督教是這樣說，儒家是這樣說，道家也是這樣說。法體是真實無妄的，你這樣講就是一種虛妄執著，是偽做出來的，所以不能算是本體。應該這樣看。有部講的不見得是真理，是吧，不是說歷史上每個學派所講的都是真理。如果是真理，那隨便找一個人讓他大講一通，就說他講的都是真理，那真理就變成隨意的了。

吳汝鈞：這門課我們已經上了兩週了，我們以這種方式來上課，你們有甚麼意見呢？嗯？你們覺得沒有問題是吧，那以後我們就繼續用這種方式來講。上一次吳嘉明講有部，好像還有一部分沒講。那你盡快講過，讓另外一位同學講經量部。

吳嘉明：上禮拜我從上半部的實在論開始談起，現在剩下一點點，我儘量用比較快的方式來把我想要談的部分講清楚。我第二部分所要談的東西是，就上一節的判教方法，還有它如何去對說一切有部作一個定位的問題。這一節我試圖從西方角度進入或切入，來理解說一切有部的法體在實體上面，如果我們把它設為一種實在論，設為一個實體的時候，它的內涵應該是甚麼。在上禮拜我們在對物自身作理解的時候，其實蠻多內容都已經有牽涉到這一部分所要談的問題。但在定位上面，可能還沒有那麼快得到結論，所以我大概先

就我的內容來談一下。

　　從上禮拜所講的判教問題之後，我們來看這篇文章所講到的。當我們從西方的傳統形上學切入，來談其超越的形上學的設準時，可以發現在理解此概念時，我們當先行確立其客觀性原則，才能理解這樣的內涵。我們從三世實有的法體來看，可以發現，它近似於西方一個完整的形上實體的概念，那就如同柏拉圖所談的理型的意涵，它逼近於這樣一個概念，建立一個價值存有論的思想。它把這樣一個法體推出來之後，才能保存它這樣一個作用性。但是從這樣一個法體的推認來看，我們上禮拜已經談到一個問題：這個法體會不會是說一切有部的誤推呢？他們在推論上是否有獨斷性呢？這樣的內容有沒有一個穩固的看法呢？在這一部分我想談一下這個問題。

吳汝鈞：你在這裏提出一個比較少見的名相，就是價值存有論，嗯……這個名相我們要稍微探討一下。存有論的意思很清楚，就是對我們當前所面對的一切事物，所謂存有作一個哲學上的探討，這樣就成就一種學問，一種哲學的型態。那你現在把價值加上去，就是這個存有論不光是存有論而已，而且是有價值的意味。所謂價值的意味主要是涉及你所講的那些存有，譬如說柏拉圖講的理型這種學說，理型是一個形而上的存有，它也有價值的意味，就是說理型是最完滿、沒有缺憾、最理想的。相應於某一個理型，在現象界裏面所找到的東西，它有物質性，所以總有缺憾，總有有限的地方，不能跟理型相比，所以在這裏理型的價值就顯出來。因為它是最完滿的，而我們所碰到的那些東西，因為有物質性，所以就打了折

扣。理型是沒有物質性的，它是純粹觀念的、純粹思維的。所以這價值存有論就是這意思。我們把這名相，這種學問，關連到說一切有部所講的那個法體，這法體有沒有價值的意味呢？這不清楚。它只是說宇宙有很多不同的東西，我們把它們還原，還原為基本的要素，最後還原到七十五種，就是所謂五位，五個種類，七十五種法體。這七十五種法體有沒有價值的意味，有部在這問題上，沒有提出很明顯的答案，它可以說是從一種中性的，不含價值義的角度來講所謂法體恆有，你們有沒有問題呢？我現在就提一個問題，你們很多同學都對宋明理學感到興趣，那宋明理學也可以說是有一套存有論，不過它的存有論講出來就比較模糊，它提出很多觀念。有關本體的觀念，它提到天理、天道、天命、良知，這些都可以納入有終極意味的存有，把它們放在裏面來看，如果我們把這個天理作為一個觀念來建構一套存有論，這種存有論是不是就是價值存有論呢？我們提這個問題。這位同學，我看你好像很用功啊，叫甚麼名字？

李哲欣：李哲欣。

吳汝鈞：你的研究重點是宋明理學，那你回應我的問題，以天理作為一個核心觀念而建構起來的存有論，是不是一套價值存有論？

李哲欣：可不可以跳過讓我想一下，這問題我要想一下。

吳汝鈞：還用想嗎？這問題應該一點就明，你是屬於漸悟的那種人，不是頓悟啊，要等一下才能想出來。

李哲欣：有沒有其他同學可以先回答的？不要攔在那邊。

眾人：（笑）

吳汝鈞：你怎麼這樣婆婆媽媽的？

眾人：（大笑）

吳汝鈞：你處理問題怎麼這樣囉囉嗦嗦的，這樣拖泥帶水的？李唯嘉，妳代他回應。

李唯嘉：我覺得應該是一種價值存有論。

吳汝鈞：為甚麼？

李唯嘉：因為老師剛剛說，理型純粹是觀念的、思維的，沒有物質性，所以它的理論是一種價值的存有論，那我覺得儒家的天理作為一個本體應該也是一種思維的、觀念的，所以是價值存有論。

吳汝鈞：你用形式、思維之理來形容這個天理？

李唯嘉：它當然是跟物質連繫起來，離不開現象的，但是如果說只是談形式不談內容的話，它是一個形式之理，是一個所以然之理。

吳汝鈞：你說只是一種形式，它沒有內容？

李唯嘉：不是，它有內容，但是如果把內容抽出來的話，它是一個所以然之理。

吳汝鈞：嗯……妳好像還沒有把握到那個要點。天理是甚麼樣的一

種東西？天理，程明道說他的學問都是有所承傳，只有天理是自家體會出來。所以你看天理這個觀念，在程明道的思想裏面，佔一個非常重要的位子，是自己體會出來的。這天理是不是一個價值的觀念，是有價值的意味還是沒有價值的意味？

某同學：老師，我覺得剛剛同學提的那個柏拉圖的理型啊，跟宋明理學家講的天理是不一樣的，是不是可以這樣講？

吳汝鈞：你的問題已經假定天理是有價值這個意味了。

某同學：但是兩種型態應該不一樣，柏拉圖講的那個共相……

吳汝鈞：這是另外一個問題了，我們現在所關心的是所謂價值存有論這種觀念，能不能用到程明道講的天理上面。就是說，以他那個天理的觀念作為基礎，建構一套存有論，這套存有論，算不算是一種價值的存有論？我們是問這個問題。比如說，《中庸》說：「天命之謂性，率性之謂道，修道之謂教」，它提天命，這天命跟天理應該是同一個層次，是不是有價值的意味，或者說有估值的性質？估值就是有一種價值的意味在上面，如果沒有就是非估值的，就是沒有偏向的，是中間的立場。這問題不用想那麼久吧？天理當然是一個價值的觀念，因為天理是創生萬事萬物，就是所有事物的基礎，是一個很重要的存有論的觀念。然後天理除了創生萬事萬物外，又提出一種導向，對萬事萬物有一種引導作用，引領他們怎麼去發展。它有一種理想性在裏面，理想就是價值。有一種東西有它的理想性，我們就說它是估值的，有價值意味，可是這裏說一切有部講的法體有沒有價值的意味呢？目前我們拿到的資料，從這些資

料來看，還沒有看到它在這方面有明顯的性格，所以我們暫時把它說是一種中性的。好，有甚麼問題？沒有嗎？沒有就請你繼續。

吳嘉明：好，那就上面所講的，我在第二節第一段，最後談到說，將說一切有部作為理解佛教判釋的第一步，其實是就著西方哲學之思路，將法體理解為柏拉圖傳統的近似概念，以逐步將屬於妄念的自性說依判教的理論來給予應有的地位。這個問題涉及剛剛所談到的價值存有論，我們要怎麼去對說一切有部的法體做出應有的定位？為甚麼說是應有的定位呢？因為在上禮拜我們一直談到，假如我們直接把法體全然的翻轉掉，或者是認為它全然是誤推的時候，那在這樣的認知底下，一切有部好像沒有它的價值了。我認為在判教上必須有同情的理解，我試圖以這樣的理解方式來進行一步步的推展，我試圖回到一個，最近似乎蠻多人在探討的所謂認知的問題，就是如果我們把部派佛教的法體視為一個實在論的論述，那它便會涉及經驗與超越如何勾連的問題。從表象世界生滅的無到法體實然之有，部派佛教在這裏是如何去一步步推展出這樣的學說呢？如果說法體是一個超越實在論的時候，我們可引英國哲學家柏克萊一段話來作理解，他主張物質對象無非是由於被感知才存在，那也就是說存在即被知。物質的存在是由於人去認知它才存在，那他的說法，其實就有點逼近於佛教對於世間物質的一個看法，說世間是因為意念而起，緣起之後事物才會有它的存在性。一切有部牽涉及推展世界的過程，因為世間是無常而生滅的，故沒有一個像上帝一般的設想可以作為保住世界的根基，因此問題就被推至於事物的載體上，也就是先行肯認了一個具有自性、無為法的超越實有，這是

法體的一個比較確切的內容，它將自性與無為法作為一個法體的本質看，在我們上面一直談所謂的五位七十五法，這些其實都已經很明顯的去說明法體的內容到底是甚麼了。

吳汝鈞：我們這邊談一下柏克萊講的那一句話，就是 To exist is to be perceived。To exist 的這個 exist 是存有論的概念，然後 perceived 是知識論的概念，所以他這句話就是把存有論跟知識論合起來，然後提出一個存有論的命題，說有些東西存在，那是有條件的，就是說你要知覺到它，對它有所知覺，才能說它是存在的。如我說這眼鏡是存在的，因為我知覺到它，看到它的外表，進一步把它戴上，就可以很清楚的看到一切事物。柏克萊就是意味這點，如果沒有知覺它，那是不是就可以說它不存在，或者不能說它是存在，他也有回應，就是說這眼鏡即便沒有給我覺知，可它是為上帝所覺知，所以我們還是可以把它說成是存在。這種回應，只適用於有上帝信仰的那些人的思考裏面，如果不信仰有上帝，那麼這句話就不是這樣講，是吧？這可以引出胡塞爾所說的明證性問題，因為上帝是沒有明證性的，所以胡塞爾就會提議，把這問題擱下，沒有明證性的那些命題我們就不要討論，這就是「懸擱」，這裏涉及胡塞爾現象學兩個重要的概念，一個是明證性（Evidenz），一個就是懸擱（Epoché）。他強調我們應該嚴格的思考，就是凡是我們做一些命題，作一些肯認，都需要有明證性，都需要有明證性作為一個基本條件，才能提出來，如果沒有這種明證性，就不能繼續講下去，應該把它懸擱，就是以括號把它括起來，不要繼續討論下去。你說即便我人沒有覺知這事物，可是有上帝對這事物覺知，所以我

們還是可以說這事物是存在的，我們還是可以講。胡塞爾則會回應，你這樣說沒有明證性，上帝不能當作一種明證性來看，所以你說，在上帝那種覺知之下的那些東西是存在的，這樣的一種肯認，是沒有基礎，沒有明證性的。上帝不能作為一個明證性，所以這一種命題我們就要把它擱置，不要多談。

趙東明：老師請問一下西方哲學的 justification，證成，就是柏拉圖的定義 justification，跟明證性之間比起來是？

吳汝鈞：這明證性的意義比較明瞭、清楚，我們舉一個例子，我說這枝筆是很好用，寫東西的時候可以很快就寫的很清楚，因為它出水很快，一碰到紙字就出現，所以這枝筆很好用，這就有它的明證性。因為你親自把它拿起來寫，這明證就很清楚，這有明證性。

瞿慎思：老師你這邊講的明證性跟經驗有關係嗎？

吳汝鈞：嗯？

瞿慎思：明證性跟經驗一定有關係嗎？

吳汝鈞：我繼續講下去。如果你說，這種筆很好用，那就沒有明證性，因為這枝筆跟這種筆不一樣。這支筆是你親自看到而且親自拿來用過，所以對你來講是非常明顯的，可是你說這種筆很好用，就不能講明證性。因為這種筆有很多，這數量很大，很多製造筆的工廠都做這種筆，可你不能把所有的這種筆都接觸過，所以這就缺乏明證性，因為不可把每枝筆都拿來寫過，你只能用過一枝具體的這種筆，不是全部，所以你說這種筆很好用，雖然在表面看來好像沒

有甚麼問題，可是嚴格檢查一下，它是有問題的。我再舉一個例子，你說中國人是很寬容的，這一句話有沒有明證性？洪楷……嗯，你這字怎麼寫得那麼難看？

趙東明：洪楷萱，她沒有來。

吳汝鈞：她沒有來？

趙東明：嗯，她說她請假。

吳汝鈞：現在很多年輕人寫的字都很難看，因為他沒有機會寫啊，都是用電腦打。我們小的時候就有所謂書法那門課，學校小學的時候也有教，就是讓你怎麼把字寫得清楚、寫得好看，現在大家書寫這種活動早就給電腦所取代，所以大部分人都寫得不好看。我小時候給父親壓迫著去寫，就是臨摹古人的那些字帖，我就是給父親壓得很緊，每天都要臨摹隸書，是漢朝的《史晨碑》，臨了好幾年他才滿意。林鳳婷？嗯，我們剛才提甚麼問題啊？

林鳳婷：中國人是寬容的。

吳汝鈞：啊是，對，妳說，中國人是不是寬容的，這句話能不能講下去，有沒有明證性？

林鳳婷：我想應該是不行的。

吳汝鈞：不行？

林鳳婷：因為如果說這一位中國人是寬容的，可以說有明證性。

吳汝鈞：對啊，妳指定一個中國人這可以成立，這有明證性啊，妳跟他有一種接觸，有一種直接交往，妳知道他個性啊怎樣，所以妳就用寬容來說他的那種行為。這可以，可是我說的不是某一個人，是「中國人是寬容的」這句話，便怎麼樣，能不能講的過去？

林鳳婷：我認為不行，就像老師剛剛所說的，那支筆跟那種筆，是不一樣的意思。

吳汝鈞：對啊，因為妳不可能接觸到所有的中國人。妳說「中國人是寬容的」，這裏面中國人的意思是全部的中國人，妳說有一部分中國人是寬容的，這還可以，這限制了它的範圍，妳可以把它限制到你接觸的那些人，就可以有明證性，那如果妳說中國人是寬容的，妳的確實的意思是，全部的中國人是寬容的，妳不可能這樣說，因為妳不可能有機會接觸到所有的中國人。沒有明證性，就是要擱置，不拿它來討論。

趙東明：老師請問一下，這裏的明證性的標準是怎麼樣定義？對於胡塞爾怎麼樣？因為有人質疑笛卡兒也提出我思，因為我思也是自明的原則，那人家問他他就比較無法解釋，邏輯實證論也是啊，它有一種檢證性原則……

吳汝鈞：笛卡兒說「I think, therefore I am.」，其實他這句話康德已經對他有很嚴厲的批判，因為康德說他是懷疑主義的大宗師，他說甚麼東西我都懷疑，可是有一點我不能懷疑，就是我在懷疑。這種活動是很確定的可以講出來，所以我在懷疑，我是存在的，笛卡兒以為他能講的過去。本來懷疑是非常好的，因為做學問就是要有

一種懷疑的精神，你要有懷疑的精神以提出一種批判，才能有批判的態度來研究，所以笛卡兒作為一個懷疑主義者，他的貢獻還是蠻大的，可是他提出「I think, therefore I am.」，就是我在懷疑就證明我的存在性，這種說法一般來講好像很合理，大家都沒有意見。康德就提出來，他說不行，因為當你說「I think, therefore I am.」，這就是說我思考所以我存在，就是你要有直覺覺出你的存在性才行。要有直覺，就是 intuition，譬如說我現在看到這個杯，我說這個杯是存在的，因為我對它有直覺，這沒有問題。當我離開這個房間，到洗手間去，然後再想這個杯，這時這杯就不是存在物了，是一個杯的概念。因為我對它沒有直覺，它只是在我的思考裏面出現，它只能在我的記憶裏出現。所以我說我存在，那需要一個條件，就是我說的那個我，是在一種直覺裏面講的。如果沒有直覺，只有思考，只有思考中的自我，沒有直覺的自我，這句話還是不能講下去。「I think, therefore I am.」，這 I think 的 I，這個我，只是一個智思的我。智思，就是一種純粹的抽象思考，不涉及直覺。在這裏我們可以再進一步向前思考，就是康德所提的自我，起碼有三個層次。第一層是大家比較了解的，就是感性直覺的自我，就是我們看這房間裏面，有很多很多同學坐在這裏，這自我是通過感性知道的，因為我對他們有感性，這感性有視覺的作用，這就是感性的直覺，sensible intuition，這是一種。另外一種就是層次比較高一點的，是睿智的直覺，Intellectual intuition。就是睿智的直覺，它所知道的不是現象那一方面，而是真我，就是物自身這一方面。所以就有兩層自我，一層是現象的，一層是物自身的，現象的是由感性直覺來接觸，物自身的是通過睿智的直覺來接觸，我們人

沒有這種直覺，只有上帝才有，這是根據康德所說。還有第三種，就是純粹智思的自我，就是說你不通過直覺來接觸，你只能通過思考來想它。智思的自我就是沒有直覺的，是純粹思考性的，這也是一個自我啊，就是不能被直覺到的，它純然是一種思想性的。

康德把自我的意味放到笛卡兒所講的「I think, therefore I am.」中去。這裏面有兩個我，I think 是一個我，I am 是另外一個我，I think 只是涉及那個智思的我，沒有直覺的，只是純粹在我的思想裏面。存在的我，是你說 I am，就不是智思的我，而是在時間空間裏面存在的我，可以通過感性直覺來接觸到的自我。這兩個我是不一樣的，I think 這個 I，I am 這個 I 不一樣，I think 這個 I 是智思的我，是思考的我，I am 這個 I 是在時空裏面存在，可以通過感性直覺來接觸的。笛卡兒當年相當自豪，他以為自己提出不能打破的命題，就是涉及那個自我這問題上。他提出一個不能被駁倒的「我懷疑所以我存在」的命題。但笛卡兒這個理性主義的大師啊，最後碰到康德就摔下來了，這句話就不靈。「I think, therefore I am.」這兩個 I 是不同的意味，你不能說 I think 可以推導出 I am，I think, therefore I am 這命題不是一個分析的命題，而是一個綜合的命題。分析的命題就是說，謂詞已含於的主詞裏面，綜合命題就不是這樣，主詞跟謂詞沒有必然關聯。比如說「這支紅筆是紅的」，這就是分析命題，因為這紅已經可以從筆裏面推出來，是吧；可是你說這支筆是可以寫得很流暢，這就是綜合命題，不是分析命題。你要拿起來寫，寫一下，寫兩分鐘才能確定。比如說雞蛋是雞生的，這是分析還是綜合呢？

李唯嘉：分析。

吳汝鈞：為甚麼？

李唯嘉：因為謂詞可以從主詞中得到，就是雞是從雞蛋得到，雞可以從雞蛋中分析出來。

吳汝鈞：對啊對啊。你說雞蛋就表示說，是雞生的蛋。難道是恐龍蛋嗎？你說雞蛋是恐龍蛋這就是大問題，恐龍存不存在都沒有人知道。你說雞蛋是從雞生出來的，這是分析命題，你不用去拿一個雞蛋來看看，也不需要經驗到雞生蛋的活動。你們應該沒有看過雞生蛋，你們所拿到的蛋都不是現成雞生的，而是在便利店買的。我們以前住在農村的時候，養雞主要是讓牠生蛋，主要是可以作餸菜來吃。那隻雞快要生蛋的時候，就跑到一堆茅草裏面動也不動的，你不知道牠在做甚麼，牠是在儲蓄那種力量哩，因為那個蛋在牠身體裏面已經成形，所以要有力量把它推出來才行。你看到雞突然之間藏在茅草裏面一動不動，你就可以知道牠是在生蛋，等牠生出蛋來，牠就會跳起來，蛋就會出來。所以雞蛋是雞生的，是分析命題。雞蛋是鴨生的，怎麼樣？沒辦法說得過去啊，鴨怎麼會生雞蛋，鴨生的是鴨蛋啊。雞蛋跟鴨蛋是不同的蛋。康德最後就說，「I think, therefore I am.」不是一句分析的命題，而是一句綜合的命題，這樣就把笛卡兒很有名的口號給打破了。這裏面有沒有問題？就是吳嘉明所講的這一部分。大家有沒有其他問題？都懂了是嗎？沒有問題啊，那我就假定你們都懂了。

我們總括一下說一切有部這一套理論，說是法有我無，它基本

上就是繼承了原始佛教我法二空的，在我空方面，他是遵從原始佛教的講法；可是在法方面，原始佛教講法空，但說一切有部講法有啊，或者法體有實在性。這種學說、這種理論是一種實在論，實在論是最接近常識的，一般人最容易明白。觀念論就比較難解，因為它跟常識距離比較遠。

第二章
經量部的實在論的傾向

吳汝鈞：佛教是一個宗教，而且是東方一個很重要的宗教。通常一般人談起大的宗教，就會提世界上有三個大宗教，哪三個啊？

顏銘俊：回教、佛教、基督教。

吳汝鈞：對！基督教、伊斯蘭教、佛教，我們在這裏泛論一下為甚麼歷史上出現那麼多種宗教。到底宗教對我們來講有甚麼用呢？換句話說，人為甚麼需要有宗教信仰呢？在這裏我們就涉及一個問題，就是所謂宗教的契機，就是所謂 religious moment。這個 moment 不是時間的意味，而是契機的意味。就是說 religious moment 指一些因素，讓我們需要有一種宗教信仰。另外，我們也可以問宗教的契機在哪裏？或者說，有甚麼重要的因素，讓我們信奉一種宗教，要到教堂裏面去做禮拜呢？當然你可以說，有些人有宗教信仰，有些人沒有，所以宗教也不見得是每一個人都需要。這樣說也不錯，不過我們也可以看到世界上有宗教信仰的人多得很，特別是基督教，它是跨國家的、跨文化傳統的。信佛教的人也很多，中東那些阿拉伯國家都信奉伊斯蘭教。宗教和宗教之間常常有

衝突。一個家庭的成員，可能各有各的宗教信仰。家族成員的宗教如果是不一樣、不同的話，這種情況會不會引起家庭裏的成員，彼此之間因為宗教信仰的不同而常常互相爭論呢？比如說你們的楊老師楊祖漢，他講的是儒學，可是他太太是基督教的教徒，而且信得很虔誠。以前我在香港中文大學當助教的時候，對面一個秘書，她是一個基督教徒，她想引我去信基督教，我說我念宗教念哲學，對很多宗教教義都懂一點點，可是我還沒有發現有哪一種宗教能夠讓我無條件的去接受它的教理，然後產生一種信仰。她就說：「你不要看其他的宗教，你拿《聖經》來看就好！《聖經》是最好的！基督教是最好的！」那我就問她說：「你對其他宗教有沒有認識呢？」她說：「不用認識也知道基督教是最好的！」我接著問：「你這種信心來自哪裏？」她說是有一種神明的感應，就是救世主（Messiah）耶穌代表耶和華，發出一種慈愛的信念，讓她感受到上帝這種慈愛，這種信念。我就說：「這是很主觀的問題，你感到我沒感到，那怎麼辦呢？」你叫我信基督教我還是感受不到啊！她說：「只要你信就可以感受到了！」我說：「世界上有那麼多種宗教，如果你不了解一下，你怎麼能說基督教是最好的呢？」她講不出話來，然後就說：「總而言之基督教就是最好的！你信就可以明白！」她是這樣講的。我心裏在想：要向人推銷一種宗教信仰，如果是這樣推銷的話，那你一定失敗，我也不是一個沒有學問沒有理性的人，怎麼會聽你說基督教是最好的這句話就去信奉基督教，接受洗禮呢？

有一次我在加拿大，一天大風大雪，我在公車車站等公車過來，因為車班較疏，半個鐘頭才有一班車，所以我就坐在對面大樓

門前的梯階休息。當時有一個女性，不曉得她是不是加拿大人，就過來跟我談宗教信仰的問題。她說她是基督教徒，然後列出信仰基督教會有哪些好處。因為那個時候我感到很煩厭，一方面又冷又餓，一方面等車又等了半個鐘頭。大風大雪哪有心情跟你談這個問題呢？所以我就說：「I am not concerned about it!」，「Then you will go to hell as a result!」沒想到她竟然詛咒我要下地獄，哪有這種強蠻無理的宗教徒啊！你推銷基督教的信仰，我可以接受也可以不接受，可是你憑甚麼詛咒我要下地獄呢？這是很不好的一種態度，所以我就說「OK! I will follow you!」她就很憤怒的跑了。這個人要傳播基督教肯定會失敗。你要傳播一種宗教信仰，先要有一種誠懇的態度、虛心，尊重人家自己的文化傳統，你不能一下子就跟人說：「基督教是最好的，你一定要信！不信你就下地獄！」這樣詛咒人沒甚麼意思，也沒效果。人有一個宗教信仰，是一種福氣，很好的，可是也不能勉強。你沒有就是沒有。不同的宗教之間，其實可以共同存在，不一定要有磨擦，更不需要有戰爭。這樣的例子很多，很多家庭丈夫跟他的夫人信仰都不一樣，可是還是相處得蠻好的！楊祖漢就是一個例子，還有另外一位長者就是戴璉璋戴老師，他是聽牟先生的課，是牟先生的學生，是儒家的，他太太是基督徒。他們也相處得很好。你應該尊重別人的宗教信仰，而不是堅持自己的宗教信仰，因為別人對信仰的那種信心跟你是一樣的，你一定要尊重，不要破壞，也不要咒罵。所以我說：「有宗教信仰是非常好的！」起碼當你的處境很困難、很辛苦的時候，你在心靈上、精神上有一個支柱，上帝也好，安拉也好，阿彌陀佛也好，祂會給你一種精神上的支援，不讓你倒下。就算你倒下了，你

還是可以爬起來。在哪裏跌倒，就在那裏站起來。

　　但信仰是不能勉強的。奇怪得很，有些人去了幾趟教堂就信了基督教，可是我在香港中文大學基督教的崇基學院待了幾年，還是沒有這種信仰。後來我在香港浸會大學教了十五年書，那個大學基督教的背景非常重，我也沒因為在那邊教書教了那麼多年，接觸到那麼多的同仁、學生，他們都是基督教徒，可是我還是沒有這種信仰。然後我研究佛教，研究了幾十年，我也還不是佛教徒。很多人很奇怪，你這人念那麼多年，研究那麼多年佛學，怎麼不是一個佛教徒啊？他們以為你研究那種宗教，你就是那個宗教的教徒，不然的話你不會研究那麼久。他們有這種想法。我就說：「我研究佛學是從理性這個角度來看，不是從信仰來考量。」所以我在基督教的大學待過，也在基督教的香港浸會大學待了十五年，然後才過來中研院，都沒有受基督教信仰的影響，反而感到有點不舒服。就是因為他們宗教的氣氛太濃，每次開系務會議，總是要有一個人出來祈禱，就是向上帝祈願，希望上帝賜給我們智慧，讓我們能把系務會議開得成功。每一個人大概都是講這一套，你要我講我也能講出來。這樣的儀式雖然只有短短的一分鐘，我卻覺得好像整天都受到影響，總是希望他們趕快說完這個祈禱，然後開始正式的討論，可是這個 moment 好像總是遲遲不來，其實這個祈禱只有一分鐘，可是我的感覺是一整天。我是最希望聽到「阿門」，只要一聽到這個聲音，整個人就鬆開了。因為結束了，終於可以正式討論一些應該討論的問題了。

　　雖然我接觸這麼多宗教的義理，特別是佛教，也包括儒家跟道家在裏面，還是沒有一種宗教讓我能夠無條件的接受它的教義。因

為你如果相信某一種宗教，你就要承認它的講法是最正確的，最有效的，最接近真理，這就是所謂的無條件。如果你要我信仰佛教，而放棄對儒家、對道家、對基督教等其他宗教的興趣跟研究，我就辦不到。因為一談到信仰，它的排擠性很強，你既然接受了儒家，你就很難接受基督教的教義，是吧？儒家是超越內在，基督教卻是超越外在的。像這些問題人家都談了很多，大家都了解，是不是啊？這是對終極真理的兩種不同解讀。儒家是實體主義，佛教是非實體主義。這兩個宗教的立場是剛好相反的。所謂宗教對話、宗教交流只能講講比較表面的問題，到了比較核心的問題，就很難講融合。實體主義怎麼可能跟非實體主義融合在一起呢？所以我一直都沒有宗教信仰。我很希望能有一套宗教信仰，可是我就是找不到。我覺得有宗教信仰是一種福氣，可是不能勉強。我現在談這個問題，是甚麼因素讓我們或者是多數的人要去敲宗教殿堂的門，要上教堂，要進去大雄寶殿。宗教有甚麼吸引力呢？它能解決人甚麼方面的問題，讓人對它那麼盼望、著迷呢？宗教的力量可以很大，國際間的宗教戰爭，可以非常殘酷，像那個希特勒（Adolf Hitler）屠殺猶太人，所謂「Holocaust」，是以百萬算的，就是因為信仰不一樣。在中國歷史上也發生過多次佛教跟道教的衝突。所以我們要探討一下有甚麼因素作為宗教的契機，引領我們進入宗教的殿堂。有人可能會這樣說，宗教可以讓人安身立命。可是我覺得這樣的說法太空泛了，「安甚麼身？」、「立甚麼命？」，這太抽象了。不確定嘛！我們現在就把這個意思再深入探討一下，宗教的契機，有三個面向，一個是「罪」，一直推到最深處就是「原罪」「Original Sin」。另外一種是「苦」，苦痛煩惱的苦。另外，還有

一種契機是甚麼契機啊？除了「罪」跟「苦」以外？

關啓匡：死亡。

吳汝鈞：對！我常說，一個人有甚麼地方一定要去呢？一個是醫院，一個就是殯儀館，誰能不去這兩個地方啊？其實我們可以將這三個面向進一步了解一下，探討一下。「罪」、「苦」、「死」這三種東西，是不是平行的？是不是對等的？還是有等級的分別？就是說這三種裏面還是有一種是最基本的、最根源的，其他兩種只是第二階級、次等的，跟最主要的比起來它還是次等的。「罪」、「苦」、「死」哪一種是最基本的？基督教講「罪」，佛教講「苦」，然後甚麼教最後都要涉及死亡問題。你承不承認這三種「罪」、「苦」、「死」，你有沒有這幾方面的情況呢？

鍾雪寧：三種啊？只有「死」沒有。

吳汝鈞：你說你沒有罪？

鍾雪寧：我說都有啊，只是未經歷死。

吳汝鈞：你講坦白一點，誰能說他沒有罪啊？你能說你沒有罪嗎？你沒做錯事情嗎？你對父母都沒有得罪過嗎？有沒有啊？都有啦！「苦」也有，每一個人都有苦，親人死掉自己就感到很悲哀、很寂寞。自己有事情、有重病，那就會很辛苦。貧病交迫也是辛苦的。「死」就不用講了，道教不是說要通過外丹內丹去修煉，說可以修煉成為神仙，就是長生不死，這是很荒唐的講法！人怎麼可能成為神仙呢？人可以延年益壽，你進補啊！吃一些比較昂貴而有效的藥

啊！你就可以拉長你的壽命，可是最後還是要到那邊去。歷史上根本就沒有出現過，修煉道教的那些人可以長生不老，反而那些修煉的人會加速他們的死亡，因為他們吃的那些所謂丹砂，裏面是用重金屬做成的，例如水銀那些，很重的！丹砂是用水銀做成的，是重金屬。你一直吃重金屬不消化，它都藏在胃裏面，結果越積越多，胃就熬不住，會穿孔、出血，胃就開始出問題。很多皇帝就是因為修煉道教的方法而死，原本可以長命一點，卻因為相信這一套，反而死得快。秦始皇、漢武帝、唐太宗他們都想永遠能夠享受做皇帝的滋味，結果都不行。本來可以長壽一點，結果因為相信那些道士，反而傷了身體。這些道士講出來的話確實很吸引人，但是沒有人能夠成功。可以說死亡是人必然的歸宿。我們現在就來探討這個問題，這比較有一些學術性或者說理論性。「苦」、「罪」、「死」哪一種最基源？「Which one is most fundamental?」你要提出那個論證出來，你有沒有想過這個問題？你有沒有罪？

張雅評：有！

吳汝鈞：好，有沒有苦？

張雅評：有！

吳汝鈞：你相不相信你會死？

張雅評：信！

吳汝鈞：對啊！她都不反對，表示她認同我的講法！那三種裏面哪一種是最根本的？還是平行的？對等的？

張雅評：罪？

吳汝鈞：罪？你說「罪」是最根本的？

張雅評：嗯！

吳汝鈞：理由？

張雅評：改成「死」好了。

吳汝鈞：你根本就游移不定，猶豫不決，給人再問一下你就漏底了。你可以說死是一種「苦」，苦痛煩惱到了極端就是死亡。所以我們在這方面就把「死」推出去，把「死」當作一種極限的現象，是苦痛煩惱裏面的一種極端的現象。一個人受盡折磨，身體受了重傷，最後不治而死，就是因為他太痛苦了。以前歷史上不是有苦刑嗎？他要你畫押招供，你死不招，他就用很重的刑法對付你。女生就在你臉上劃一刀，讓你一輩子不能見人。苦的極限就是死亡。人家說的「大限」到了，這個「大限」就是死亡。死亡是最為極限的。然後我們再來看「罪」和「苦」，這兩方面哪一種更具基源性？更為基本？沈威廷！

關啓匡：請假，沒有來！

吳汝鈞：沒有來，那你叫甚麼名字？

關啓匡：關啟匡。

吳汝鈞：關啟匡？好！我問你，你有沒有罪？

關啓匡：有罪。

吳汝鈞：有沒有苦？

關啓匡：有苦。

吳汝鈞：你怎麼看這兩種東西，哪一種比較具有基源性？哪一種更有「priority」？你想一下這個問題。

關啓匡：我覺得「苦」比較根本。

吳汝鈞：對啊！可以這樣說，但是需要論證。

關啓匡：因為「苦」呈現的時候，你甚至不懂是因為甚麼，所以會出現笑中有淚的情況。你可能在很高興的情緒裏面，苦還是會呈現，而呈現的時候你還不懂是甚麼原因，可是罪是要有認識才可以確定的。所以我感到苦的那種無法理解性，我認為它應該是更深。正是因為你覺得苦為甚麼沒有辦法理解，因此苦可能是更深的。

吳汝鈞：你說苦是難以理解的？

關啓匡：對！

吳汝鈞：基督教的人會說「原罪」才是不能了解，也不應該負責，因為有「原罪」是人類的祖先。亞當和夏娃吃了上帝禁止他們吃的禁果，然後就犯了罪。這個罪就是原罪，結果他們的子子孫孫一生出來就有所謂的「Original Sin」。所以這「罪」不光是不能了解，而且是不應該由子孫來負責，因為不是他們犯了吃禁果的罪，而是

亞當和夏娃犯的，所以他們沒有罪，亞當和夏娃才有罪。像這樣說他們有原罪是很不公平的，上帝這樣安排很不公平。你說「苦」難以理解，有它的神秘性，但是「罪」不也是讓人無法了解，有它的神秘性嗎？你的說法是有點意思，可是流於主觀，也就是理論的效力還不夠，你要提出一種具有理論效力的 argument 來處理這個問題。「罪」跟「苦」哪一邊更根源，或者是兩方面都具有根源性，沒有一方對另一方有先在性，沒有「priority」，它們是平行、對等的，是不是這樣？這點很重要！看你能不能思考！李唯嘉！

顏銘俊：她今天請假！

吳汝鈞：她請假！那請你回答！

顏銘俊：我覺得還是「苦」比較基源。

吳汝鈞：好！理由呢？

顏銘俊：理由是，我覺得有罪無罪可以分成兩個面向來看，人家指責說我有罪，我也覺得我有罪，那我覺得我有罪就會內疚，那種內疚的感覺就是一種不好的感覺，就有一點類似苦。如果我沒有內疚就不會有這種苦，就不會有有罪無罪的意識，我會覺得我無罪。那另外一方面是如果人家覺得我有罪，就會給我懲罰，會加諸痛苦給我，譬如說會給我一些懲戒之類，給我痛苦。我覺得不管有罪無罪都會在心理層面或外在層面造成痛苦，所以還是「苦」比較基源的。

吳汝鈞：你怎麼講得那麼複雜，這是觀念的問題，一兩句話就可以

解決了，你講到了裏面又外面，又覺得會對人家有甚麼影響。

吳汝鈞：你再說看看！

顏銘俊：我覺得「罪」就是一種「苦」，就是一種苦的感受，至少我覺得我自己有罪就是一種苦。

吳汝鈞：有罪是一種苦，這有道理，接近了，可是還不夠。他能提這一點就不錯！罪本來就是一種苦，像死亡或者是對死亡的恐懼。海德格曾經說過，死亡是不可避免而讓我們感到恐懼的一種現象。它跟老虎不一樣，老虎站在你身邊，牠隨時可以把你吃掉，可是老虎是有形的，你可以看到，可以摸到，可是死亡是虛的。死亡對我們而言，當我們年紀愈長，對死亡的恐懼就會愈來愈重。你現在還沒到那個年紀，當你到了我這個年紀，你就感受得到。一個人到了六十歲、六十五歲、七十歲，這個問題會愈來愈敏感，死亡對你的影響會愈來愈強。罪是一種苦，死亡也是一種苦，這個說得不錯，可是理論效力還是不夠。李哲欣你說說看。

李哲欣：我有罪，我也會死掉。

吳汝鈞：你有罪，好！你很坦白！你犯過罪，而且也感到有苦是吧？

李哲欣：是！

吳汝鈞：最後你相信你一定會死。

李哲欣：是！

吳汝鈞：那這個問題怎麼解決？「罪」跟「苦」哪一邊比較基源？更有根本性？

李哲欣：「罪」跟「苦」？

吳汝鈞：「罪」是基督教說的宗教契機，「苦」是佛教講的宗教契機，「天理人欲」的「人欲」是儒家講的契機。每一個宗教都有它提出的那個契機。不同的宗教有不同的契機，我們可以把它們都總和起來，然後找到最有基源性的，最後就是有這三種：「苦」、「罪」、「死」，現在我要繼續問下去，到底這三種哪一種最根源？還是三種都是對等的，你說看看？

李哲欣：老師，我簡單的講看看，大概也不大能夠回答，很難講得出來。

吳汝鈞：你講！

李哲欣：我是看田立克的講法，他好像不是把「苦」列在其中之一，如果真的把「苦」解釋成一種焦慮的話，那其實他在 *The Courage to Be* 裏有寫到人面對三種嚴重的問題，第一是罪，第二是在生命中找不到意義，第三就是死亡。我覺得的是焦慮。

吳汝鈞：焦慮？講焦慮最深入的應該不是 Tillich，應該是 Sigmund Freud 弗洛伊德，憂鬱症、焦慮，就是讓人心靈不能定下來，對甚麼事情都沒有信心，都有掛慮，覺得現狀隨時會改變，自己完全沒有安全感，這種心理的狀態就是焦慮 anxiety。Sigmund Freud 講得很深入，不是 Paul Tillich。可是 Sigmund Freud 是一個精神科醫

生，他不是宗教家，他那套東西不能解決宗教上的問題，他能替你治病，那是心靈上的病、身體上的病，而這個「心靈」是心理學的，不是靈性的，不是 spiritual 的，spiritual 的東西要由宗教家或者是儒學講的道這方面來解決。Sigmund Freud 是一個醫生，一般我們容易將他的精神分析跟我們通常講的精神生活混為一談。其實Sigmund Freud 他講的精神分析這個「精神」是屬於心理學的範疇，是 psychological，empirical，是經驗性的，沒有超越的涵義。

李哲欣：但是老師我的意思是說，「罪」、「苦」跟「死」我們想到它，在我們心理面呈現出來的……我們講的在有病的狀態，它其實就是一種焦慮。這是它們三種最後導致一個共同的點。

吳汝鈞：焦慮其實可以放在「苦」的下面講，是嗎？人一天到晚都沒有安全感，覺得隨時有人要謀害你，做甚麼事情都沒有信心，都提不起勁來，這就是焦慮 anxiety，就是心靈永遠是處於不安定的狀態、不安穩的狀態。不安啊！禪宗裏面有一個公案，達摩跟慧可，達摩是初祖，慧可是二祖。有沒有聽過？就是「慧可斷臂，達摩安心」。達摩在嵩山少林寺，自己把自己關進一個山洞裏面，面壁九年。他在面壁的時候，慧可來向他請教。可是達摩不理他，於是慧可繼續待下去，就是不到黃河心不死，他一定要找到一個答案，可是達摩還是不理他。此時天空一直下雪，慧可仍然一直站在洞口不走，雪已經積到了膝蓋了，他還是不走。達摩依舊不理慧可。於是慧可就下定決心要壯士斷臂，拿出一把刀來把手臂砍斷。這樣達摩就不能不回應了，不然的話慧可可能要自殺了。你說達摩有慈悲心，一個人都到了這樣的程度，達摩還不出來回應的話，還

談得上甚麼慈悲呢！所以達摩就叫他進來，說：「你有甚麼問題？你要我怎麼幫你？」慧可回說：「弟子心未安！」心不安就是有焦慮啊！達摩就說：「拿心來我就替你安心，你把心拿出來我就會把它安定下來！」慧可其實一直關心這個心的問題，其中有一種強迫的力量在裏面，強迫他自己一直重複提出安心的問題，達摩將慧可逼到牆角，最後因為被達摩這麼一說，慧可不得不回言道：「覓心了不可得！」慧可的意思是說，心靈怎麼可能拿得出來呢？如果我請同學幫我把杯子拿出來盛水，這很容易，但是若請同學把心拿出來讓我安頓，這怎麼可能呢？最後，達摩反逼慧可講出「覓心了不可得」這句話，達摩於是回言：「我為汝安心竟。」這個情境的關鍵就是「覓心了不可得」。如果我們從哲學的角度來看這個問題，慧可因為一直無法對「心靈」有一個正確的了解，一直把「心靈」對象化，到處去尋找「心靈」，把「心靈」當作一個「外物」，因為「心靈」有不安的狀況，所以要找醫生、高僧替他安頓。慧可的問題正出在把「心靈」外在化，這對覺悟而言是一個極大的障礙，菩提智慧便發不出來。達摩高明之處在於他非常直截了當，慧可說心不安，達摩直言把心拿來便幫忙安心，可是心怎麼拿得出來呢？「心」並不是存在於時空的一種對象，而是我們人生命的主體性。最後，達摩給慧可一種宗教上的壓迫力，讓慧可用盡了全部的力量，才能提出「覓心了不可得」這句話。說出這點，表示慧可的智慧已經開發了，智慧火花已經爆發出來了，覺悟已經很近了。慧可說：「覓心了不可得」意思是我不能把「心」看成一個對象，把「它」擺出來，讓你安頓。達摩回答說：「我與汝安心竟」，表示慧可說出此言已經覺悟了。悟出了心靈不能外在化、對象化的道

理。這原是慧可一直無法悟到的真理，因為慧可有一種迷執，使得他把「心靈」看成一種外在的對象，也就是把心靈「對象化」objectify，把心靈視為一種外在的（external）object 來處理。這是不對的，所以他一直都不能覺悟。達摩說「將心來，與汝安」，這句話的宗教力量很強。你拿心來，我就幫你安，但「覓心了不可得」，哪裏能夠把心靈拿出來呢？你有沒有心啊？

薛錦蓮：有啊！

吳汝鈞：拿心來！

薛錦蓮：拿不出來啊！

吳汝鈞：對啊！這就是「覓心了不可得」。所謂「覓心了不可得」就是在外面找我的心，都找不到。這表示心靈是內在的主體性，而不是外在的對象。慧可這麼一說就悟了，悟到了心靈的真理，所以他就沒有 anxiety。可是 Sigmund Freud 不會這樣處理病人的問題，他還是通過精神分析的方法來處理。

李哲欣：如果要說哪一個比較基礎，苦比較接近焦慮，那就是「苦」吧！因為它是一個比較共同的心理特徵。

吳汝鈞：請你論證，用有理論效力的語言進行論證。你一定要能提出來才能確認「苦」比「罪」更有基源性。我們可以說，基督教跟佛教不僅不一樣，而且它們的出發點也不同，一個是從原罪出發，一種是苦痛煩惱出發。現在我們就要來比較這兩個偉大的宗教的出發點，哪一邊更有根源性？如果你通了這點，以後你對基督教和佛

教的本質就可以很清楚。

林鳳婷：老師我可以試著說嗎？

吳汝鈞：好的，你說。

林鳳婷：我覺得「苦」是比較根本的。

吳汝鈞：為甚麼？

林鳳婷：因為就佛教的觀點來說，「苦」是來自於「煩惱」；「煩惱」是來自於內在自我的「不安」。佛教講貪、嗔、痴。

吳汝鈞：那跟「罪」有甚麼關係呢？

林鳳婷：有！「罪」是一個認定的問題，也就是說有沒有罪，是每個人的不同觀點。但是「苦」卻是每一個人內在都會有的一種根源性的負面情緒。這是非常根源的，而且佛教把「苦」，分為三種，「苦苦」、「壞苦」跟「行苦」。

吳汝鈞：可是，也不是每個人都覺得有這種苦。像劉後主劉禪，劉備的兒子。我前一陣子剛好看電視劇，看到劉備兵敗，在白帝城向諸葛亮託孤，劉禪是一個白痴，趙子龍花那麼多氣力去救他，根本不值得。趙子龍性命丟了也在所不惜的去救這個白痴，最後鄧艾偷渡陰平，攻打成都，劉禪竟然馬上出來投降。司馬昭還封劉禪為安樂公。一次飲宴中，司馬昭問劉禪是否思念蜀國？當時蜀國已經亡了，他不能待在蜀國。司馬昭如此問，用意在試探劉禪，因為擔心劉禪會懷有復國之心。司馬昭刻意問劉禪：「你會不會思念在蜀國

時的快樂呢？」沒想到劉禪非常爽快的回答：「不會！我完全不思念蜀國，現在已經夠快樂了。」這就是所謂的「樂不思蜀」。劉禪這個人沒有痛苦的感覺。

林鳳婷： 老師可是一個人在面對生、老、病、死的時候，生、老、病、死時苦的直接的感受是一定會有的，剛才提到的劉禪是價值觀的問題。劉禪可以樂不思蜀，但是在面臨病苦的時候，在面對死亡的那一刻他也一定會有痛苦的感受。也就是說，「苦」是比較內在的感覺，但「罪」是屬於外在的，你到底有沒有罪這是外面強加的，不是屬於內在的。

吳汝鈞： 你這樣說說服力不夠。妳把問題複雜化了，本來是一個很簡單的問題，一兩句話就可以解決，就像剛才顏銘俊說的一樣，只需要把主要的論點提出來即可，不需要把不是很重要的論點混進來。

林鳳婷： 那我簡單說一下好了。

吳汝鈞： 好！

林鳳婷： 我的問題觀點主要就是一個外一個內。

吳汝鈞： 哪一個是外？哪一個是內？

林鳳婷： 原罪是外，苦是內。外會導致內。

吳汝鈞： 可是「罪」你不能說它是外啊！根據基督教傳統的講法，人一出生，就有「原罪」。不是在外面，是在人的生命裏面。

林鳳婷：這是認知的問題，因為如果不是基督教徒的話，就不會這樣看事情。

吳汝鈞：我現在講的「原罪」就是基督教講的那種，你要拿它的文獻來了解啊！你不能說我要提出另外一種「原罪」的概念，有另一種觀點，這是另外一個問題。你不滿意基督教的講法，這很好，如果你可以提出另外一種講法那更好。可是我們的 the problem in question 講的是基督教的「原罪」和佛教講的那種「苦」，哪一方面最為根本？

林鳳婷：嗯！

吳汝鈞：好吧！這個問題解決了你們就可以回家吃飯了。你們提不出一個解決方法就不可以下課回家吃飯。

薛錦蓮：老師您現在講到「罪」跟「苦」兩個，我有一個不同的想法。就是說，對於「原罪」的觀點，它是以基督教的觀點去看；對於「苦」則是以佛教的觀點去看。那我們為甚麼不能用死亡的觀點去當作這兩者的根源，因為大家都是因為恐懼死亡才有後面這些教義的衍生，這是我的看法。如果您要我現在提出一套論證，我可能沒辦法，我只是突然想到為甚麼不能反過來，讓死亡去當作這兩者的根源呢？

吳汝鈞：說到「罪」的問題時，可以從很多方面來講這個「罪」，它是有它的脈絡。我們現在講的 context 是自基督教的脈絡來談，也就是聚焦在基督教所講的「原罪」。講這個「苦」的時候，也是

在佛教的脈絡下講的。你說生、老、病、死都是苦，這是很一般的
講法，也沒有人會反對，只是我對於這種講法有一部分持保留的態
度。「老、病、死」確實有苦的意味，但是「生」就很難講。你生
出來是怎麼苦法？因為在那個出生的階段，你的意識還沒有出來，
還沒有成立。人的意識需要一步一步成長，一出生，一出來就是一
團混沌，整個世界對你而言都還是一團渾沌，分不清楚的，因為你
的意識功能還沒有出來，所以很難講苦。就算有苦你也無法感覺
到，因為你沒有對於苦的那種意識，苦的意識還沒有成長。

薛錦蓮：那就會變成苦可以解釋我們有意識以後的感知，並不是像
傳統佛教教義所說的那種定義，因為佛教也是把「生」當作是一種
苦。

吳汝鈞：它是一連串講的。

薛錦蓮：輪迴（saṃsāra）。

吳汝鈞：十二因緣（dvādaśāṅgika-pratītya-samutpāda）裏的就是這
樣講的，你也不能說他沒有客觀性啊！

薛錦蓮：對啊！

吳汝鈞：所以我們講「苦」的時候，就在佛教的脈絡下來講。你提
出生、老、病、死都有苦，這不錯！可是你沒有提出一種觀點來，
也就是對生命根源方面的一種性格沒有提出來。你提生、老、病、
死這只是一種泛泛之言，不是很確定。所以我對生是苦，很難說！
為甚麼？我認為生你的母親才苦！你苦甚麼！你只要大哭「啊」的

叫一兩聲，就完了，沒有反應，就定下來了！你母親才苦！

薛錦蓮：所以老師認為「原罪」最根源囉？

吳汝鈞：沒有，我沒有這樣說。我一直都在問，我沒有甚麼 assertion，到現在為止我都是在問問題。

趙東明：老師這個地方是不是可以會通？因為佛教講「苦」是因為「無明」，「無明」其實很接近原罪。剛才顏同學講的「罪是一種苦」，我覺得這對基督教教義而言不是很恰當。因為基督教認為人恰恰是因為有了原罪，我們才會離開伊甸園，我們才會有苦嘛！所以，罪不可能是一種苦，就基督教的立場來說罪是有優先性的。同樣的佛教也是，如果「無明」解消了，「苦」也就解消了，所以在經驗上「苦」是優先的，但是在根源上、本質上應該是「無明」和「原罪」是優先的。這是我的看法，不知道老師覺得？

吳汝鈞：可是「無明」這個概念太泛了，意思也不清楚。

趙東明：所以我剛開始說是不是有可能會通？

吳汝鈞：意思不確定。

趙東明：如果「無明」和「原罪」可以會通，也許就可以得到一個……

吳汝鈞：我看很難，因為這是不同宗教傳統最基本的觀念，不是那麼容易就可以把它們交集在一起。

吳汝鈞：所以顏銘俊說「罪是一種苦」就講得很好。

趙東明：但是基督教教義認為我們是因為有了「原罪」，才被逐出伊甸園，才有苦，所以這樣的邏輯跟基督教是無法 fallow 的。

吳汝鈞：所以為甚麼要有原罪呀？

趙東明：基督教恰恰認為是因為有「原罪」才有苦。

吳汝鈞：基督教說我有「原罪」，為甚麼我一生出來就有「原罪」？這對我來說不是一種不公平嗎？我犯過甚麼罪？是我的祖先 Adam 跟 Eve 他們犯的罪，他們把我生出來，為甚麼上一代的罪要由我來承擔啊？

趙東明：老師基督教神學家他們是有提出一套解釋，他們認為亞當跟夏娃是有自由意識可以選擇，因為受了蛇的誘惑，他們的自由意志選擇了犯罪，所以我們應該怎麼解脫呢？由耶穌釘在十字架上做一個挽回祭，當然這是他們神學的解釋。

吳汝鈞：他們自己有一套講法，可是這套講法 universality 不夠，是很基督教化的一種講法。

吳汝鈞：還是只能到顏銘俊講的「罪是一種苦」，可是這句話還沒講完。你們想回去吃飯就要像達摩安心一樣，一定要把這個問題答案解決。

薛錦蓮：老師您提了一個問題讓我們起了煩惱心。

吳汝鈞：啊？

薛錦蓮：您提了一個問題讓我們大家都受苦了。

吳汝鈞：苦盡甘來。

薛錦蓮：可是佛教講我們不能隨便起煩惱心。

吳汝鈞：你是受思慮所困！可是你的思路一旦暢通以後，你就爽快無比。在思考層面感到無比的暢快。

薛錦蓮：可是這個問題很像雞生蛋跟蛋生雞，我可能會想一輩子。

吳汝鈞：所以在佛教來講最後能夠覺悟的人很少。一般人都是生活在一種渾渾沌沌的狀態中，智慧始終發不出來，醉生夢死這種，也可以說是耽於逸樂。賈寶玉、劉禪他們這些人就沒有感到苦痛的問題，要甚麼都有。劉禪身為一個亡國之君竟然還有臉講樂不思蜀這句話，他怎樣向先主交代呢？劉備千辛萬苦到了四、五十歲還找不到自己的根據地。直到遇到了孔明才好不容易有了結果。孔明提出隆中對，把三分天下的情形顯示出來。最後還是這樣的結果。孔明有很高的智慧，特別是對了解未來發展趨勢的那種智慧，三分天下就是這樣成定局了。有時候問題可以很簡單，可是人思考的時候，總是抓不到那個關鍵，總是把一些外緣的因素都拉進去，就把問題複雜化了。我提這個問題苦跟罪哪一邊更有根源性，其實很簡單，大概是因為你們覺得這是很大的問題，我們一定要深思熟慮來講。其實這也不需要想很多，兩句話就解決了，而且這種解決有理論的效力，也有邏輯的效力。

關啓匡：我再試一下。

吳汝鈞：好！

關啓匡：人不能依罪而活，可是人要依苦而活。如果沒有苦那就不是人生。但我們不能說沒有罪就不是人生。所以苦更加有根源性。沒有苦就不是人生。

吳汝鈞：我還沒有抓到你的要點。你說沒有苦就不是人生，可是沒有罪還是可以有人生嗎？

關啓匡：因為我們不能理解一個沒有苦的人生，那個沒有苦的人生一定沒有意義了。這就是說當我活在天堂的時候，我不懂得追求是甚麼意義。

吳汝鈞：你這句話對於劉禪就不成立了。

趙東明：這樣的講法違反佛教定義，佛教的苦集滅道就是要滅苦，如果沒有「沒有苦的人生」，那麼佛教的終極目標就不能達成，苦集滅道就是要滅苦。佛陀已經完全滅了苦，到達了涅槃，他就是一個沒有苦的人生。你這樣講是矛盾的。

吳汝鈞：在佛教裏講，只有一個人最後成就無上正等正覺，就是釋迦牟尼，其他那些都不行，頂多成為大菩薩。佛就只有一個，現在釋迦牟尼還在說法，在我們這個娑婆世界裏，再過一段時間他就說完了。彌勒菩薩會下凡來，從兜率天下來取代釋迦牟尼教主的地位，不過這個跟罪跟苦沒有關係。

李哲欣：我們還在等老師簡單的兩句話。

吳汝鈞：真的沒有了嗎？

黃惠美：「罪」包含在「苦」裏面，如果我們沒有了「罪」，但是還是會有其他的「苦」存在。我們排除了「罪」，還是會有其他的「苦」。

吳汝鈞：你這個意思很好，已經很接近了。你說「苦」包含著「罪」？

黃惠美：對！「苦」包含著「罪」。當我們把「罪」排除了我們還會有其他的「苦」存在。

吳汝鈞：那就是說「罪」是「苦」裏面的一種，「苦」的內容除了包括「罪」以外，還有其他種類的「苦」，對！起碼你這樣說大家都可以回家吃飯了。她幫了你們的忙，讓你們今天晚上不用在這裏捱餓。用兩句話來說，那就是我們能說「罪是苦」，但是我們不能說「苦是罪」。我們可以說「罪是苦」，就此而言「罪」就是 subject，「苦」就是 predicate，所以這個 predicate 在邏輯上是比這個 subject 更有根源性。反過來我們不能說「苦就是罪」。「罪是一種苦」這很容易了解。人犯了罪被抓到警察局，法官判你坐牢半年、一年，有罪就坐牢，坐牢就是辛苦的，這很容易了解。所以你可以說「罪是苦」，但剛才她說得對，我們不只有「罪」這一種苦，還有其他不同的苦，所以我們不能說「苦就是罪」。你可以說「罪是苦」，但是你不能說「苦是罪」。所以這兩個東西不是對等

的，在邏輯上就是這樣。為甚麼我們能說「罪是苦」，不能說「苦是罪」？因為人一生出來，可能就沒有了雙手，然後日常所有的事情只能用腳來做，這很辛苦啊！苦啊！可是這不是他的罪。他父母也不想啊！這是造物弄人呀！遇到這種情況就矛盾了。所以「苦是罪」不能成立。例如有人一生出來就沒有鼻孔，呼吸只能用口來進行，結果他的口要做的事情太多了，口的壓力很大，後來口就出現了問題，講話、吃飯、飲水都有問題。但他生出來沒有鼻孔，跟他有沒有罪有甚麼關係？他的父母也不願意他的子女生出來沒有鼻孔，要用口來代替。或者是說有人生出來眼睛就看不到東西，這是很苦，但不是罪。這樣就解決了。我們能說「罪是苦」，也就是「苦」比「罪」更有根源性，那麼我們可不可以說「罪」比「苦」更有根源性呢？不能！因為我們不能說「苦是罪」！好啦！這樣你們可以回家吃飯了！

吳汝鈞：現在我們來看經量部的學說，通常我們說佛教有小乘和大乘的分別，我們可以簡單的說，在佛陀釋迦牟尼的年代佛教是無所謂大乘或是小乘之別的。大乘、小乘是在佛陀滅度以後才有的分別。一般來講小乘比較強調經典的依據，也就是文獻的依據。特別是《阿含經》，研究佛教哲理的人都認為《阿含經》可以代表釋迦牟尼的思想。比釋迦牟尼稍晚的原始佛教階段也可以拿《阿含經》裏面的說法來講。佛教大乘小乘的分派，小乘主要是有部和經量部這兩個派別。它們所流行的地方比較窄，只限於印度的南部及西南部，以至斯里蘭卡（Sri Lanka）到中南半島如泰國。泰國到現在還是一個佛教國家，他們講的那套佛教是小乘。和小乘不同的另一套

大乘佛教則向大乘發展，大乘發展的區域比較廣，涵蓋很多很多的區域，如中國、西藏、越南、韓國、日本這些地方。慎思，我們上學年不是已經把佛教發展的整個概況做了一些描述，應該已經校對好了？

瞿慎思：有，那部分已經校對好了。

吳汝鈞：妳是不是可以影印給這次修課的同學，因為這一段內容相當長，也涉及很多學派，所以我在這裏就不想花時間再重複講一次。你們可以參考我們去年開這門課的時候，最先把整個佛教的發展所做的一個敘述。

瞿慎思：我可以用電子信箱寄給大家嗎？

吳汝鈞：可以啊！

瞿慎思：那就請大家留電子信箱給我。

吳汝鈞：請拿一張紙把大家的電子信箱寫下來，交給瞿慎思同學，她就會把剛才我講的那個部分的資料寄給你們。現在由黃惠美來做接下來的報告。

黃惠美：好！老師、各位同學大家午安。我今天報告的是經量部的部分，我是以我理解的角度來寫，因為我對佛教哲學的接觸並不多，所以我的報告裏面註腳特別多，主要也是因為我的先備知識比較不足，只好靠這些來提示自己，包括了許多佛教的專有名詞。正因為這樣讓我在行文上有些繁雜及見解不夠深入，還請大家見諒。

不過我此次初探佛學的感受還蠻愉快的，特別是修課之前我拜讀了吳老師的〈我的判教基準與早期佛教：捨邊中道與法有我無〉一文之後，雖然先前接觸佛教哲學的機會不多，心中難免有些害怕，不過讀了這篇文章之後，我發現自己好像看得懂一點點，或許我自以為的獲得，和吳老師的學問並沒有非常契合。但不管如何，這都讓我原本對佛學害怕的心境稍有緩解，反倒開始覺得佛學有些有趣，而這樣的心境變化我想在報告前先跟大家分享一下。我的報告是從兩個部分來看經量部，第一部分是介紹經量部形成的歷史背景以及一些代表人物，第二部分則集中談經量部的思想，主要是針對經量部和有部思想的比較，我挑出了一小部分進行了兩者相通和相異的比較。

　　現在我們就從第一個部分的興起來談經量部。佛教在佛陀逝世以後開始分裂，由於佛教內部對戒律和教義看法的不同。先後形成了許多部派，最初分裂為大眾部和上座部，這被稱為根本二部，以後又從兩個根本部中分裂為十八部或二十部，稱為枝末部派。上座部後來又分為根本上座部和說一切有部。說一切有部後來分出犢子部，犢子部又分出正量等四部，繼又分出化地部、經量部等共十一部。經量部（梵名 Sautrāntika）為小乘部派之一，又稱說轉部、說經部，簡稱經部。經量部系從說一切有部派分出之部派。窺基提出「經量部」為名，因本派「依經為正量」，另外也許是為了和重視論藏的「說一切有部」做出區隔。而印順法師則以為經部是為了反抗有部阿毗達磨之權威性，故標榜「以經為量」，所以才會被稱為「經部」。部派佛教形成於佛陀逝世的一百年後，由於佛教內部對戒律和教義看法的不同，開始分裂。如上面所說。吳晧菱的碩士論

文裏探討了「依經為正量」的內涵，她提到呂澂認為窺基的說法並不完全正確，經部的本名應為說經部，梵文音譯為「修多羅婆提那」，「婆提那」即是「說」，而其所依之經為「優婆提捨」，屬於十二分教的論議，《成實論》（*Satyasiddhi-śāstra*）的譯本裏稱之為論經。經部本以論經為主，後乃廣泛運用一切經。故不能單純以「依經為正量」說之。另水野弘元等著《印度的佛教》中對經部所依之經解釋為「說一切有部撇開《阿含》經典之說，指依據阿毗達磨說構成他們的主張；經部反對這一點，乃以《阿含經》為量（這裏的量意指標準）成立他們的學說」。由此可知對於經部所依之經其實各有不同解釋。以上討論到了經量部的名稱。

吳汝鈞：你剛才提到經量部的梵文名字 Sautrāntika 的 a 應該是長音。梵文裏面有長音和短音的分別，長音你打出來是短音的話，整個字就會變成另外一個字，就錯了。你弄錯一個字母會把整個字都弄錯了。這裏稍微提一下，應該是 Sautrāntika。中間那個 a 應該是長音，長音和短音有甚麼分別？其實也沒有很重要的分別。你把它看成另外一個字母就行，像德文裏面有一些字母上面有兩點，有兩點和沒有兩點就是不同的字母，在這裏更正一下，好，接下來請你繼續。

黃惠美：謝謝老師！經量部的根本論書未傳流下來，我們可以在小乘論書《阿毗達磨大毗婆沙論》（*Abhidharma-mahāvibhāṣā-śāstra*）中找到一些闡述這個學派的思想的文字。另外，較它後出的《俱舍論》（*Abhidharmakośabhāṣya*）和《成實論》曾引述過它的思想。我們只能透過這些引述約略地知道它的一些觀點。吳汝鈞老師的

〈陳那的知識論研究〉（《正觀佛學雜誌》第 49 期）一文中，另有臚列其他有提及經量部思想的經典，請大家自行參閱。事實上，經量部的起源不明確，據說起源自有部的一個譬喻師，而此可自鳩摩羅多（又稱童受）談起，鳩摩羅多為三世紀末之北印度呾叉始羅國人，作《結鬘論》，因其善用譬喻說法，故被稱為譬喻師，是經部的根本師。甚麼是「譬喻」呢？因為我也不大了解「譬喻」到底是甚麼意思，所以我查了相關的資料，發現「譬喻」本是一種弘法的方式。「譬喻」最初在經典中較偏向文學性和故事性。可能是因為佛陀的佛法較為精深，不易為人所了解，所以弘法人可以透過易於了解的「譬喻」，如使用實例或以故事、寓言等方式加以說明，讓一般民眾能更容易理解佛理。印順法師認為，「論法者」著重於教理的論究，從此分出「阿毗達磨者」；而「頌經者」則是以宣揚經義為重，為使佛法普及為主，故又分出「譬喻師」。經部是從說一切有部中的譬喻師逐漸演變而來。

吳汝鈞：你剛才講「阿毗達磨」。

黃惠美：對！

吳汝鈞：「阿毗達磨」這個詞在古典文獻裏常常會碰到。我們在這裏稍微提一下。「阿毗達磨」是從梵文 Abhidharma 這個字音譯而來。對於 Abhidharma，如果你懂一點梵文，有時候會很有用的。Abhidharma 這個字眼可以分成 abhi 跟 dharma 兩個部分。dharma 就是法，也就是真理。佛教裏面 dharma 這個字眼的意思很多，翻成漢文就是法，可以指真理，還可以指一般的事物，一切法、諸法

就是種種諸多事物，另外也可以指責任，就是你應做的事情，你當一個老師就要做好教書的工作，這是你的責任；學生應該好好讀書，這是他的 duty，他應該做的。法就是指真理，這個真理在佛教中大多表現在經裏面，佛教有很多經，如《阿含經》是原始佛教的，《涅槃經》、《法華經》、《維摩經》是大乘的經典。在這裏dharma 就是指經，abhi 則是對向的意味。對向於經的就是Abhidharma。意思是指解釋經文，就是對向於經 Abhidharma。這是它文字的來源。再進一步談，佛教裏有經（sūtra），有論（śāstra），還有律（vinaya），經、律、論。經是指佛陀講的、佛陀說法的紀錄。論就是佛弟子解釋經的言論，所以論通常講得比較詳細。經比較簡單，只是把要點講一下就算了。論就是對經的文字做詳細的詮釋，而且是哲學性的詮釋。經跟論不同處在於，經是一種綱領性的、導向性的，論是理論性的、哲學性的。律是專門講戒律的。作為一個佛教徒要守很多的戒律，女人的戒律比男人還多，所以當和尚比當尼姑還要好一點，女人有很多的戒律要守，這也不能做那也不能做，不能做的東西太多了。律是指比丘尼或者是比丘所要守的戒律。比丘就是和尚，比丘尼就是尼姑，也就是女性出家人。

瞿慎思：女眾法師。

吳汝鈞：女眾法師！對！就是女性的法師、女性的出家人。通常我們也不能隨便講「法師」，因為法師的層次比較高，能夠說法的人才可稱為法師。你不能說法，天天吃飯、睡覺、打坐，這就不能叫做法師。不過現在並沒有這麼嚴格的規範，凡是出家人都可以稱為

法師。我們現在回到 Abhidharma 的意思，Abhi 就是對向，dharma 就是指經，Abhidharma 的意思是對向於經，意指解經之義，對經作一種詮釋，也就是論。論是解經的，所以論就是這樣來的。佛教裏面的論一般都是哲學性比較濃厚的。經比較簡單，屬於綱領性的講法，律就是戒律。經、論、律就構成《大藏經》（*Tripiṭaka*）裏面所有的內容，《大藏經》有這三部分。佛教徒所謂的三藏，就是這三個部分。

趙東明：三藏？

吳汝鈞：對！應該是三藏，三寶是佛、法、僧。三藏就是經、律、論；所以三藏法師也不是隨便叫的，我們一般用來尊稱玄奘，把他稱為三藏或唐三藏，這是對他尊敬的稱呼，稱讚其精通經、論、律。在此我們先把 Abhidharma 做一個了解。以後你們繼續研究佛教的文獻，這個 Abhidharma「阿毗達磨」字眼會常常出現。好！繼續。

黃惠美：後來鳩摩羅多（童受）的說法被稱為「經量部」。先前提過這個派別並沒有基本的論書，不過吳老師的書裏提到這個派別之所以受到注意，是因為有對於外界實在的存有論與知識論的傾向。最後這個學派與唯識學或瑜伽派結合，而成為經量瑜伽派。吳老師〈陳那的知識論研究〉一文中，提及這種融合是因為初期原始佛教、般若思想、龍樹中觀學，以至彌勒、無著、世親的唯識學，基本上都是獨自進行的，只有龍樹、世親的《迴諍論》、《二十論》、《三十頌》等涉及一些外教的思想而加以批判、辯駁。到了

中期，形勢逆轉，外教的反對的聲浪越來越大，這反而促使佛教內部各派的警覺，為了維護佛教的本旨，如緣起無我一類，而團結起來，一致對外。在這種情況下，佛教中各學派有很頻繁的交集、對話，這表現在義理上，便是各派義理的會通，存異求同，最後不同派系竟結合起來，也就是因為這樣經量部最後和唯識學或瑜伽派結合。以上是第一部分，我針對經量部進行簡單的介紹。

第二部分我要從經量部和說一切有部一些相通和相異的地方進行簡單的論述。經量部雖然是從說一切有部派生出來，但它的部分教義並不完全和有部相通，也不完全相異。首先，我取兩者之間相通的兩小部分「我無」及「不主動承認也不否定外界實在」談起。經量部堅持「我無」論，這部分和有部的觀點相仿，都遵循了原始佛教的「無我」思路。世親（Vasubandhu）根據經量部的學說，在《俱舍論·破我品》中駁斥犢子部的有我論。談到犢子部，在佛教中有諸行無常、諸法無我、涅槃寂靜合稱佛教三法印，為小乘佛教檢驗是否符合佛說的真理標準，也是佛教學說與其他宗教哲學相區別的主要特徵。小乘各派大多堅持無我論，唯獨犢子部主張有我。世親（破我品）堅持原始佛教的無常論，並從原始佛教無常論出發闡述無我論，駁斥有我論。本來早期佛教文獻中論述無我論時，往往和無常與苦相連在一起，而且總是以無常作為無我與苦的理論根據來論證。因為如果不理解無常論就無法理解緣起論，也就無法理解原始佛教的基本學說。但由於有部三世一切法實有的主張和無常論存在著難以調和的矛盾，所以雖然他們主張法有我無，但畢竟無法克服自己體系中的矛盾，以致當他們批評我法俱有的犢子部學說時，就暴露出他們的缺點。所以世親試圖從「由我執力諸煩惱生，

三有輪迴無容解脫」的角度駁斥犢子部的有我學說，只不過世親的說法仍難以解決無我論與輪迴解脫之間固有的矛盾。這個矛盾如：諸法無我，沒有輪迴主體，我們應該如何避免破壞因果業報？又如何讓前生與後世連接起來呢？基本上，犢子部主張補特伽羅（我）是實實在在，不是假有的，是真實存在的，是諦義也是勝義。但補特伽羅不是即蘊，亦即你不可以說它是我，也不可以說它在五蘊之外還有另一個我。犢子部的非即蘊和非離蘊就是這個意思。犢子部還舉了一個例子來說明，它說補特伽羅與五蘊的關係不是同一，但也不是完全不同（非一非異），就像火與薪的關係，你不能說它們兩個是一樣的，也不可以說它們兩個是不一樣的。經量部認為犢子部的「非一非異」說法根本是矛盾的，沒有所謂的「非一非異」，只能從「非一」和「非異」之中擇一，不是一樣那就是不一樣，沒有所謂的又一樣又不一樣。經量部便以此來批判犢子部的有我論。由此來看經量部它還是贊成原始佛教及有部無我的觀點。

吳汝鈞：這裏提「非一非異」這種思考的方式，在佛教裏面非常普遍，意即所謂的「雙非」或說「雙邊否定」。它背後有一個意義，就是說甚麼東西是「非一」也是「非異」。對某一種東西加以正反兩面的否定，也就是雙邊否定，它裏面有一個意思，說它是超越了「一」跟「異」的相對性，而顯出絕對的境界。它這種思考是佛教裏面常常出現的，其實在印度哲學中這種思考模式也很流行，所以你從邏輯來講的話，這個「非一」和「非異」是講不下去的，「非一」就是異，「一」就是相同，「異」就是不同。不是相同就是不同，所以「非一」就是異，怎麼會講「非一非異」呢？我們不要用

一般的邏輯來了解這種表達方式，這種 expression。這可以說是超越傳統邏輯的思考，有一種辯證的意味在其中，就是相反相成 dialectical thinking 的思考。其實我們也可以舉很多這樣的例子，非常非無常、非有非空、非有非無、非大非小等都是以雙重或雙邊否定來突破雙方所構成的相對層面，顯出一種超越的、層次更高的境界，它是有這種意味在裏面。這也可以說是佛教裏的一種特別的思考，它的本意不是 logical，我們不可用一般邏輯的眼光來看，它是一種辯證法的思考。一種正反可以合起來的說法，一般邏輯裏面正就是正，反就是反，兩者是矛盾的，你把它們合起來就不符合邏輯的規矩了。雖然它不合邏輯，但它卻是辯證法的一種思考方式。辯證法是跟邏輯性質不同的另外一種思考。這種思考方式印度人最擅長，也最喜歡用這種方式，如煩惱即菩提、生死即涅槃等，好像有弔詭性格的那些 expression，在佛教裏面多得很。在中國本土的哲學裏有沒有這種思考呢？這種思維儒家很少，道家就有。道家就表現在老子說的「反」這個字眼上。「反者道之動」、「正言曰反」。黑格爾很喜歡老子，因為他覺得老子的那套東西跟他的辯證法有交集的地方。他覺得儒家不行，儒家講的都是常識層面的東西，不過癮啊！不精采！道家才精采！那是黑格爾自己主觀的看法，他了解中國的儒家和道家只是通過二手的翻譯，所以能不能正確了解，很難說。你現在講到「我無」是吧？

黃惠美：對！

吳汝鈞：繼續！

黃惠美：第一部分總言之，就「我無」的觀點來說，基本上經量部承襲了原始佛教跟有部的說法。第二部分要講的是經量部和有部第二個相通的地方，即「不主動承認也不否認外界實在」的問題。經量部對於外界實在的問題，持模稜兩可的態度，既不主動承認，也不嚴加否定。它以為我們對外界的東西雖然沒有知覺可以接觸，但可以憑推理來確定他們的實在性。也就是我們眼前所見的東西，有一些常住的實在性的要素在這些東西的背後，做為它們的依靠，使得我們感官接觸的東西得以成立，而這樣的依靠可以憑藉推理得知。可以說，經量部以為把形像帶給知覺的是外界有實在性的東西；經量部的實在是具有效果的作用者，它可以將極微積集且可將其形相賦予我們，故為實在。經量部據此在某一程度上承認外界的實在性，而這點便和有部有相通之處。

吳汝鈞：你剛才提了幾次「補特伽羅」，這個字眼是從梵文讀法轉譯而來，就是梵文的 pudgala。這個 pudgala 就是「我」的意思。我那本書的索引有沒有這個字？查一下後面的索引，有時候你閱讀到一些重要的名相在書後面的索引裏都有。沒有這個字呀？應該是梵文獨立名相那個部分。

趙東明：好像沒有。

吳汝鈞：因為索引不是我做的，是我以前的助理做的。好！

黃惠美：前面提到的是經量部和有部相通的部分，接下來我要提到的是經量部和有部相異的部分。首先，第一點要談的是有部主張「三世實有」，經量部卻主張「現在實有」。經量部和說一切有部

雖然都主張外界實在說，但兩者的認識論卻是非常不同的。有部主張「三世實有」，意思是過去、現在、未來三世都「實有」，「實有」是指具有「實體」而存在。有部認為有一個法體支撐了過去、現在、未來三世東西的存在，因為法體讓這個「法」可以和其它「法」有所區別而具獨立性。且根據這個「法體」在有為法變化所顯之時間歷程中的存續度，讓有部主張「三世實有」，亦即有部認為「法體」在有為法從「未來」→「現在」→「過去」的歷程中，是恆存的。然而「三世實有」的思想不免讓人質疑：「無常」為原始佛學所強調的，而「三世實有」卻直指「法體」的「恆有」、「恆存」性，這樣的言論不正與「無常」相違麼？和有部觀點相異，經量部便由此提出「法體」唯有在「現在」此一時分中才存在的「現在實有」說，反對有部的「三世實有」說。經量部以為「法體」僅是「現在」一剎那的存在，而不是恆存的。《成實論》中對於世界的認識，即認為客體對象只在現在存在，在過去與未來都不存在。世親在《阿毗達磨俱舍論》或《俱舍論》中亦站在經量部的立場，重新解釋說一切有部的過去、未來實有思想。他認為：說一切有部所說的「過去的實有」，以及「未來的實有」，其實也可以理解為：過去的「曾有」，以及未來的「當有」。事實上，過去的「曾有」，在剎那生滅的過程當中即頓成過去，無法復見。因此，過去的法體，都不可能是實有的；至於未來的「當有」，由於尚未出現，因此，無法加以認識，自然，未來的法體也不可能是實有的。世親依此推論出現在是實有的，過去和未來都不是實實在在存在的，這便顯出有部主張「三世實有」和經量部主張「現在實有」的不同。

吳汝鈞：有部明顯地有實在論思考的傾向，所謂實在論，就是指在我們一般所看到的那些事物背後，有它的基礎和不變的常住性的依據存在。他們肯定這些基本的存在，所謂外界實有：在我們所能經驗到的一切事物的外面，有一些永恆不變的因素存在，這就是他們所謂的實在論。在這方面他們是非常堅持這點的。「我無」、「法有我無」，重點在「法有」，經量論或者是經部就是在這方面不是站得很穩，它是介乎外界實有跟外界不是實有的中間。你在前面說的內容就把這個學說的立場表示出來。這裏的報告說：「經量部對於外界實在的問題，持模稜兩可的態度，既不主動承認，也不嚴加否定。它以為我們對外界的東西雖然沒有知覺可以接觸，但可以憑推理來確定他們的實在性。也就是我們眼前所見的東西，有一些常住的實在性的要素在這些東西的背後，做為它們的依靠，使得我們感官接觸的東西得以成立，而這樣的依靠可以憑藉推理得知」。經量部這樣的立場其實是想當然耳，怎麼說它們是想當然耳呢？這裏有一副眼鏡擺在這裏，這副眼鏡有一定的形象，也有它的作用，所以在這方面眼鏡做為一種現象物有它的穩定性、實在性，但這是有條件的穩定、有條件的實在，就是說它這種穩定性、實在性，不能說是永恆的、不變的，它是會變的，凡是現象都是這樣的。但他們覺得這個眼鏡以這種姿態在我們的眼前出現，就是讓我們可以比較清楚的看事物，有這種作用。它作為一種現象物，它的有背後當該有某種不變的東西，實在性很強的東西來支撐它，不然的話它不會以這種情況出現在我們的眼前。這種思考，可以說是一種推理。現象界的東西，它們的背後應當有恆常不變的東西在支持著，不然的話，它們就不能以現象的這種身份出現在我們的面前，而且存在於

時間跟空間裏面，可是我們根本沒有一種認知的能力，去接觸現象背後實在的東西。這種講法以胡塞爾的那套現象學來說，就是沒有明證性，沒有明證性的東西你最好不要講，要低調一點，不要到處宣揚，沒用的，沒有明證性便要把它擱置，不要討論。像釣魚島一樣，我們這個世代解決不了，鄧小平不是這樣說嗎？當年田中角榮跟中共建立邦交，他是主動提到釣魚台領土的問題，鄧小平就說，把它擱置，暫時不要談這個問題。這就是擱置的意味。

像「因果」這個觀念，人們總是以為背後有因果的實體來支持。他們說火燒水滾，下面的火不斷的燃燒，上面的那盆水到了某個溫度，就會沸騰。水滾了，燒到了一百度水就滾起來了。火燒水滾一般人的講法會說這是有因果的關連，火生是因，水滾是果，現象裏有這種因果的實體存在。這種想法一下子就給 David Hume 休謨給推翻了。他說火燒水滾裏面沒有甚麼因果關係，是你的一種心理習慣而已。當你每次把水放在爐上，在下面點火，到了某個時候水就滾了，每一次都是這樣，這只是表示你的習慣而已，是不是在客觀上就一定有因果律來主導這種現象、這種變化呢？講不出來！所以這個因果律一下子就給休謨推翻了。他是把因果律從一種有必然關係的、一種現象的相互關係還原到一種主觀的心理習慣。就是當你每次看到火燒上面就是水滾，這並不表示火燒必然會產生水滾，或者是水滾必然是從火燒所引起的。沒有這種必然性，只是一種經驗上的現象。亦即你每次看到水放在上面，下面點火，最後水就滾了。他不承認有一種客觀的必然性或實在的存在在裏面，他的學說維持了一段時間，又給康德給駁倒。他用範疇 category 來講因果律，就是那套批判性哲學建構起來的。他認為所謂因跟果的關係

是我們知性思考的一種規則，而這種規則也能夠用於現象上面，所以這種因果關係的必然性還是可以講，就是把休謨所講的因果性沒有必然性推翻了，他是通過知性的範疇這些思考的概念提出因果律的必然性。我為甚麼花那麼多的時間來講這個道理呢？主要是說明經量部的思考有剛才我講的那個情況。你頂多能夠說憑你推理的那種思考，這個眼鏡做作為現象擺在我們的眼前，它的背後應該有其不變的基礎，這還只是一種推想，很合理的推想 reasonable thinking，但這是不是代表真理？還不到那個程度，因為你所說的所謂外界實在的東西只是出現在你的思考、你的推理裏面，你沒有認知的能力去接觸外界的實在。你沒有認知的機能，所以經量部的這種觀點在胡塞爾的現象學裏面，我們可以說是缺乏明證性。既然沒有明證性，你這樣講就沒有維持下去的需要，不要講啊！你要講的是那些有明證性的命題。世間的事情和問題那麼多，你怎麼不把那些有明證性的拿來研究，卻把時間都花在那些沒有明證性的命題上呢？所以經量部的立場好像是搖搖擺擺，固定不下來。

李哲欣：老師可以提一個小問題嗎？

吳汝鈞：問題就問題，有甚麼大小呀！可見你對自己沒信心。有一次我主持一個演講會，在裏面講那個 Sigmund Freud 的精神分析和唯識學的關係。演講會結束了以後，有一個年輕的同仁，她是屬於文學組，不是屬於哲學組的，她說心裏面有一些問題，可是也不敢提出來，怕提出來人家會笑她，所以她就不提。我說你根本就不需要這樣想，你也不是研究這行的，當然有些問題你不會知道，有問題就要提出來。誰笑你呀？她不是屬於哲學這個 circle，她是屬於

文學組的，所以提問題是無所謂的。

李哲欣：可以問了嗎？老師照這樣講，按這篇文章經量部對於外界的實在性只差在沒有講出來，說一切有部則是很實際明確的認定外界有實在性。這樣講下去是不是就像老師您說的，照胡塞爾的立場其實說一切有部的那些基體是可以取消，不要去討論它。

吳汝鈞：當然它是一種迷執，就是說從大乘佛教的立場來講有部的法體觀念是一種執著，它沒有了解清楚，就隨便肯定所謂的法體這種形而上的、不變的、有永恆性、有終極性、有絕對性的那些東西，這是它的虛妄執著，在了解事物上面是很嚴重的錯誤，因此所有的大乘佛教對於有部的「法體恆有」的觀點都持批判的態度，不贊成！有部這種觀點當然不行，經量部稍微好一點，它比較客氣一點，它說根據我們推理當然是這樣。推理呀！我們就是這樣思考的，有些東西好好的站在這裏，出現在這裏，它的背後是不是要有一些看不見的東西在維持它，不然十秒以後它可能就灰飛煙滅，不見了。這樣說起來好像也合情合理，你可以說它們的思考也有一點深度，不能硬扣它是虛妄執著，就把它給壓下去。他們那種錯誤的程度沒有說一切有部那麼嚴重，但還是有問題，還是說得不夠精準，因為它們缺乏明證性。它們若有明證性，則這明證性是從哪裏來的？從你對那個你說有實在性的東西而來，但這些東西你沒有認知的能力去接觸它，那你怎麼能說它是有，它存在呢？你說我雖然沒有這種認知能力，但我憑藉著推理就可以得知，在這些現象物外面，那些看不見的、超越時空的東西應該是有的，才能使得這些現象物存在。這是出於一種現象的型態，存在於我們的感官、我們

的意識前面。它這套思考也不是完全沒有價值，起碼有推理的價值。可是這種推理嚴格來講還是缺乏明證性，經不起胡塞爾現象學的考驗。現象學也很厲害，他提出這樣的一套思想，把傳統裏很多似是而非的說法全部都擱置。

趙東明：請問老師這裏沒提到 ākāra 形象的問題。我看陳一標老師寫過一篇文章，他說說一切有部使我們感官可以直接認識到事物的對象，所以是一種直接實在論。經量部認為我們感官認識到的只是形象，沒有辦法認識到事物直接對象，是一種間接實在論。

吳汝鈞：有部所強調的是事物背後有一個法體，那個法體不在時空裏面，可是它有絕對性、超越性、永恆性，它的存在性是不容懷疑的，但它所說的存在性就沒有現象學所講的 Evidenz，所以還是不能成立。

李哲欣：老師可是這樣不大合思考的常規，譬如說這個東西我說它背後沒有一個實在的東西，何以我心裏變現出來的和你心裏變現出來的可以溝通？

吳汝鈞：你這個是唯識學的問題，是另外一個系統，就是另外一種思考的方向。我們在講到唯識學「識中現有」那個部分會討論到。

李哲欣：這樣講下去我們是不是要退回到康德講的先驗邏輯，才有辦法讓主體和主體做溝通？我的世界沒有的話，我怎麼知道是這樣呢？

吳汝鈞：你的問題的意思不是很清楚。不過你有一些西方哲學的基

礎是很好的，就是你了解東方的哲學，又有西方哲學的基礎會有幫助。其實西方哲學那套東西只不過是一種工具，你拿這套工具來處理東方哲學的很多問題都會很有效。好像顯微鏡一樣，顯微鏡是西方人發明的，可以看西方的細菌，也可以看東方的細菌。這是一種工具，工具就是 instrumental，不管你是誰都可以拿來用，我們就叫他是工具。我們剛才講的那些問題可以參考一下 David Hume、Descartes 他們的哲學，對這個問題的分析會比較細膩一點。所以不要以為唸東方的哲學就不用唸西方哲學。不要有這種想法，人的心靈總是相通的，沒有一種東西是西方人有專利，我們東方人就沒有。不是這樣，西方人提出的，我們東方人也可以提出。我們中國人、東方人提出的，西方人也可以提出，問題是用不同的形式來提出。你們不是有很多同學喜歡研究宋明理學麼？你是李哲欣吧？你不是就以宋明理學為研究重點嗎？你覺不覺得有一點西方哲學的基礎來研究宋明理學，比沒有好？

李哲欣：有會比沒有好，因為可以從不同的角度去看比較多的材料。

吳汝鈞：對啊！比較清楚，比較全面呀！可是你要付出相當的代價，時間、精神就是代價。我的意思是說如果你要把宋明理學研究的好，你還是要對西方哲學有一些基礎比較好，這種基礎對你往後研究宋明理學會很有幫助。

黃惠美：經量部與有部相異處的第二點是有部主張「對象、感官、知識三者同時存在」，經量部主張「原因必在結果之前，對象必在

知識的一剎那之前」。《俱舍論》說：「心、心所法，如於所緣緣事，剎那三皆決定。」（《大正藏》29・37 中）有部在這裏認為知識對象與認知主體是一平列對立的關係，不可能存在著沒有對象的認識，亦即心識與心所必共同感取所知的對象。正由於心識與心所必共同感取所知的對象，如眼識起時，必以色境為所緣緣，而發生認知的活動，此中並無先後次第之別，是為同時的因果關係。據此有部認為對象、感官、知識三者同時存在。這裏要提的是有部採取心識可直接認知外境對象的看法，認為存在事物在知覺上是剎那生滅，但在一剎那當中說一切有部承認有剎那性的「住」。有部認為雖然感知的對象是一剎那的生滅，但由於被感知的物象，最少有一剎那存在，所以能讓認知的主體攀緣。就此有部承認剎那的「住」，其作用是用以說明其心法攀緣對象的認知活動和對象是真實存在的。相對於有部的說法，經量部在這點的主張是不認為人們可以直接認識到外界的對象。它認為人們認識的只不過是對象在一剎那間，剛好投入了我們的感官當中。但這一心境接觸的歷程包括了記憶、區別、了解、聯想與組合等各方面的綜攝機能，使對象得以被收攝及整合於內識中，形成表象，始能成就知識。經量部只承認根、境、識三者間的異時因果關係，因為原因必在結果之前，感官與對象為因，知識為果，對象必存在於知識產生的一剎那前。經量部主張所依的根與所緣之境同時交涉，假立「觸」名，以顯出感取作用的進行。但主體只可認知客體的影像，所謂知覺，其實就是內識映現起這個影像，即外物在心中的投影，而不是外物的自身。因為在認知的一剎那間，由於物象沒有時間上的停留，外物轉瞬已成逝去的境象，外境是不會直接與感官發生接觸的。經量部以為所

有感官的知覺都是間接地認知外境，而非現前直接了知。要強調的是經量部雖然認為客觀外境有不可知性，但從這個感官影像的基礎上，可推斷外界對象的存在。經量部被視為實在論者即根源於此。

吳汝鈞：這裏很好，這點很重要，你把它提了出來。你提到有部主張對象、感官、知識三者同時存在；而經量部主張原因必在結果之前，感官與對象為因，知識為果，對象必存在於知識產生的一剎那前。這裏就很顯明的說明經量部的實在論的立場，它說對象必存在於知識產生的一剎那前，當我們的認識機能了解對象，構成對對象的知識，在這種認識活動裏面，那個對象的存在，一定是在認知機能之前，就是說對象可以離開我們的認知的機能而存在。這跟唯識學識中現有提及一切存在皆由心識所變現而成、所作現而成的唯識歷程很不一樣。對象離開我們的心識或我們的認知機能，在外界有它獨立的存在性。這就是我們說它是一種實在論學說的有力證據。但再往前推想，經量部這種講法還是不夠徹底，因為它認為對象在我們認知它以前已經存在。經量部只能這樣說。它的這種說法仍有問題，我們對於這種型態的存在沒有一種認識的機能去認知，去證實它的存在性。即便是說它們是隱藏在我們當前所見現象性格東西的背後，也提不出一種認知機能來證明這種外界事物的存在。經量部只能靠一種思想上的推理，這種推理的規則很簡單。就是顯現在我們的感官面前的那些現象事物，在它們的後面一定有一些常住不變的東西，作為它的依據，把它支撐起來，不然的話它就沒辦法繼續存在下去了，連一剎那的存在也不可能。經量部就是這樣推，這種常住不變的東西是不是終極的真實呢？不能確定，因為我們沒有

那種認知的機能，對現象背後的那個不變的存在進行確認與直覺的認知。

　　所以我們可以說有部是一端，唯識學是另外一端，經量部就像介於這兩端之間，跟兩端都有一些相同之處，也有不一樣的地方。從形而上學來講，有部的「法體恆有」跟唯識的「識中現有」不同，這個識中現有也就是現實東西的存在性，在外面沒有根據，它是我們心識的一種執著，一種變現而成。有部與唯識學兩者一邊是很徹底的唯物論，另外一邊就是很徹底的唯心論。如果我們可以用馬克思列寧主義的詞彙來講，經量部就在這兩個極端當中作為一個媒介，我們可以做這種了解。從思想史的這種角度來看，我們可以說由有部發展到唯識學，也就是從實在論發展到觀念論，這中間有一個中介，這個中介就是經量部。它不是一下子就從有部這個明顯的實在論的立場，一跳就馬上跳到唯識學這種徹底唯心論的立場上。思想發展通常都是這樣走一種漸進的方式，而不是突然的轉化。另外，研究經量部的困難點在於可以拿來作為研究依據的經典很少。很多有關經量部的看法都是從別的學派的文獻裏面找出來的，很難找到一本獨立屬於經量部的文獻，可以說幾乎沒有，所以在學術研究方面，研究經量部的著作很少，英文加上日文不過三兩本。去年我在日本看到一本新的研究經量部的書，它的作者是定川孝儀，是日文研究方面第一本專門研究經量部學說的書籍，裏面講得好不好我也沒時間來細看，只能俟諸異日。

第三章
即法體空：龍樹《中論》的探究

吳汝鈞：林鳳婷是哪一位？

林鳳婷：老師，是我。

吳汝鈞：這是你要報告的那部分？

林鳳婷：對。

吳汝鈞：你今天可以講完是吧？

林鳳婷：一定講不完。

吳汝鈞：怎麼那麼確定呀？

林鳳婷：老師，不好意思，我這裏只有寫到（上）而已，還沒有完全寫完。

吳汝鈞：還沒完是吧？好，那你開始講啊！

林鳳婷：老師、各位同學大家好，我是林鳳婷。由於老師是《中

論》（*Madhyamaka-kārikā*）的專家，而這只是篇小小的報告，是個人最近讀《中論》的一點點所見而已，所以一定有很多需要請老師多加指點之處。

吳汝鈞：妳是以《中論》作為空宗思想的代表著作麼？

林鳳婷：是的。在章節的劃分上，原則上有三個部分，第一個部分是第一頁的：「近代中觀學的國際性研究」；第二個部分是第二頁的：「中論探微」，這是以藏傳的中觀學為主；第三個部分則是結論。

首先，我們來看「近代中觀學的國際性研究」。這裏我大致上羅列出西方的歐美學界、日本學界、臺灣學界，以及大陸學界的概況。

從中觀學近百年來的西方詮釋發展看來，中觀學無疑是當代的顯學。在劉婉俐所歸納出的〈近百年來西方中觀研究的詮釋趨向〉一文中，可見西方學者隨著不同哲學思潮的更迭，在相繼與中觀學的對話與比較中，揭示了多面向的議題，如下：第一階段形上詮釋派的康德、尼采哲學格義所引發的虛無／絕對釋義的議題，及其中牽涉的本體論／認識論辯證，可引伸至日本京都學派場所佛教／批判佛教的論爭、中國近代新儒家熊十力與武昌內學院歐陽竟無、呂澄等佛教學者的真偽佛教「判教」之辯、乃至藏傳佛教不同教派的中觀見論辯（他空見／自空見、如來藏／空性）……等近似議題的參照、比較；而由解構思潮與語言分析哲學出發，對龍樹中觀思想和西方後結構（解構）主義在思想、語言上的比較，或針對現代性／後現代性、主體性與主／客體等重要議題做進一步的東／西思想

比較研究……[1]

　　以上部分涉及的範圍很廣，不是我一時盡能理解的，這也是要
進一步請教老師之處，此處論及歐美近百年來中觀學的西方詮釋整
體發展，也是跟著整個學術的思潮息息相關。舉例來說，有些人認
為龍樹是虛無主義者或絕對主義者，實在是受到當時思想主流所影
響的緣故。

　　林鎮國認為，歐美學界關於中觀哲學的詮釋確是眾說紛芸，爭
訟不休。這種「格義」其實是一種普遍的跨文化詮釋學現象。他認
為這種格義現象暗合於中觀的緣起理論，因為由眾多條件聚合而
成，所以隨著不同潮流會有眾多對中觀解讀的不同方式，因此是符
合緣起的。他接著說：「吾人的理解活動或文本詮釋乃無法脫離詮
釋者所身處的意義脈絡。這並不是說，詮釋只是主觀的或相對的，
而是如嘉達美所言，詮釋或理解是不同視域的遇合（fusion of
horizons）。中觀的緣起理論即旨在於揭顯此生發意義的詮釋學結
構與過程。」[2]換言之，林鎮國認為這是詮釋學的必然的結果。之
後，他歸結了北美佛教研究的特色，並指出北美研究最大的不同在
於：北美學者在方法論意識或詮釋學意識上，比之於歐洲、日本、
臺灣、中國等地是不一樣的。

　　相對來說，日本佛學的研究，向來以文獻學研究為主流，特別

1　見劉婉俐，〈近百年來西方中觀研究的詮釋趨向〉，印順文教基
　　會，2000 年。

2　林鎮國，〈歐美學界中觀哲學詮釋史略〉，《政治大學哲學系·佛學
　　研究中心學報》第 2 期，1997 年 7 月，頁 283-284。

是以原典的翻譯為主；而佛教中期乃至後期的文獻上，尤其是月稱（Candrakīrti）、清辨（Bhavaviveka）、寂護（Śāntirakṣita）與法稱（Dharmakīrti）的著作，更成熱門的研究對象。[3]其中，日本學者梶山雄一則受到歐洲維也納學派的影響，採取文獻學與哲學雙軌研究之路，著有《空の論理》[4]，對龍樹與中後期中觀學的邏輯，展開進一步的研究。

再則，臺灣學界的中觀學研究，以印順法師、吳汝鈞老師、萬金川老師，以及林鎮國、楊惠南等為主要代表。其中，印順法師有一獨特的觀點，他認為「『中論』是『阿含經』的通論，是通論『阿含經』的根本思想，抉擇『阿含經』的本意所在。」[5]關於《中論》思想與《阿含經》、《般若經》的關係，印順法師說：「《般若經》與龍樹論，公認為著重於空義的闡揚，以一切法空為究竟的。在根本大義上，《般若經》與龍樹的《中論》等，當然是一致的；但在方法上，我以為：龍樹菩薩本著大乘深邃廣博的理論，從緣起性空的正見中，掘發《阿含經》的真義。」[6]也就是說，他在《中論》的脈絡中，注意到許多相關議題，早就涵蓋在《阿含經》裏了，只不過在《阿含經》中比較隱微而已，直至龍樹《中論》才把它（緣起性空）顯揚出來。

3　見吳汝鈞，〈日本的佛學研究的新發展〉，《諦觀》72，1993 年 1月。

4　後為吳汝鈞所譯，即名《龍樹與中後期中觀學》，臺北：文津出版社，2000 年。

5　印順，《妙雲集 9·中觀今論》，新竹：正聞出版社，1992 年，頁18。

6　印順，《空之探究》，新竹：正聞出版社，1992 年，頁137。

　　接著，印順法師的《中觀論頌講記》，更是國人繼唐代吉藏的《中觀論疏》之後，一品品講述《中論》的第一人。由於中國佛教主要以如來藏或佛性論為主，長久以來，對於《中論》較少做進一步闡釋與研究。當然，我們可以說天台智者大師是重視中觀學的，但他也未曾對《中論》逐品闡釋與解讀。歷經半世紀之後，吳汝鈞老師的《龍樹中論的哲學解讀》則以一個嶄新的方式呈現，就是以現代化的語詞與概念，依照文獻與哲學雙軌的研究，一方面以梵本與漢譯對照比較研讀，另一方面則力求《中論》中之哲學與邏輯的義涵。萬金川老師的《中觀思想講錄》，則介紹了近幾十年來的中觀學研究書目，並說明僅限於在臺灣可以找到的部分。林鎮國近年來亦針對中後期大乘佛教，瑜伽行派和中觀學派關於知識論（量論）的不同哲學立場，與彼此之間的交涉進行研究。[7]以上，是有關於臺灣學界《中論》學的研究。

　　而大陸學界最新的《中論》研究專書，則有葉少勇所著之《中論頌——梵藏漢合校‧導讀‧譯注》，2011 年出版。此書特色在於梵藏漢合校，其中每一品都有導讀，並有譯注。此書輯有《中論頌》梵藏本以及鳩摩羅什譯本、呂澂補譯，除了力求匯校善本並吸取學界研究成果之外，另附有作者直接譯自梵文的現代漢語譯注，以資參考。以上，是有關「近代中觀學的國際性研究」。

吳汝鈞：這裏有關中觀學，特別是《中論》的研究，在日本、在歐

7　林鎮國，〈大乘瑜伽行派與中觀學派之知識論爭論及其宗教性意涵的研究〉，臺北：政治大學 2007 年。（行政院國家科學委員會補助專題研究計畫）

美、在臺灣這幾方面，我們可以補充一下。

因為《中論》這本文獻，概括了中觀思想所有有關「空」的觀點，而以偈頌的方式寫出來，在《大藏經》中有二十七品。文字非常濃縮，是 Kumārajīva（鳩摩羅什）所翻譯的。由於涵義非常豐富，文字非常精簡，所以在解讀方面，不論是梵文的原本，或是 Kumārajīva 的翻譯，都是很不夠的。一方面必須參考其他有關的文獻，作為補充；另一方面，你自己個人的解讀，也必須下一番深入的功夫。

西方學術界曾經有人提出，研究中觀學的五個大家，五個有名的學者，第一個是蘇聯的 Stcherbatsky，第二個是印度的 Murti，第三個是美洲方面的 Robinson，第四個也是美洲方面的 Streng，第五個是法國的學者，叫 May。這都是西方和印度的學者。在他們那個年代來看，可說是優秀的研究，可是到了今天再來看的話，他們的許多觀點與解析，可以說是已經過時了。尤其是 Stcherbatsky 跟 Murti，他們兩位研究龍樹的方式，不是太好。因為他們是在很大的程度上，以康德的哲學來解讀龍樹的中觀學。

康德與龍樹兩人思維的姿態、哲學的風格，有一段距離。當然你可以發現，兩者也有相近之處，可是如果光是從康德哲學的角度來看中觀學，看《中論》的話，有些重點雖然可以說得出來，但另一些跟康德沒有甚麼關連的重點，你就說不出來，所以就有了限制，就變成你講的龍樹學是康德的龍樹學。就像牟宗三所講的康德，他是用儒學的觀點來講康德，或者說是以康德的角度來講儒學，結果就成了康德的儒學，或者是儒學的康德。當然，他的講法有他的優點，有許多睿見，但若就學術研究的態度來看，尤其是以

文獻學跟哲學分析兩個進路來探究，會有一種片面性的毛病，不能看到它的全貌。以康德哲學來看宋明儒家，只會看到兩者間的相通的地方，不通的地方他就很少講；以宋明儒學來講康德也是一樣，只是注重他們相通的地方，忽略了彼此之間的差異性。

所以，一般人喜歡講比較哲學、比較研究，可是真要做比較做得好，那可不是很容易，因為要對思想的路線、導向抓得住，才能夠講比較。在題材方面，康德哲學你要找一個題材，然後宋明儒學又找一個題材，然後說這兩個題材有很多相通的地方，但這題材要能相稱，在義理上、理論上、分量上要能相應才行。換句話說，不能拿康德哲學中很大的一個概念，跟宋明儒學中一個很小的概念來比較，這就是不相稱。

在加拿大的時候，我就跟一個教授講──當時他負責講西方宗教那一方面，我則是以印度佛教為主，以中國天台宗佛教為主──我希望作一些比較的研究，譬如說比較佛教與西方宗教，像是佛教中「空」的觀念，和西方宗教中的「無」，就是德國神秘主義（Deutsche Mystik）所講的那個「無」（Nichts）的比較。他不以為然，他不是認為我不會成功，他說：你要作這種比較，要到你六十歲才可以做！他這樣潑我冷水呀！那時候我才三十幾歲，那是不是要等三十年才能作這個比較呀？我能不能活到六十歲也很難講呀！他現在已經接近八十歲了！

他的意思是說，你花二十年搞通佛學這套宗教思想，同時也要花二十年才能搞通西方的，到你兩方面都搞通以後，那你已經接近六十歲了。所以他是用一種嚴格的眼光，來看比較研究，也就是要作比較，就作真的比較，拿出真問題出來，看雙方在這個問題上怎

麼處理。要先找到真問題，然後依據它的可靠文獻來做，那就很不簡單。這涉及東方哲學、宗教，跟西方哲學、宗教的問題，又涉及語文的問題。如果你要做 Deutsche Mystik（德國神秘主義）的研究，那你要懂德文、懂拉丁文才行。如果要跟印度佛教比較的話，那又需要另外一些語言，要梵文、藏文、漢譯（中文）才行。等你都弄通這些語言，你已經都七、八十歲，快要到殯儀館了，你還比較甚麼？因為語文本身就是一個很大的限制。

現在市面上有很多哲學性的著作，都是用自己的母語來寫，不是用英文寫的，有些是用法文、德文……；古典的印度文獻，是用梵文來寫的，梵文也有好幾個階段：《吠陀》（Veda）時代的梵文、《奧義書》（Upaniṣad）的梵文，佛陀時、大乘佛教時的梵文，還有一種混合的梵文——梵文本身和其他一些方言混在一起的 Buddhist Hybrid Sanskrit（佛教混合梵文），所以很不容易。因此，那個教授所講的也沒錯。

我們剛才講到中觀學，特別是《中論》這方面，在西方有五大家，後來又有一批新的人出現，在日本、西方都有。Kalupahana 是其中的一位，然後 Inada 即稻田龜男是另外一位，再來是加拿大的 Sprung。印度的 Ramanan 也相當優秀，是少數看得懂中文的印度佛教研究學者之一，年輕時好像到過北京，跟湯用彤（研究佛教史）和王森（研究西藏佛學）一起，這是中國佛學的研究。

在日本方面，可以說有不少具分量的一些學者，從宇井伯壽、長尾雅人、中村元、江島惠教、三枝充悳，再來是梶山雄一——也就是我的指導教授，然後是比較年輕的立川武藏等，在這方面有許多具有優秀研究成果的學者。

臺灣方面，當然印順可說是最先研究、重視中觀學，特別是把焦點放在《中論》所做的研究。印順思想非常地流暢，思考力也強，只是在文獻學方面比較貧乏一點，就是他不是很懂外文。平常我們研究《中論》，都是拿《中觀論頌講記》來參考，這本書從頭到尾我都看過，它是很有參考價值。不過，他所參考的資料，主要還是依青目（Piṅgala）的批註，就是以在《大藏經》裏面和 Kumārajīva 翻譯的《中論》放在一起的青目的解釋為主。青目的解釋也是 Kumārajīva 翻譯的，因此在文獻上沒有問題，他可以直接讀懂 Kumārajīva 的翻譯。但漢譯並不足夠，因為後來月稱、清辨他們一些中期的中觀學者，解讀龍樹的《中論》，有些還沒有漢譯。然後再到後期，寂護和蓮華戒（Kamalaśīla）他們也是中觀學派中有代表性的人物，可是他們的著作沒有漢譯，所以如果只是念中文的資料的話，就不能參考那些了！所以做起研究來，參考的範圍就不夠寬廣，只靠青目的解釋來講《中論》，可以說是遠遠不夠。

這裏說印順以為《中論》是《阿含經》的通論，當然《中論》在思想上的傳承，可以說是承接著《阿含經》而發揮的中觀學方面的著作，所以《中論》裏面有很多觀念，在《阿含經》中都有提過。可是，若要拿它來和《阿含經》比較的話，還是進了一大步。因為《阿含經》畢竟是屬於經的性質，只是注重原理、大方向、基本的立場，開展性很明顯，理論性卻不足，哲學性也比較弱。佛教裏面的文獻，一向都是這樣：經是講大方向，論是講哲學、講理論、講邏輯、講論證。所以可以這樣說：龍樹是通過《中論》來把《阿含經》中「空」的立場，加以理論化、邏輯化，就是通過一些

有利的論證，來支撐、補充《阿含經》裏面講法的不足。也就是從哲學的角度，來詮釋《阿含經》裏一些很重要的觀念，譬如說緣起、空，以及中道，這些我們都可以在《阿含經》中看到，但並沒有論證。直至龍樹的年代，他寫了《中論》，才在論證上加強、著力於這方面的探究。所以，印順這樣講當然是沒有錯誤，但光是這樣，也講不出《中論》的特點來。

我自己寫了一本《龍樹中論的哲學解讀》，那是在香港開的一門課的上課紀錄，跟《中觀論頌講記》的性質一樣。我是怎麼講《中論》呢？這裏有一個思想的歷程，就是我先參考日本的宇井伯壽的講法，再參考美洲的 Robinson 和日本的中村元，他們主要是以符號邏輯來講《中論》的論證，他們認為《中論》的論證，是經得起現代邏輯的考驗。然後，參考梶山雄一研究《中論》或中觀思想的方法，他也是偏向以邏輯來講《中論》的論證。不過，他偏重以傳統邏輯來講，而 Robinson 和中村元，則偏重於以符號邏輯來講，這不一樣。

所謂傳統邏輯，是以 Aristotle 以來所發展出的那套邏輯；符號邏輯則不然，它有好幾個系統。有一本專門講符號邏輯的書，就是 Lewis & Langford 兩人合寫的《符號邏輯》（*Symbolic Logic*），這本書包括了現代邏輯或者是符號邏輯的幾個系統，一個是 Boole-Schröder 的系統，主要是用邏輯代數來講；一個是羅素和懷德海的真值函蘊（material implication）系統，另一個是 Lewis 的嚴密函蘊（strict implication）系統。有關代數、數學不是分兩個層級嗎？一個是一般的數學，另一個是比較深入的，像微積分、大代數、解析幾何，都是屬於比較高階的數學，像 Boole-Schröder 就是以邏輯

代數來處理一些命題。Lewis 和 Langford 這本書你如果念通了就很有用，但會念得很吃力。

　　有沒有注意到牟宗三有一本書叫《理則學》呢？他早年寫的，正中書局出版。他就是講兩種邏輯，一種是傳統邏輯，Aristotle 系統的；另一部分是講現代邏輯，就是符號邏輯。他寫這本書的根據，就是 Lewis & Langford 兩人合寫的《符號邏輯》。如果你看這本書碰到問題，尤其是符號邏輯的部分，你可以先看牟宗三先生《理則學》的這部分。

　　我今天去參加勞思光先生的喪禮，他就對牟宗三先生的這本書有一些評估，他說：牟宗三先生這本書有好處，也有不足。我說：怎麼說呀？他說：它的好處是，他講 Aristotle 的邏輯講得很好。我說：那它的不足在甚麼地方呀？他說：他根據 Lewis & Langford 合寫的那本書中符號邏輯那一部分，寫得不是那麼好。他的批評也是有權威性的。你們有沒有聽過羅素（Russell）和懷德海（Whitehead）兩人早年合著了一本很大本的《數學原理》（*Principia mathematica*）呢？他們兩位都是數學家和哲學家，都是先學數學，然後才轉到哲學，也都是西方有大師地位的哲學家。這本書能夠看懂的人很少，勞思光就是其中一個。我也聽人家說，他空閒的時候，用甚麼東西來消遣呀？有人說是用微積分 calculus。然後有人問勞思光，你平常是用甚麼方式來休閒呀？是不是微積分呀？勞先生說：不是，微積分太淺了。呵呵，他還嫌微積分太淺哩！他說他用的算式，是超過微積分的。所以，如果他念數學，一定成就很大！他是一個絕頂聰明的人！可是，就是耐性方面少一點，就是那個功力不夠！如果拿他跟牟宗三、唐君毅、熊十

力比，他就顯得比較弱，可是他的聰明，卻在他們三個人之上！

最後，我又參考了梶山雄一研究《中論》的那套進路，所以，我是包含了以上幾個學者研究《中論》的方法，就是宇井伯壽、Robinson、中村元、梶山雄一，再加上我自己思考上的一些成果，就去講《中論》，結果就印出來，成為《龍樹中論的哲學解讀》，商務印書館出版，是我的著作裏面最叫座的一本書，現在好像是第七版了！

萬金川在他的《中觀思想講錄》裏面有提到我這本書，他有一些批評、不滿意的地方，也講到一些好處。最後，他做了一個結論：不管怎樣，吳汝鈞這本書，讓我們看《中論》文本的時候，除了有印順的《中觀論頌講記》以外，還有另外一本書可以參考。我看他這麼一講，就知道他根本沒有細讀我那一本書，不知道它的特點在哪裏，就是他不知道我研究《中論》，研究中觀學的整個歷程，大概他也沒有耐心去看下去。因為，他跟我年紀差不多呀！通常就是，你看長輩的書呀，比較小心一點；看同輩的書呀，隨便翻一翻就算了！（眾笑。）所以，我說萬金川根本沒有認真讀過那本書。

從印順的《中觀論頌講記》出版以來，到現在已經超過六十年，中間出過不少中論講記這種書，我想超過十本，很多人都拿《中論》來解讀，在課堂上拿來講，然後以書的形式出版。有十幾本這種書，怎麼能說五十年、六十年以後，終於看到一本書，可以補充印順的《中觀論頌講記》，那其他十幾本書怎麼樣呀？我這一本書跟那些書有甚麼不一樣呀？為甚麼你特別要提這本書，然後說我們讀《中論》，除了印順以外，還有一本書啦！他大概知道我在

這一方面是用過一點工夫，是跟其他人講得不一樣，可是哪一方面不一樣，他也沒有進一步去瞭解，因為他沒有很認真的去看那一本書。

這中間，有很多曲折呀！我 1974 年到日本，到京都大學的佛教學部門，因為梶山是我的指導教授。第一天我們見面，他就問我：你來這裏幹甚麼？我就說：研究佛學。他問我：研究哪一方面的佛學呀？我說：研究龍樹的中觀學。他問我：你懂不懂梵文呀？我說：不懂。他又問我：你懂不懂藏文呀？我說：也不懂。他說：你看日文書是不是很順利可以看懂呀？當年我見他時，才讀了半年日本語，我說：也不是很好。（眾笑。）他就很不高興，他說：像你這種背景怎麼念中觀學呢？念甚麼《中論》呀？這句話，像摑我一巴掌一樣，很難受呀！

這個人就是很凶的，他就是要打擊你的信心，第一招他就給你很強的一招，當時我覺得沒辦法回應，覺得很慘哪！快要哭的樣子！（眾笑。）然後，他就跟我說：一個學生如果沒有梵文的根柢，要念博士課程的話，那我就肯定不收。他以為我想跟他念博士課程，課程而已，不是學位呀！我們去日本的那個年代，外國人根本不能念一個博士呀！現在它那個制度放寬了，外國人到日本大學也可以念博士。我們那個年代不行，最多只能念博士課程，念完以後他就給你一張證書，說這個人在我們某一個部門念過博士課程，由甚麼時候到甚麼時候，它不是一個 doctorate，只是一個 doctor course。他就是連那個博士課程也不讓我念呀！他以為我要跟他念博士課程，可我沒這個意思啦！

因為那個時候日本人要拿一個博士，就是要念大學，然後上了

研究院，念碩士再念博士課程，就要退下來了，沒有進一步的發展，然後就埋頭寫一本大書，花十年、八年寫一本大書，拿這本大書向那個大學，申請一個文學博士的學位。不像現在你到美國去，在一家甚麼東方文化或者是東方研究系、東方語文系註冊，當一個博士生，念一個博士學位。如果你聰明的話，兩三年就可以念完，寫出博士論文拿去審查，然後通過了，就算是拿到了博士學位。這很容易，三幾年就可以做到。可是，你到日本呢，根本沒這麼一回事！

有一次，我去找一個叫水原渭江的教授，他研究中國文學。他跟我說：你待在日本愈久愈好！他的意思是，你一定要撐得下去，每天都很用功這樣做研究，做久了，學問才出來！愈久愈好！可是他也沒考慮我的經濟的狀況，你這樣做下去哪來飯吃呀？日本是世界上生活指數最高的國家之一，另外就是北歐和瑞士，都是最貴的。除非你靠獎學金，可是獎學金也有期限呀！譬如說，我拿那個文部省所發的獎學金，就是兩年，兩年以後就要靠自己。

後來我回去再想一下，覺得這位かじやま（梶山）還是好人，他就是把你的缺點，一下子就點出來。他的意思是說，你真的要研究中觀學，得學藏文跟梵文才行，還要加上日文，因為日本人用日文寫有關中觀學研究的東西很多，你要吸收他們的研究成果，另外還要英文。他是這個意思。不過他出口出得太重了！他不知道他這麼一講，就傷害當事人的心呀！傷害得很厲害呀！後來呀！我就是悲哀了一陣呀！（眾笑。）大概一、兩個禮拜吧！再想かじやま這教授呀，還是講得不錯！就是他能夠直接把我的弱點給點出來。

然後，我就這樣想：這梵文文獻學，日本人能學，中國人為甚

麼不能呢？他們是不是天生就比我們高一個層次呀？他們的理解力、思考力是不是天生就比我們優秀？也不見得呀！他們能念，中國人也能念呀！只是起步比較晚就是了！因為我去日本時，已經二十七、八歲了，那個時候才開始念梵文，可是他們那些日本的同學，一進大學就開始念梵文了，他們起步比我早了十年。這十年就很吃虧，不過還來得及！所以我就是有這個感覺，かじやま教授他還是個好的教授，他不跟你客氣的，就是直腸子！有些教授對你客客氣氣的，拍你的肩膊，請你去吃冰淇淋，或者是請你去餐廳吃牛排，那些教授肯定不是好東西！（眾笑。）這種教授這麼好人，他有甚麼東西可以教給你呢？就是不管你說甚麼，他都說 yes, yes, yes …… Mr. Yes. 他都這樣說，到底有甚麼好處啊？你說的東西裏面，不見得完全對嘛！一定有錯的地方，或者是不夠深入的地方，一定要把它點出來，這樣，作為一個學生，才能得到好處。如果只是一直 yes, yes, yes，那你對那個學生，一點好處也沒有！所以，他是一個很特別的教授，其他教授不是這樣啦，有些比較客氣，他是最不客氣的人！

　　臺灣方面研究中觀學，大概就是你所說那樣了！不過，幾年以前我在香港的時候，在一家書局買到一本書，他的題目好像是「八不」的觀念：不生不滅、不來不去……，就是龍樹《中論》裏面很重要的一個頌文，他以「八不」作為一個研究的題材，來寫碩士論文。其實，他裏面很多地方都是拿我那本書來用，有些地方他有註明，可是有很多地方他都沒有註明，讓人一看就以為是他自己的意思。我也買了一本，看看他有多少地方是沒有說明的。（眾笑。）結果，他這個碩士論文通過了，就是有一半以上是拿人家的東西來

用，居然可以通過，拿到碩士學位。然後，他又拿這本碩士論文到佛光出版社出版，出版社居然也接受了！所以這個出版社本身也是很糊塗呀！這樣的論文，你都可以拿去出版，他就是沒有那種評審的制度呀！他這個出版社大概是這樣，就是來者不拒！只要你講的東西是佛教的，沒有批評佛教，是推崇佛教的，愈推崇的愈高愈好！他就是以這種原則，來考慮要不要出版一本書！

今天我參加勞思光先生的喪禮，突然想起勞思光先生的幾本書。由於你們大多是中文系出身，在哲學思考上的基礎可能比較弱，如果要在這方面加強的話，最好是多看一下勞先生的書。他的書好像有三個時期：早期、中期、晚期。因為他的思路很清楚，分析能力很強，想得也很快，對於許多哲學問題的解析，都交代得很清楚、很流暢，比較容易讀。其中，有一本叫《哲學問題源流論》，跟你們比較有關係，就是在概念上、在邏輯上，可以建立比較強的基礎。他有好幾本書都很有用，第一本就是《哲學問題源流論》，他只寫了第一冊，他本來是要從西方哲學的發展一直寫下來，而這本書只講到希臘哲學就停下來，然後他又去注意另外一些問題，所以改變了寫書的計畫，沒有繼續寫下去。如果他繼續寫下去，一直寫到現代，像羅素、像 Wittgenstein 都寫下去，一定很有用的，替你擺出一個很清晰、很簡明的一個輪廓：西方哲學的發展，到底是怎樣怎樣……。

另外，如果你們想要瞭解康德，他有一本早年寫的《康德知識論要義》，也是寫得挺好的，以他當時的年紀，能夠寫這麼好的一本書，是非常少見的！當然，在中國哲學史方面，你可以參考他的那幾本書，還有就是他晚年的那些講演集，但不是很多。他的書，

你們在這個階段來看就是最好，就是淺白、清楚。那有沒有不足的地方呢？有，就是不夠深入。不過，你現在也不需要很深入的去研究哲學，是吧！你要增強你的思考能力，對哲學問題把握得好，你看他的書就會很有效！

林鳳婷：接下來，我要報告的是第二小節「中論探微——以藏傳中觀學為主」。從暑假以來，我就開始讀《中論》，本來是打算用一個學期或一個學年讀完，因為要寫這個報告，所以我儘量在兩個禮拜內把《中論》二十七品全部讀完。

吳汝鈞：你把整本《中論》讀完？

林鳳婷：是，我從頭到尾瀏覽了一遍。

吳汝鈞：你是怎麼讀呀？

林鳳婷：老師，我正要繼續說——

歷來，有關《中論》頌文的研究，或以鳩摩羅什之譯本為主，或兼以梵文本相對照，甚或輔以梵藏漢之合校本[8]，進而參閱青目釋、吉藏疏等古註，以及月稱、清辨等之論析，以求通達龍樹造論之深義。一般來說是這樣來閱讀的。

由於這次報告是以藏傳佛教的系統為主，因此，我試著以四川

8　見葉少勇著，《中論頌——梵藏漢合校・導讀・譯注》，上海：中西書局，2011 年。

喇榮五明佛學院堪布索達吉的《中論講記》[9]為本，探求藏傳佛教中觀學之內義。索達吉是西藏人，但中文非常好，因此他講記內的頌詞是以鳩摩羅什譯文為主，在與藏文本[10]對校下，譯文差別較大的頌詞，則新譯之。他所根據的藏文本，是經過兩次翻譯而成的，首先由龍幢譯師譯成藏文，後來又經日稱譯師修訂、校改。他也稍微提到當時譯經的過程，是非常嚴密的，要經由印度的班智達傳講，然後由譯師翻譯，最後還要由印度的班智達審閱。換言之，當時印度的經論要譯成藏文，是使用極具規模而嚴謹的翻譯手法。

我之所以用這本講記，主要是因為此講記所依靠的注釋主要有：月稱論師的《入中論》和《明句論》，以及清辨論師的《掌珍論》和《般若燈論釋》。月稱是應成派的，清辨則是自續派。月稱論師以《入中論》開顯了《中論》的意義，以《明句論》解釋了《中論》的詞句，形成了應成派；清辨論師用《掌珍論》開顯了《中論》的內義，用《般若燈論釋》解釋了《中論》的詞句，形成了自續派。因此，我們可以在這部講記中看到兩派不同的觀點。

除此之外，還有一個特色，因為這部講記的底本，是以十九世

9　此書原下載於《悲智佛網／菩提文庫／索達吉堪布／妙法寶庫》：29.30.《中論講記》（上、下），2008 年。2009 年，臺校繁體排版，更名為：《中觀根本慧論講義》（上、下）（未正式出版）。

10　索達吉堪布譯講，《中觀根本慧論講義》（上），頁 8：「本論的藏文版本是經過兩次翻譯形成的，首先由龍幢譯師譯成藏文，後來又經日稱譯師修訂、校改。值得一提的是，藏地古代譯經場的規模非常龐大，翻譯的規程也非常嚴格……以這種嚴格的方式確保了譯本的準確和完美。」

紀末寧瑪派大學者米滂《中論釋‧善解龍樹密意莊嚴論》的頌文解釋為主，而米滂的這本書也有索達吉的中譯本。這部講記所用的釋論，除了《中論釋‧善解龍樹密意莊嚴論》之外，還有宗喀巴的《理證海》以及果仁巴等的注疏。[11]這三位，分別代表了藏傳佛教四大派中，寧瑪派、格魯派和薩迦派的觀點。總之，除了眾所周知的月稱和清辨的論點外，由此更可得窺藏傳佛教各大教派主要學者[12]之觀點。由於我的研究是以藏傳佛教為主，所以就選了這個本子。

　　以下，我想透過《中論》的科判，來統攝龍樹造論的宗旨。《中論》共有二十七品，四百四十九首偈頌，但有些因版本上的差異，或說四百五十頌不等。然而，古註在青目釋中並沒有科判，吉藏疏的科判則逐品標示，並未就二十七品做綱目整理，也就是未進行總攝。印順法師《中觀論頌講記》之大科分判，則以苦、集、滅、道四諦來作統攝。[13]正如他所認為的──《阿含經》是《中論》的通論，所以自然是以四諦來統攝。

　　現在，我就以索達吉《中論講記》之科判，依其重校繁體版

11　索達吉堪布譯講，《中觀根本慧論講義》（上），頁 5。

12　《中論釋‧善解龍樹密意莊嚴論》乃十九世紀末寧瑪派大學者米滂所著，堪布索達吉亦已完成中譯，即《慧光集 35》，臺北：甯瑪巴喇榮三乘法林佛學會，2008 年。宗喀巴大師的《理證海》是格魯派的代表；果仁巴則是薩迦派繼薩迦班智達之後，最為著名的大學者，其中論觀點普遍為薩迦派所共許。

13　詳見印順，《妙雲集 5‧中觀論頌講記》，新竹：正聞出版社，1992 年，頁 46。

《中觀根本慧論講義》之現代學術層次標明法（詳見附錄），取其重要綱目與部分偈頌，進行研討。請大家參閱我所提供的附錄。

由科判中清楚可見，龍樹造論的目的即是要遣除印度外道（主要針對：數論派、勝論派、裸體外道、順世外道、密行外道等）與內道有部、經部的「實執」，來揭示《般若經》等所宣說的諸法不生不滅乃至不來不去的勝義實相。此乃即緣起即空性，也就是「即法體空」，是相對於有部的「析法空」來說的。然而，就宗教的實踐性來說，則是令吾人在日常生活中，從各個面向一一摧破根深蒂固的我執。表面上看來，他是在破外道、內道的實執，可是實際上，他真正要做的是破我執。因此，他在宣說「八不」之後，有次第地來抉擇緣起諸法為空性，也就是闡明一切萬法都是空性。

本論一開始，我們可以對照《中論》的科判來看，它有三個主要部分：首義、論義與末義。「壹、首義」，先「宣講論名」——梵文：Mūlamadhyamakakārikā，中譯即：中觀根本慧論頌。

吳汝鈞：這個梵文字可以分為三節：Mūla 就是根本；madhyamaka 本來是指我們的腰部，在身體的中間，所以有中的意味；kārikā 則是頌的意味。所以整個字的意思，是有關中道的問題的偈頌，這裏提出 madhyamaka 可以說是中觀學派的來源，因為中觀學派的創始人是龍樹（Nāgārjuna），而 madhyamaka 是指人體內的腰部，就是中間的部位，再推一下它的意思，就是所謂中道。中道在中觀學裏，是很重要的觀念，跟「空」有很密切的關係。可是在《中論》的文本中，中道這個名相出現得很少，「眾因緣生法，我說即是空，亦為是假名，亦是中道義。」這個頌裏有中道這個名相，其他

就很少提到，主要是提「空」這個觀念。其實，不管是中道也好，中也好，都是表示終極真理的意思。這個終極真理，如果你直接來講，就是說一切事物都是由種種不同的因素、條件構成，所以就沒有常住不變的自性（svabhāva），所以就是空，空就是沒有自性的意味。「空」不是一般所說的空間，也不是虛無主義所講的nothing，它只是沒有自性。那沒有自性以外，有沒有其他？有啊，緣起。不過，緣起在唯識宗講得比較多。「眾因緣生法」這句話，就有緣起的意味，所以中觀學也不是跟唯識學那麼對立，他們在很多觀點上都是相通的。然後進一步，書中提出中道，就是用來補充這個「空」的涵義。

因為龍樹和其他一些佛教教徒，還有印度六派哲學，或者是婆羅門的宗教不同，他用一種特別的表達方式，就是通過負面的、否定的方式，來表達終極真理，跟一般的、透過正面的描述來講真理，是不一樣的。我們可以舉一個例子——西方基督教，它說起上帝的時候，說上帝是全知、全善、全能，知善能都是全的，就是perfect 的意思，這是正面的一種描述。這個，在佛學裏面叫表詮，就是正面的詮釋。可是，印度哲學包括佛學在內，他們很少正面來講終極真理，而是通過一種否定、負面的方式，這叫遮詮。所以中觀學，特別是在《中論》裏面，可以看到很多否定的表達方式。

最明顯的例子，就是所謂「八不中道」。它是通過對八個概念、八個範疇，都加以否定，然後顯出終極的真理。這個終極的真理，一般來說，就是以「空」（śūnyatā）來講，有時候「空」好像太消極，它又改用「中道」，來補「空」的不足。所以，它這裏

有一種表達上的不一樣，可以反映出印度和西方思考方式的不同。西方思考是用表詮的方式，是肯定的、正面的；印度則是用遮詮的方式，用否定的、負面的來講述。《中論》就是用很多這種遮詮的方式來表達，所以在《中論》裏面，中道（madhyamā pratipad）這個名相雖然出現得很少，只有一、兩趟，可是卻是中觀學裏最重要的觀念。

中觀學為甚麼叫中觀？就是跟講作為終極真理的中道，有直接的關連，所以我們就根據它最重要的典籍《中論》的書名，來定這個學派的名字。從《中論》這個書名就引出中觀學，它們的梵文的根源都是一樣的，都是 madhyamaka。有人研究一本文獻，就是算那個概念（語詞）在一本文獻裏出現多少次，來評定它的重要性，這種研究的方法是站不住的。如果這樣的話，那學問就變成一種統計了！所以，你甚麼都可以不懂，只要看這個語詞在文獻上出現了多少次，然後就確定這是最重要的，那只要用電腦就行，就可以解決這個問題，但這個方法不對。我們要就中觀學整個思想體系裏面，看它佔有甚麼樣的位置？作為一個觀念，它是不是這套思想體系的一個核心觀念？從這個觀念開始，而發展出去，構成整個體系。應該從這種角度來考量。

每一個學派總會有一、兩個核心的觀念，如果能抓到那個觀念，那個學派的整個思想系統就有了線索，這要用腦袋去研究，不要看它出現的次數是多少！有人喜歡背經文，或者是抄寫經文，以為這樣就能夠積聚很多功德，嚴格來講這是不行的。很多人拿那本《心經》（Hṛdaya-sūtra）來背，從頭背到尾，然後逆背——從最尾的咒語背到最前面，可是背一輩子也不懂得《心經》到底講的是

甚麼。所以，這樣沒有用。你一定要抓觀念，抓關鍵性的觀念。這樣研究下去，才會有一個清楚的輪廓。譬如說道家老子、莊子，以至發展到魏晉玄學，我們還是要抓一個觀念。在道家中，貫通老子、莊子、魏晉玄學，有沒有一個關鍵性的觀念呢？你抓到這個觀念就好懂，整個道家哲學的發展，就好懂。當然，每一個哲學家有他自己的風格，可是道家之所以成為道家，不管是老子也好，莊子也好，郭象、王弼也好，為甚麼都講為道家？這中間就有一兩個關鍵性的觀念，把這幾種不同年代的思想連貫起來。那道家關鍵性的觀念是甚麼？抓觀念就是最重要的。那儒家，儒家有先秦、有宋明，現在有當代新儒學，儒家關鍵性的觀念又是甚麼？為甚麼能貫通這兩千多年，這麼久、這麼長的時間？你說，道家最關鍵性的觀念是哪一個？

石英：道法自然，是不是？

吳汝鈞：是啊！自然。因為「道」有很多不同的講法，老子用「無」來講，莊子是用「天地精神」來講，到了魏晉玄學，強調自然，其實都是指同一個東西，就是終極真理，而用不同的字眼來表述。譬如說京都學派有這麼多人，他們到底有沒有一個共同的觀念呢？就是大家都假定這個觀念是一個關鍵性的觀念。有呀——「絕對無」。有人把它說成為「場所」，有人把它說成為「上帝」，也有人說是「絕對媒介」，有人說是「無相的自我」，有人說是「非佛非魔」，有很多不同的說法，它有它自己的發展，所以它是用不同的觀念，來講這個「絕對無」，「絕對無」就是終極真理。所以，我們就可以拿這個觀念，來決定哪一些是京都學派的人，哪一

些不是。只要是發展「絕對無」這種觀念、思想，就是京都學派裏面的人，不講這個就不是。這樣就很清楚、很扼要。那回到中觀學，中觀學最重要的觀念是哪一個觀念？

石英：空。

吳汝鈞：空是太泛，原始佛教也講空呀！唯識也講空呀，真如就是空！般若思想也講空！空是佛教裏面的通義，一個太普遍的觀念，拿這個觀念來講原始佛教也可以，講中觀學也可以，講般若思想也可以，講禪宗也可以，禪宗不是講「無」嗎？「本來無一物，何處惹塵埃？」、「無念為宗、無住為本、無相為體」，都是聚焦在「無」這個觀念。這個「無」是禪宗的講法，它的意思跟「空」其實有很密切的關連。所以，我們如果要了解某一個學派，它的思想的中心在哪裏，我們可以注意兩點。第一就是它的關鍵性的觀念是甚麼？另外一點就是它最關心的問題是甚麼？這兩方面彼此之間，有很密切的關係。譬如說，道教和道家就不一樣，他們這兩邊所關心的問題就不同。道家著重對於這個道或自然有一種契合，就是能夠在自己的生命中，體證道或者自然這種終極真理，這種體證純粹是 spiritual 的，是精神性的，不是 meterial，不是物質性的。道教就不一樣，道教最重要的問題就是：如何能夠長生不死？他們拿這個荒謬的問題，來作為整個學派最重要的問題，也就是說怎麼樣才能做到神仙？雖然他們拿道家的「道」，作為他們教派的名字——道教，可是思想的層面根本不一樣。道教是經驗性的、物質性的，頂多只能夠講 physical，身體方面的，就是把身體生存的時間拉長。最老才死的人有多少歲呀？

關啓匡：彭祖嗎？

吳汝鈞：彭祖這個人根本不在正史裏面。就我們中國來講，哪一位能夠活得最久？蔣夫人好像活到 106 歲，還是多少呀？印順也超過一百歲呀，西方的 Gadamer 也超過一百歲呀！可是一百歲還不是最長的，最長壽是誰呀？有兩個人，都是出家人。一般來講，出家人比在家人長命。一個是虛雲，一百二十歲；另一位是古人，趙州從諗──南泉的大弟子，也是一百二十歲。他七、八十歲時還到處遊方，遍訪名山大川與名剎，問道高僧：有關人生的道理、有關整個宇宙的真相。有些人七、八十歲已經不能動了，要坐輪椅，怎麼去遊方呢？所以徐霞客這個人就了不得，因為在他那個時代，交通很不方便，連腳踏車都沒有，就是走路啊！很辛苦啊！他能夠到處遊覽，回來後就寫了那本遊記。玄奘到西域，也是走路去呀！哪有現在這麼方便，有甚麼青藏鐵路？或者從成都可以坐飛機到拉薩？都是走路啊！所以這就不一樣呀，道教和道家就完全不一樣。道家是講精神境界、天地精神；道教是講長生不老。長生不老是不可能的，這在科學上已經有了證明。所以道教的境界總是不高，因為它所提的那個理想，根本就不可能實現。道家就不一樣，但因為他們都用「道」作為學派的名稱，所以有人把它們混起來，以為這兩個學派關係很密切，以至於相通，其實不是。那我們回到中觀學。

　　中觀學的關鍵概念是哪一個概念？應該就是中道。你說空也未嘗不可，可是空太泛，講得太多了，顯不出中觀學思想的重點在哪裏，所以還是中道比較好了解。然後，你想了解這種中觀思想，了解這本《中論》，我想你不要一下子就看藏傳佛教，因為藏傳佛教

是大乘佛教發展中的一個傳統。不管是誰講中觀學，中觀學都是從印度傳過去的，所以如果你要了解印度文獻思想，或印度學派的思想，要先從跟它有直接關連的那些文獻下手，這樣才比較恰當。因為中觀學派一方面傳到西藏，另一方面又傳到中國，形成了三論宗，然後它又影響天台宗。所以，你先不要看它的開展和開展以後到了甚麼結果，這一段暫時不要管它，因為你沒有足夠的時間。你先要注意，到底中道是甚麼意義，你只要用印度佛教本來的思想傳統，以有關文獻來了解便好，就是拿《中論》來了解。《中論》之後有不少的論師，為《中論》做論疏，那些應該是比較重要的資料。然後再進一步研究，才會涉及西藏那邊中觀思想的發展，或者是中國方面三論宗的思想發展，這樣才好。

林鳳婷：老師是說應該以鳩摩羅什的譯本為主？

吳汝鈞：也不是。因為 Kumārajīva 的譯本跟梵文本有些地方差得很遠，在那個最重要的偈頌裏面，就是錯了！最重要的就是那首三諦偈。「眾因緣生法，我說即是空，亦為是假名，亦是中道義。」這首頌是《中論》裏面最重要的頌，因為中觀學最重要的四個觀念，都在這個頌裏面，每一句都表達一個中心的觀念。「眾因緣生法」，就是緣起；「我說即是空」，就是空；然後是假名、中道。最重要的四個概念，都出現在這首偈頌上面。可是 Kumārajīva 的翻譯，就跟原來的梵文文本不一樣。這首偈頌前面的「眾因緣生法，我說即是空」，這點沒有問題，但是到了後面就不一樣了。這會引起很嚴重的問題，就是 Kumārajīva 這首頌的後半部，跟梵文的意思是完全不一樣的，怎樣不一樣呢？我在這裏就不想花時間講

了。我的那本《龍樹中論的哲學解讀》裏面有交代。

　　那是不是 Kumārajīva 的梵文程度還不夠好，所以會有這種錯誤？也不一定。因為那些古籍有很多版本，不是拿一個印刷機印出來的，而是由不同人所抄寫的。有人在抄寫的時候搞錯了，如果是根據那個搞錯的本子來了解的話，那就跟原來的意思不一樣。Kumārajīva 的梵文水平應該很高，不會犯這個錯誤，可是他真的是錯了，跟現行唯一的《中論》梵文文本，也就是月稱解《中論》的《明句論》，它附有《中論》的梵文文本，這是我們今天唯一能找到的梵文文本的一種文獻。可能鳩摩羅什所拿到的梵文文本，跟月稱《明句論》所附的梵文文本不一樣！所以我們也不一定要怪 Kumārajīva！不過就是說，你要盡量靠近那個原典的文獻來做研究，愈原典愈好，這就是我所謂的文獻學研究法。就是研究某一些文獻，最好是從那個原典的文獻來做，盡量避免用翻譯，不過這一點實際上做起來就很難。有時候，我們還是不得不靠翻譯，可是翻譯就常常有出錯的問題。所以我們要注意，不要以為 Kumārajīva 的《中論》，真的就代表龍樹的思想，尤其是從三諦偈來看。

　　有一次，我跟日本的服部正明談到 Kumārajīva 所翻的三諦偈，我唸漢譯的偈頌，他是唸梵文原本的，他能唸的。他整個偈頌都唸出來，而且比我唸得還快，所以他是做了很多解讀的工夫，還有背誦。他們日本那邊跟我們這邊不一樣，在研究印度佛學方面，他們通常都會用原典，我們則多數用漢譯。

　　《中論》最直接的參考典籍，最靠近龍樹的是提婆（Āryadeva），他也有一些著作。然後再下來就是中期中觀學，就是月稱、清辨、佛護（Buddhapālita）這幾個人。到了後期就有寂

護、蓮華戒等，然後就傳到西藏，傳到中國。所以西藏方面的中觀學，和中國方面的中觀學，能不能保有印度原來的那套中觀學、那套思想，是一個值得我們研究的問題。可是，不是那麼簡單！你如果真的要讀藏傳佛教，你非要通過藏文文獻不可，如果只靠翻譯，是不行的。

林鳳婷：接下來，這個科判一開始先講「論名」，再來有「譯禮句」：頂禮文殊師利童子！這是藏傳佛教的一個習慣：對每一部印度的經典、論典進行翻譯時都有譯禮，這個傳統來自赤松德贊的孫子——國王赤熱巴巾的規定。只要是論藏，所頂禮的對象是文殊菩薩，以此來遣除翻譯過程中的一切障礙，使整個翻譯善始善終，究竟圓滿。[14]再則，一般印度論師在論首都會有頂禮句，在論末亦然。由於我是整個解釋科判，所以就綱要式的從頭講到尾。

其次，在「貳、論義」中，龍樹在八不之後，以「能說是因緣，善滅諸戲論，我稽首禮佛，諸說中第一」來頂禮宣說者——佛陀。論末亦以憶念恩德而頂禮：「瞿曇大聖主，憐愍說正法，悉斷一切見，我今稽首禮。」我深深覺得，在《中論》的探究中，若稍一忘失其鮮明的宗教實踐性，在論義時是很容易失其本懷的！

對照著附錄的科判來看，一開始「抉擇宣說中觀之見」，所對應的偈頌就是第一偈「八不」：「不生亦不滅，不常亦不斷，不一亦不異，不來亦不去。」以此來概括《中論》的內義。

接著，在「抉擇宣說中觀之見」綱目下，有子目「宣說緣起特

14　索達吉堪布譯講，《中觀根本慧論講義》（上），頁9。

法」，又分為「宣說主要特法」和「宣說其他特法」。他將《中論》前兩品「觀因緣品」和「觀去來品」放在「宣說主要特法」之內。在科判中，這二者之所以被歸為「緣起特法」，個人以為此乃八不之總括，即八不之首「不生不滅」——講的是第一「觀因緣品」，與八不之末「不來不去」——講的是第二「觀去來品」。同時，由這兩品也可窺見龍樹以四句否定、一異、觀待等主要遮破方法來立論之概貌。

我們可以稍微瀏覽一下比較細部的子目，譬如說在「觀因緣品」時，他首先是「總破四生」：「諸法不自生，亦不從他生，不共不無因，是故知無生。」這是在《中論》中，非常有名的破四生的偈頌。其次，「別破他生」，是因為這四生中最容易產生錯解的是「他生」，所以特別加以破斥。這個科判的特色在於，每一個綱目下都依序清楚對應著相應的偈頌，在閱讀上，可以輕易而快速地掌握整部《中論》的每一論題與要旨，以及遮破的方法。

往下，在「觀去來品」的條目下，有「於作業觀察三時而破」，這是以過去、現在、未來等三個時間來破斥。接著，依序是「於作者觀察三類而破」、「破有來去之能立」、「觀察去法與去者一體異體而破」，這裏我主要是想交代一下龍樹所運用的破斥方法——也就是以三類、來去、一異等手法，來破斥對方立論的錯誤。

其後，在「宣說其他特法」的綱目下，則依次抉擇法我、人我、實法、時間、輪迴等為空性。若對照科判來看，在「抉擇我法空性」下，從品次來說，則包含六品。其中，前三品為：觀六情品、觀五陰品、觀六種品，是「破法我之自性」，分別破的是處、

蘊、界。後三品為：觀染（即煩惱）染者品、觀三相（指法相、名相、事相）品、觀作作者品，則是「破法我之能立」。

在「抉擇我法空性」之後，接著「抉擇人我空性」，則只有四品。第一是「觀本住品」，先破人我之自性。第二是「觀燃可燃品」，燃可燃是人我的比喻。在《中論》中，燃可燃的破斥方法比較獨特，因為龍樹在其他各品中，往往用互相觀待的方法來破斥對方的論點，可是他在「觀燃可燃品」中，卻連觀待都破了。在「觀燃可燃品」下，首先，「破火薪自性成立」，他用一體、異體等來破斥⋯⋯。

吳汝鈞：你這種了解方式，是很傳統的一種解讀的方式。你要指出《中論》裏面主要的問題在哪裏，它提出哪一些關鍵性的觀念來表達它的思想，它用甚麼樣的論證來建立它所提的那些作為終極真理的觀念，譬如說緣起、空、中道等。因為你用這種科判的方式是平面的，傳統以來都是這種作法，如果你用這種方式來了解的話，你就是把整個科判都看完，還是抓不到它基本的觀念與問題。那它基本的問題在哪裏？《中論》作為大乘佛教最重要的論典，它跟其他論典有甚麼不同？它殊勝的地方在哪裏？為甚麼是這麼重要？我想這些就不是你用科判的方式，能夠得到的答案。

林鳳婷：是，但這是我整個初步研讀的過程，我只是想把它呈現出來，讓沒讀過《中論》的同學，對《中論》文本的內容和形式能有個梗概的認識，至於老師所提到的問題，其實是在報告的後面。

吳汝鈞：你就是從八不——不生不滅、不常不斷、不一不異、不來

不去——來講《中論》的主旨也可以。其實，也不一定用這個八不，八這個數目是無所謂的，只講「不生」就可以代表八不。那你怎樣去了解不生，對不生的這個「生」的範疇作一種否定，然後就顯出這個終極真理在哪裏，就可以抓到整本《中論》的要點。也就是要解決或是要說明甚麼問題，應該是要用這個……。

趙東明：老師，她這裏有講，報告的第四頁這裏，她有列出來。就是（二）重要思想：1.二諦 2.緣起與性空 3.實相與戲論 4.無自性與自性 5.中道。

吳汝鈞：你這樣了解是根據甚麼文獻？是根據甚麼學派的講法這樣來了解？

林鳳婷：老師，我剛才提到過，我就是讀了索達吉的《中論講記》，所以這個科判也是他原來作的科判。

吳汝鈞：我們現代的佛學研究法，已經不用這種方式了，你可以找一下日本方面、歐美方面，他們研究《中論》都不是用這種方式。你們的感覺怎麼樣？就是她一直在講這些科判、這些問題，那你們有沒有抓到《中論》主要的思想是甚麼？它要解決甚麼問題？它的核心的觀念在哪裏、是哪一個？如果你用這種方式來講，因為《中論》是比較短，比較容易處理，如果涉及像《大般若經》那些，整卷《大藏經》都包括在內，那你就講得沒完沒了了。我是說我們現在要做的不是這種工作，而是要了解中觀學這個學派的基本問題在哪裏？它的核心觀念在哪裏？它為甚麼有那種重要性？它對佛教後來的發展有甚麼影響？我們先要有一種問題意識才行，那我就問

你：《中論》它主要的問題在哪裏？它要解決甚麼問題？

林鳳婷：如果就內道來說的話，說一切有部對於佛陀無我的思想，已經走向分析的路向，就是已經違背了佛陀的本懷，所以當時龍樹就特別針對這個現象，來重新闡釋佛陀所說的緣起深義。

吳汝鈞：其實也不光只是有部，還有……。

林鳳婷：對，還有經量部和外道。

吳汝鈞：還有外道，他們都有一種執著，就是對大梵實體有一種執著，認為宇宙有一個大實體，一切萬物都是由這個大實體生出來的，這個大實體就佛教來講就是一種自性，是一種恆常存在、不變的體性，一種實質性的內容。佛教所反對的，就是反對這種思考，它說所有的事物都沒有自性，都是緣起的。

像婆羅門教所提的大梵（Brahman），在佛教看來是一種由虛妄執著而虛構的一種東西，整個宇宙的真相，那個終極真理。佛教認為根本沒有這種東西，沒有大梵。所以佛教有它產生的背景，是對傳統特別是婆羅門教有一種徹底的批判。婆羅門教就是把大梵看成一個大我，然後每個人都從大梵裏面分到一些內容，成就他的小我。佛教的看法就是，不管你是大我也好、小我也好，都是虛妄執著，從這種思想發展下去，你永遠看不到終極真理，因為事實不是這樣，世間上沒有像大梵的那種形而上的實體存在。

佛教所說的真理，就是從緣起來講。你一講大梵，一講自性，大梵就是自性形態的一種表現方式，就是跟緣起有衝突，剛好對反，那就是有我，不是無我。看問題應該從這個角度來看才行。你

如果講科判講到天黑，要睡覺了，也還沒講完。

林鳳婷：沒有啦，老師，其實我要講的科判部分已經快講完了！

吳汝鈞：可是同學沒有印象呀？你聽了那麼久，這整個科判的表，到底在講甚麼東西呢？

李哲欣：老師，這是（上）嘛，到（下）就會開始講到你剛才所說的重點。

林鳳婷：老師，不好意思，其實在報告的第三頁中間，我有提到你所說的重點，就是：龍樹造論的目的是要遣除印度外道與內道有部、經部的「實執」，以揭示《般若經》等所宣說的諸法不生不滅乃至不來不去的勝義實相。

吳汝鈞：對呀，你講這個就可以了，不用講這些科判的表格。那甚麼是「不生不滅」？你要先處理這個問題，下面那些才能講下去呀！那甚麼是不生不滅、不來不去、不一不異、不常不斷？甚麼是不生？

林鳳婷：在《中論》八不中所提到的不生，其實是從勝義諦的角度來看的，就是從二諦的角度來看的。

吳汝鈞：那根據《中論》的講法，不生是甚麼意思？

林鳳婷：就是說諸法在實際上根本就是沒有生起的。我們現在所看到的一切世間的顯現，都只是一種幻有的顯現，它並沒有真正的、實際上的生起。

吳汝鈞：你這樣講不夠，譬如說我養一隻母雞，養了一兩個月牠就長大了，然後就生蛋了，雞生蛋了，明明是生出來了，怎麼說不生呀？

林鳳婷：《中論》比較有意思的地方是，它不只是從世俗的角度來看。就藏傳佛教各派對月稱應成派進一步發揮的共見來說，如果從世俗諦的角度來看，所有的生起都只是一種因緣聚合的顯現，是幻有的，這是一般人所見，也就是所見虛妄。如果從勝義諦的角度來看，則認為在一個證悟者面前，所有的萬法是絲毫沒有顯現的，也就是所見清淨。

吳汝鈞：那我就提一個問題。就是這個雞生蛋，怎麼樣從俗諦來看？又怎麼樣從真諦來看？兩者之間會不會有衝突？如果有衝突的話，那怎麼解釋真俗二諦的連貫性？你要把這些問題先弄清楚。這二諦是《中論》裏面的一種講法，它不是說諸佛依二諦，然後為眾生說法麼？一就是世俗諦，二就是第一義諦。那你要先弄清楚世俗諦是甚麼，第一義諦又是甚麼？然後，用不同層次的諦來解釋同一個現象，這兩個諦又怎麼連貫起來？因為在《中論》裏面，它就說到這兩個諦是有很密切關係的。你要先證成這個世俗諦，才能體證到第一義諦，要先體證到第一義諦，才能講達致涅槃的那個境界。這是《中論》裏面很重要的偈頌，它是講我們求覺悟、求解脫，有一個時間的過程，就是你要達到覺悟、解脫的涅槃境界，要有一些實踐原理，它所提出來的第一個階段，就是要抓到那個世俗諦，又要以俗諦為基礎去證成第一義諦。所以，從這裏我們就可以看到，它講這個諦，是有兩個層次的，一個是世俗諦，一個是真諦。

　　那我就隨便舉一個例，譬如說雞生蛋，這是很普遍的現象，我們怎麼通過俗諦和真諦來了解？然後又怎樣把這兩種了解融合在一起？因為佛教基本上就設定真俗是沒有衝突的。真俗兩者是不異、不離，它們有一種連貫性在裏面，有很密切的關係，不但是不矛盾，而且有一種依靠的關係。你要這樣了解才行呀！那我就問你，如果從真俗二諦的分法來看雞生蛋的現象，那要怎麼了解？

林鳳婷：如果就俗諦來看雞生蛋，這個現象本來就是眾多因緣的和合，雞生蛋並不是只有雞生下蛋這樣，也就是說它有很多因緣條件所配合，是眾多因緣所聚成的。這是就俗諦來說。當然，我們不可能說是鴨生了雞蛋，這不符合世俗諦，是倒世俗，因為它不符合我們一般在世俗所見的常規。原則上，世俗諦一定是在因果法則當中的，是在「有是因必有是果」的因果法則當中確立的。換言之，世俗諦是不壞因果法則的，因為它本來就是一個自然規律的呈現。我們知道雞生蛋只是我們所見的世俗現象而已，但如果是站在一個追求解脫者的立場來看，它就很明顯的不是只有雞生蛋這樣一個狀態。

吳汝鈞：那你現在就要從真諦（paramārtha-satya）這個層次來講雞生蛋這種現象。剛才你從俗諦（saṃvṛti-satya）來講，講得不錯啦！那進一步，你從勝義諦的層次來講。

林鳳婷：如果以勝義諦來說，我們可以就龍樹所說的破四生的立場來看。因為這剛好是一個生的問題，所以我們就以破四生的立場來說。第一個就是「諸法不自生」，一切萬法都不是從自性中所產生

的。如果雞生蛋是由自性所生，雞就會一直不斷地生蛋下去，由於是由自性所生，所以就會有一直不斷生下去的過失。

有關自性的部分，老師的書（即《龍樹中論的哲學解讀》）裏面有一個兩個圓的圖示，可以非常清楚地顯現出甚麼叫做自性。所謂自性生就是它一定是獨立的，不觀待他法，不依靠其它的因素而產生的。

吳汝鈞：你其實可以直接從自性的原字來理解，從它原來的語詞 svabhāva 來看，sva 就是像英文的 self 一樣，bhāva 就是一種存在，就是自性自我的存在。如果用英文來翻的話，應該是 self-existence，意思很簡單明確，就是它自己就有那種存在性，它的那種存在性，不需要依靠別的東西來構成。存在性就在它自己，所以有人把它跟康德所講的物自身關連起來，不過我們可以不涉及物自身這個問題，我們只要從這個字眼來看。

你要分解它的意思，其實很簡單，就是自己的存在性，它有一種獨立、自存性，它的存在性就是它自己，不是依靠其他的那些因素而有。那這種所謂自性，跟緣起的觀點剛好是對反。如果你講這個自性，萬物都有自性的話，你就不能講緣起。緣起就是自性的否定，這兩個概念是互相對反，所以從佛教的角度來看，緣起就是正見，自性就是邪見。

有自性這種觀點，就會影響到緣起觀念的成立。如果從終極真理這個層次來講，緣起是終極真理，自性則是一種虛妄執著而成的東西。在這個世間，根本沒有自性這種東西。自性也可以概括大梵天，這種大實體也就是西方人所講的實在性，就像有部所講的實在

論中的「法體」。他們就是有執著，執著諸法有自性，所以說「法
有」。雖然他們說「我無」，但是在「法有」方面已經背離了原始
佛教所走的正理的路向。因為你心裏面有執著，看不到真理本身，
你有煩惱，有虛妄執著，執著甚麼？執著自性，以為世界上有這麼
一種自性的東西，它有獨立自在性，有這個 self-existence，它可以
不依靠其它的因素而存在，佛教就說這種東西根本是沒有的，沒有
自性的，這是空的。沒有自性就是空，空就是沒有自性。這就是真
諦，這是從真諦的層次來講。

　　可是，那個雞蛋真的是擺在你前面呀！你把它煮熟了就可以
吃，可以充飢呀！它也不是一無所有啊！你不吃它，一直培養它，
它可以生出另外一隻雞出來，它也不是一無所有啊！這就是從俗諦
這方面來看，就是你不要否定它的那種緣起性，它就是雞蛋啊！它
就是一個具體的物件啊！一個物體，它有它的作用，有它的外形，
這些東西都是很具體的，你不能說它是一無所有，就是不能以虛無
主義的觀點來看，這就是俗諦，是常識啊！所以，一隻雞蛋，你可
以把它吃掉，可以充飢。如果你不餓，可以把它存起來，讓母雞把
它孵出另外一隻小雞來，然後小雞長大也會生蛋，就繼續生下去，
你的蛋就會愈來愈多，雞的數目就愈來愈多，哪裏是一無所有啊？
所以就是「非有非無」，它不是有自性的那種有，它是緣起的，這
是「非有」；它也不是無，是「非無」，就是說緣起的東西都有它
一定的外表，還有它的作用，你不能說它是一無所有，不能說它是
無。也就是因為它是緣起的性格，所以就不是無。因此在這裏，你
就把「非有非無」拿來詮釋，詮釋緣起，詮釋性空，這樣，真俗兩
邊就保住了，兩邊都可以並立，互相不排斥。

所以「中道」這個意涵就出來了，就是「非有非無」。然後，這個「中」字就很明顯，因為有是一個極端，無是另一個極端，我們不要站在極端上面，不要從極端的角度來看事物，要不偏不倚，這就是中道。這樣一來，緣起、空、中道這些重要的觀念都包在裏面了，你就是光講這個「不生」，就可以講這堆道理了，這樣才顯出《中論》所講的真問題在哪裏，就是講這個中道。中道就是「非有非無」，就是對兩邊極端的看法都同時否定，就是超越有無所成立的那種相對的領域、相對的層次，超越它，然後才能達到一種絕對的理境。我們一定要先超越這個相對性，達到那種絕對的境界，覺悟解脫才能說。

其實，《中論》裏面隨便找一個說法，我剛才所講的意思都包含在裏面，這個八不你只要講通這個「不生」就行，其他那些都是一樣的。應該要這樣了解才對。怎麼樣，你接不接受？

林鳳婷：我接受呀！因為我這報告下面還有啊！我把《中論》的重要思想放在第四頁裏。不過，我們剛才其實基本上全都講完了。第一個是二諦，第二個是緣起跟空性，第三個是⋯⋯。

吳汝鈞：這個我都給你講完了，用這個「不生」把你這個二諦啦、緣起性空啦，然後實相與戲論啦，其實都講啦！

林鳳婷：是。已經全都講完了！

吳汝鈞：實相與戲論、無自性與自性、中道都包括在裏面了，所以這些重要思想都講過了，我就給你解決了這個問題了！你這裏提到的「五大因」這些，我想是方法論的一些講法，不用花那麼多時間

去講。然後下面一些，好像把問題弄得非常複雜，在《中論》裏面好像沒有這些，你是參考藏傳佛教的？

林鳳婷：喔，對。

吳汝鈞：我不是要你講藏傳佛教，你現在的工作，是要把《中論》的基本思想講出來就行了，不需要涉及藏傳佛教，也不需要涉及漢傳佛教。我是要求你能夠把原來的中觀學，特別是《中論》的要義，講出來就行了。所以你今天就講完了嘛，你怎麼說今天一定講不完？（眾笑）那你下面還有，是嗎？

林鳳婷：沒有了。

吳汝鈞：你不是說，除了這個還有下文嗎？

林鳳婷：老師，沒有了，因為全都講完啦！原來是因為在「重要思想」下只有綱目，還來不及把說明文字放進去，所以只有（上）。本來以為今天不會講到這裏，可是，老師剛才已經全都講完了。

吳汝鈞：好，那我們下一次就是由另外一個同學講。謝謝妳呀！阿彌陀佛！（眾笑）

第四章　即法體空：般若思想

蔡明儒：老師、各位學長姐大家好。我做的部分是「般若思想」。「般若思想」其來源與前面幾個部分很有關係，所以在前言的部分我也同時處理了關於「經量部」以及「說一切有部」的問題。「說一切有部」認為「三世實有，法體恆有」，又藉著心中所執著的現象界還原成「五位七十五法」，認為此七十五元素可以通向究竟。這種說法，我認為它的背後預設了一形上的實體作為一切現象的存在根據。然而，這種預設形上實體的作法，實際上早已悖離了原始佛教說空、緣起等思想。另外「說一切有部」一方面認為「三世實有」；一方面又承認「剎那滅」的理論。「剎那滅」在梶山雄一的著作《龍樹與中後期中觀學》中有提及：「這理論是佛教所有學派都承認的。……這個理論的要點是，所有的存在──包括心與物，在生起後的瞬間即消滅。一瞬前的存在，作為原因，而生起一瞬後的存在的結果。這個因果之流可相續下去，但原因與結果並不是同一存在。換言之，這理論表示，所有的東西，都以其自身作為在各瞬間都相別異的東西，而轉生，而不斷向前，而成為一流逝；此中並無具有同一性而永續下去的本體。」也就是說，「識」在作用之後瞬間便消滅了。「說一切有部」倘若承認「剎那滅」，又同時承認「三世實有，法體恆有」的話，則有一個必然而內在的衝突，亦

即我們不能承認一個事物的實體恆存，又同時承認這個實體恆存的事物轉瞬間就消滅。因為轉瞬間就消滅的事物就不能被認為有實體性的存在，所以我這裏才說陷入內在的糾結。至於「經量部」，同樣以實在論的立場詮釋原始佛教，這種對於實有、自性的迷執，正是與原始佛教相悖離的。「般若思想」便是在這種情況下，以「空」概念化解「說一切有部」及「經量部」對實有的迷執。以下，我稍微說明一下般若思想有哪些文獻。依吳老師在《佛教的當代判釋》所列舉的：經典有《心經》、《金剛般若波羅蜜經》、《八千頌般若經》、《摩訶般若波羅蜜經》、《大般若波羅蜜多經》；論典則有《大智度論》、《現觀莊嚴論》。

吳汝鈞：這裏我們先介紹甚麼是「般若文獻」以及「般若思想」。在佛教裏面有不同的派別，每個派別有他們自己所依據的經典，例如「中觀學」、「唯識學」、「般若學（般若思想）」，又或者發展到中國的「天台宗」、「華嚴宗」、「禪宗」，這些不同學派都有他們經典的依據。「般若思想」並不只一本，主要是《般若經》（*Prajñāpāramitā-sūtra*）及其相關譜系的佛經，其文獻相當多，通常我們接觸到的有《心經》、《金剛般若波羅蜜經》（*Vajracchedikā-prajñāpāramitā-sūtra*），這是比較短的「般若文獻」；有些比較長的文獻，例如《八千頌般若經》或者《摩訶般若波羅蜜經》（*Aṣṭasāhasrikā-prajñāpāramitā*）。《摩訶般若波羅蜜經》是鳩摩羅什翻譯的；也有大部頭的書，例如《大般若經》（*Mahāprajñāpāramitā-sūtra*），這些經典在《大藏經》中都可以找到。其中《大般若經》相當長，可能有幾百萬字，是玄奘翻譯

的。這套經典屬於「大乘佛教」的系統，而且出現的相當早。即是說，在時間上，釋迦牟尼的原始佛教是最先，此時並無「大乘」與「小乘」之別，接著到了「說一切有部」以及「經量部」則開始有分別。「說一切有部」與「經量部」隸屬於「小乘」，至於「大乘」最先出現的就是「般若文獻」，這便是講「般若思想」的經典。其中，值得注意的是，這些「般若文獻」在思想上相當一致，主要都是講「空」這個真理，也說「體證」空的能力，這個體證的能力便是「般若智」。「般若智」並非一般認為的「認知」的智慧，而是一種特殊的智慧，一種觀照事物的「本質」的智慧。事物的本質就是空，由此可以說，「般若經」所提出的「般若智」是專門了解「空」這種真理的智慧，「空」對於「般若思想」而言就是「終極真理」。有關「般若思想」有三個名相要注意：其一、「般若文獻」；其二、「空」，般若文獻所描述的終極真理；其三；般若、般若智。般若（prajñā）這個字是音譯，是根據讀音翻譯，梵文讀快就變成「般若」。「般若經」是大乘文獻裏最先出現的經典，它不是「論」而是「經」，裏面所言及的般若思想可以說是大乘佛教的先鋒。這是讓你們先瞭解的背景。你有沒有讀過《心經》？

顏銘俊：有。

吳汝鈞：你講一下關鍵性的那幾句。

顏銘俊：照見五蘊皆空，度一切苦厄。舍利子，色不異空，空不異色，色即是空，空即是色。受、想、行、識，亦復如是。

吳汝鈞：那你解釋一下何謂「色即是空，空即是色」？

顏銘俊：老師，這兩句可以解釋為諸法門，諸法門就是泛指物理世界。

吳汝鈞：對。物理世界，或是我們平常接觸到的一切事物，用英文來說就是「matter」或是「form」，「matter」的翻譯比較好，指一些物理的事物。那你繼續講。

顏銘俊：物質世界本質就是「空」，雖是空，也是物質。總之，空是一切物質世界的本質。不過老師，「空即是色」比較難以理解，麻煩請老師解釋。

吳汝鈞：一般與你的理解相同。不過，如果深入考量，「色即是空，空即是色」其實是不同的脈絡。所謂「色即是空」是一切物質其本質即空，這裏有知識論的意味，它是在知識方面讓你知道「色」是空，沒有自性。色是一切物理的對象，它的本質真相是如何？「空即是色」不能說它的脈絡是認識論，這並非了解或者說知識問題，而是「實踐」問題，實質上你要體證「空」，「空」要在何處體證？要在當前所對的「色」去體證它，也就是現實世界。不能離開現實世界、離開「色」，而去另外的世界去體證「空」的真理。如說茶壺是「色」，是在日常生活常常見到的「色」，又說是「空」，「色即是空」是知識論的脈絡。至於「空即是色」，你不能說「空」就是物體，不能如此說。「空」是終極真理，茶壺卻只是一個物體而已，不能從認識論的角度去說「空」就是物體，要從實踐、體證去說。如果要體證空，我們就要在「色」裏面體證，不

要以為離開「色」以外，可以體證「空」的真理，真理是不能離開「色」而存在，它是存在於「色」裏面。要體證「空」，就要從現實環境所碰到的一切，在這些事物上下手，體證其本性是「空」。如此了解的話，「空即是色」就不是認識論的命題，而是實踐論的命題。我最初接觸佛學時，是一九六八年，這是多少年以前？大約四十四年前了，當時我拿《心經》來讀，看這兩句話並不明白意思是甚麼，我就看一位老和尚的講記如何解釋，結果看了之後，比不看還要糊塗，這個講記對我沒有用。過了很多年之後方有剛才的理解，這是許多研究佛學的人未注意的。有一點要留心的是，你說「色即是空，空即是色」這種說法不是重疊嗎？例如你說「司馬遷是《史記》的作者」，又說「《史記》的作者是司馬遷」，這種結構是重複一次，沒有增加任何知識，第二句就只是重複。其實，倘若在同一脈絡下，你說「色即是空」就夠了，再說「空即是色」就多餘了。佛教的經文非常省字，不需要的語句最好不要用。這有兩點原因：第一點，經文是用來背誦的，愈短就愈容易背；第二點，當時所書寫的並非寫在紙上，而是寫在貝樹的樹葉上，這是因為貝樹的樹葉比較大片，硬度也強，印度人就把貝樹的樹葉摘下來，風乾後拿來當紙使用。中國古代也沒有紙，中國四大發明其中就有「蔡倫造紙」，造紙便是一大發明。蔡倫造紙以前並未有紙，字是寫在竹簡上面，而且需要用雕圖章的刀刻在竹簡上，所以文字在當時非常珍貴。貝葉也是如此，盡量不要寫多餘的話。所以《心經》說「色即是空，空即是色」，第二句一定有特別的意謂，不可能與「色即是空」是在同一個脈絡下說的，這樣就犯了重複的錯誤。這與今天不一樣，現今買紙很便宜，用電腦還不需要用紙，以前的環

境則不是如此。又例如說，你可以說「我叫顏銘俊」，你不會又再說「顏銘俊是我」，後一句是多餘的，你這樣說，別人會以為你有神經病哩，這是不需要的。現代人囉囉嗦嗦的，但以前文字並不是如此，像《論語》，裏面的文字很簡短，但意義卻中節恰當，孔夫子說「克己復禮為仁」，他解釋「仁」是用「克己復禮」，於是你就知道「仁」是要從「實踐」上來談，怎麼實踐呢？就是「克己復禮」，把自我意識盡量 overcome（克服），回復客觀的禮制標準。先秦儒學文字不多，往後發展文字就愈多，發展到宋明時文字就愈來愈多，朱熹文字就相當多，可能要讀幾年才能將他所寫的全部書精讀完。

蔡明儒：我想說「般若思想」所要處理的是「空」，所以接下來對於「空」也會做一些討論。「般若文獻」主要發揮的是疏通「空」義，它用不同的辯證方式來解空，如以《大般若經》作為代表，其中所提的「空性」觀念，與《雜阿含經》的「空三昧」有非常緊密的關係。所謂的「空三昧」，是透過觀察五蘊的無常性，從而於「五蘊」中抽離。這是一種禪定的工夫，在工夫論上，表現為對雜染的一切世間法的無執。由於「空三昧」有其工夫論意義，故「空」在起源時即是一種「實踐」的工夫。由此來說，我認為在《雜阿含經》時，「空」就是一個極具「實踐」意義的概念。牟宗三先生在《佛性與般若》中曾對《大般若經》有所評論，他說「般若」：「只是一融通淘汰之精神，一蕩相遣執之妙用。」故所謂「般若」即證「空」的智慧，由於一般人都會認為，一切因緣法都是有差別的。然而，之所以有差別相都僅是由於迷執，迷執於萬法

皆有自性，認為在現象的背後有「物自身」作為支撐，然而何謂「物自身」呢？牟宗三先生在《現象與物自身》中曾經引用康德的話說：「物自身不是另一個對象，但只是就著同一對象而說的表象之另一面相。」牟宗三亦說了：「智思物（本自物）可依二義定：一，它不給與于感性主體；二，它為純智所思之對象。」至於如何能感知到「物自身」，則需透過「智的直覺」，依康德，此直覺劃歸於上帝；依牟宗三，則我們在展露本體時，使自由無限心朗現時，能朗照物自身。那麼在一般的理解上，我們就會藉著「物自身」的概念以確立存在界的一切存有。而「般若智」就像「睿智的直覺」這樣的能力，它可以朗照物體的本質，使得本質呈現為空。在「般若智」的妙用觀照下，能體證一切法皆是因緣和合而生，彼此皆是在因果系列底下相待而生。

吳汝鈞：「般若智」就是觀空的智慧，「般若」或「般若智」不是觀照萬事萬物物理方面的性質，不是要探討它的「時間性」或「空間性」，它只是徹底的觀照事物的本質，這本質就是「緣起性空」。「般若智」所認識或所體證的只有一個對象，就是「空」。「空」就是無自性，這是佛教很特別的說法，放在西方基督教就完全不能這樣用。基督教說上帝，是要認識上帝，或者說要跟上帝面對面，face to face 的談話。這樣的活動在佛教完全不可能，因為上帝是大實體，是實體主義，是很明顯的自性型態，在佛教剛好是要否定的，實體是人所執著而來的，佛教的般若智就是了解萬物的本質是無自性的，無實體的。

蔡明儒：事實上，並沒有一個可以獨立不變的實體可以支撐現象

界。由此可知，人所生種種煩惱，都是由於自己心中有執念，由於想保住自己，想要確認自己存在於世間的價值，並尋求自己在世界中之位階，或是如何的分類、類別等等，故生許多計較心。故說「空」，是以反面的否定表述方式說明現象，其目的在「蕩相遣執」，泯除一切差別相。現象是假有，然而此假有因其無自性，畢竟不是真實，故當下即知一切實體是空，此種當下呈顯、直下証空，便開顯出無執的主體境界。吳汝鈞老師在《佛教的當代判釋》有說到：「使緣起的東西有當下的、當體的空或無自性的意味，而不經任何中介的東西、媒介。……對於那些緣起的東西，我們不必另做任何方式的處理，便知道其自身當體便是空的性格，直下便是空性。」這可說得上是「即法體空」。接下來我認為可以注意的是：「即法體空」的證空方法，固然是最易簡直截的，是一種頓的方法。然而，在般若文獻論證空的方式，並非全部都以直下是空的方式去說，許多都是透過辯證語言的遮詮以論證空義。然而，在這裏我有一些困惑，就是：透過辯證的詮說，這種落入言詮的表述方式是不是也可以說是一種迷執呢？或我們亦可說是為了體證空性的一種「方便權說」，這種方便權說其實也是為了要透過「實踐」以開出無執的境界。以下我就想透過討論「即非邏輯」與「四句自身」去梳理這個問題。

吳汝鈞：你這裏說「體證空性」是「方便權說」並不對，「體證空性」是究竟的意味，是即於諸法以體證終極真理。你當時是這樣想的嗎？

蔡明儒：老師，我想我的困惑在於──倘若就辯證的語言去說明空

性，但使用辯證的言詞已經落入言詮，藉著這個言詮去通向究竟，那麼這樣是不是還是落入另一種迷執？還是說它只是為了說明究竟之義才生發的言詞，這言詞是為了提供我們如何體證、如何去實踐終極真理才不得已而用的言詞，這樣的一種方便權說？這點是我不太懂的地方。

吳汝鈞：也可以啊！這是採取一種權宜的做法，權宜是一種暫時性的、工具性的，它並不是終極的、本質的，用一種假名的方式來做解釋，這在佛教語言中，常常使用。如上次所說的《中論》有一個很重要的頌，它說：「眾因緣生法，我說即是空，亦為是假名，亦是中道義。」把空看為假名，就是一種權說，其實終極真理是超越語言文字，一切語言都只是權宜，僅是一種權說，並非究竟的說法。究竟的說法是把種種語言文字都否定，不是通過概念、理論去體證終極真理，是要用生命去體證了解，這裏就有「直覺」的意味。所謂睿智的直覺（intellectual intuition）就是一種機能，讓你不需要通過曲折的方式，或是權宜的語言方式，就可以憑著睿智的直覺去體證空的本性。你這裏提出透過方便權說去體證空性，從下面的「即非邏輯」與「四句」去說也是可以的。當然，最恰當的方法，是以睿智的直覺去體證，而這個境界很高，不是人人都能做到。

蔡明儒：接下來我要討論「即非邏輯」。「即非邏輯」首先是由日本學者鈴木大拙針對《金剛經》的詭辯語言所提出的命題。鈴木大拙認為《金剛經》有其固定句式，即「如來說 p，則非 p，是名 p」。例如，《金剛經》所提及：「所言一切法者，即非一切法，

是故名一切法。」「如來說世界非世界，是名世界。」「如來說第一波羅蜜，非第一波羅蜜，是名第一波羅蜜。」「莊嚴佛土者，則非莊嚴，是名莊嚴。」「所言善法者，如來說非善法，是名善法。」由以上諸例，的確可以抽取其表達形式作為固定句式。此處如先就其材質內容而言，說「一切法」實屬有執的假名有，「第一波羅蜜」、「莊嚴佛土」則能開顯無執的真如實相。然此兩大類都可在同一句式中成為其材質內容，故此處可先暫不管此句式所指涉的對象，也就是說，《金剛經》藉此句式表述時，主要是考慮形式方面，並沒有指涉對象方面。由此回過頭來觀此形式，此處實含了三個步驟。首先，第一步是肯定（設為 p），此種肯定只屬於一般性提舉，是就常識的一般性了解。例如說，就眼前所感覺之事物，透過知性運用建立知識，故能了解事物一般之概念，然而此種對概念的肯定，實有可能是基於對自性的迷執而形成的。第二步「非p」則是否定，即否定原本的「p」，否定原本的「p」實際上就是否定一切法有其獨立實在性，故可說是空，然而此種空雖捨離一切，卻沒有進一步回歸於現象而說空，如此說來，此空是一種捨離，這種捨離雖然是「融通淘汰，蕩相遣執」（牟宗三語），但實際上還是必須回歸於一切世間法說空，如果這個「空」離開了一切世間法，那麼就只是一種空頭的「空」，這種「空」是平擺在世界以外說的「空」，那麼這種「空」對於人是無論如何都不可能顯豁其自身，讓人得以體證，反而成為偏空的執著，那就更不可能說甚麼「蕩相遣執」了。由此而言，還需要第三步的「非非 p」的綜合而證出「p」，也就是透過否定第二步的否定而得證出，此時第一步的「p」與第三步的「p」雖然表面上看起來是相同的「p」，實

際上意義已是不同。第一步的「p」只是一般性了解的「p」。但是，第三步的「p」實是綜合了第一步的「p」與第二步的「非 p」而得出來的「p」，此時已經是超越性的「p」，這個綜合實際上就是藉著前兩個步驟而「超越地」說的綜合。由此來說，此三個步驟實是透過肯定、否定、綜合三種思考，成為一套有進程的思考模式，並且須達致第三階段才能就世間法說空性。如將材質內容填入此句式以檢驗之：「所言一切法者，即非一切法，是故名一切法。」「如來說第一波羅蜜，非第一波羅蜜，是故名第一波羅蜜。」則前面的句例可以解釋為：一切法都是因緣起而存在，而此存在本身並無自性，所以否定此一切法的自性，則能無執於一切世間法；後一個例子則須解釋為：如來所說的第一波羅蜜，屬於證空的智慧，雖能照見實相，但也不能說是自性。自性根本是虛構的，連拆穿這種虛構性格的智慧，自身亦無自性可言。

吳汝鈞：這個問題其實很容易解決，你看「所言一切法者，即非一切法，是故名一切法。」在認識方面區分三個步驟、三個層次：第一個層次是「一切法」，第二個層次是「非一切法」，第三個層次是「一切法」。「所言一切法」是第一個層次，「是故名一切法」重複，那就不對。問題是這種表達方式與剛才所言「色即是空，空即是色」並不完全一樣。它是表示我們了解法、一般的事物有三個層次，第一個「所言一切法」是屬於常識的層次（common sense）；常識的層次是有執著的，譬如說你說這是茶壺，就把茶壺當作有自性、實在的事物，這便有執著在其中。第二步「即非一切法」是說茶壺是沒有自性的，這是關鍵的一步，它是從一般常識

跳躍出來，不再有執著，非一切法就是要否定一切法的自性，所以你用「辯證法」來解讀也可以。「所言一切法」是「正」，「即非一切法」是「反」，「是名一切法」是「合」。第一句與第三句說一切法意思就不同，認識的層次已經進入究竟的層次，是從常識的一切法通過你對自性的否定，就是「即非」，「即非」的「即」用得很好，「即」是「當下」，你看到茶壺，當下就否定它的自性，才了解茶壺，如此了解就知道這是沒有自性的茶壺，這便是正確的了解。如果沒有經過中間這個步驟，執著就還在。所以，第一個印象說這是一個茶壺，這有執著，執著茶壺有自性。於是再進一步，再認識說這不是一個茶壺，便知這不是有自性的茶壺，第二階段就是否定它的自性，等於是辯證法「反」的步驟。最後，又回到茶壺，說這是茶壺，但此時自性已被否定掉，所以這個階段說茶壺就不會再執著它的自性，所以，這便不是多餘。如果對此句有誤解，便會說第一句「所言一切法」與第三句不是重複嗎？都是講「一切法」，但是第三步是經過第二步的作用而得到的，第二步就是否定它的自性這一步。所以這表示有三重認識的層面或三個步驟的認識，才是正確、沒有執著、無自性的認識。

我舉一個禪宗的公案。有一個禪師到了覺悟的境界，他對自己的修禪或說是禪修經驗有一種反思，因為他對這經驗已經用了三十年的工夫。最初他看到山（mountain）跟水（river），了解到「山就是山，水就是水」，到了第二階段，他說「山不是山，水不是水」，最後階段說「山還是山，水還是水」。一般人看到這種說法，一定會覺得思考有問題，以為他有神經病，怎麼會說「山就是山，水就是水」，又說「山不是山，水不是水」，然後又再說「山

還是山，水還是水」呢？其實這是一種覺悟的經驗，最初「山是山，水是水」，把山水執著地來看，執著山、水是有自性，這是常識的看待，如此看待有甚麼問題？如果沒有問題，下面就不用再說，再說也只是重複、矛盾，跟第二句的說法是矛盾，跟第三句則是重複。但這是說他覺悟的心路歷程，第一階段看到「山就是山，水就是水」，看了十年，十年之後了解便不同。「山不是山，水不是水」，這個階段把山跟水的自性都否定。到了第三個十年，最後他說「山還是山，水還是水」，回到了常識的層面，但這種常識與第一階段的常識是不同的。第一個階段的常識是有對自性的執著在裡面，第三個階段的認知就沒有自性的執著。為甚麼沒有呢？因為經過第二個階段把自性否定，所以這個和尚的思考沒有問題，跟神經病拉不上關係。它是一種覺悟，覺悟一切法都沒有自性，就是「空」。禪宗用的語詞是「無」，「無」就是「空」，只是用字不一樣。所以說「禪修」或是修「般若波羅蜜」的智慧，否定、反動的「即非」是關鍵的一步，鈴木大拙才會用「即非」來破除我們對自性的執著，破除執著再回頭看山水，山水宛然，依然存在。般若思想了解事物是有兩個相，第一個是往相，又有還相，往相就是「山不是山，水不是水」，這是超越常識，遠離執著，到了更高的境界，可是「高處不勝寒」。蘇東坡不是有一闋《水調歌頭》詞嗎？王菲不是有唱過這首歌嗎？「高處不勝寒」是往相的問題，人與社會有了距離就會隔離，進入非常高的境界。可是愈高就愈冷，人也不見了，只有自己一個人，畢竟孤獨，不是完滿的，人生到了這種境界，孤立、孤獨。陳子昂不是寫了一首詩？「前不見古人，後不見來者，念天地之悠悠，獨愴然而涕下！」他哭了！一個人到

了這種境界居然要哭起來，是太寂寞啊。

　　金庸寫的小說，一個人練武到沒有對手的情況也是如此。《碧血劍》的金蛇郎君就是練武練到絕頂的境界，劍變成身體的一部分，可他的劍術太高，已經沒有對手能與他過招。另外《笑傲江湖》提到有劍俠已經練劍練到沒有對手，便把自己的名字改成求敗，他姓獨孤，於是名叫獨孤求敗，他要求給其他人打敗。一般人不會如此想，可是一個人到了這階段，其實很希望有人可以與他過招，就算被打敗也心甘情願，所以名字叫獨孤求敗，就是尋求別人來打敗他。這種想法是不是又有神經病？世間上哪有人希望自己失敗，希望自己敗在別人手下，有這種人嗎？其實，到了這樣高的境界便會有這種要求。這種人其實也很慘，把自己鍛鍊到這個階段，別的人都怕你，不敢與你交朋友，覺得高攀不起，於是這個人就會覺得自己很孤獨。這便是「淨土宗」所言的往相，往超越的方向發展，並不是完滿的境界，要再下來到「還相」，有往有還才圓滿。所以，「般若」思想或「修禪」經驗都是把修行分成三個階段，第一個階段就是學習。跟一般同學一樣，不論是念碩士還是博士都是在學習。第二個階段就是去除心裏面的執著，在學習裏面很辛苦，結果也不錯，在班裏面考試第一名。不過，考第一名也可能是一種執著，以後一定要考第一名，不然就會受不了，受不了失敗的結果，所以以後非要考第一名不可，就構成對第一名的執著，此時便不能輸，輸不起。其實，到了最高的境界，還要再下來。你有沒有參加馬拉松？

洪楷萱：有。

吳汝鈞：有沒有拿獎？

洪楷萱：沒有。

吳汝鈞：你跑甚麼馬拉松？那是幾公里？

洪楷萱：10K，十公里。

吳汝鈞：你跑多少時間？

洪楷萱：我跑很慢。我大概跑一個半小時。

吳汝鈞：你有沒有跑完？

洪楷萱：跑完了。

吳汝鈞：你要花一個半鐘頭才能跑完這十公里。拿冠軍的人常常不是在最初的時候就跑得最先的人，通常是跑在第五或第六的位置，到了最後關頭才發力。如果一開始槍一響就超前的，那生理、身體上就已經在耗力氣，為了要堅持跑到最前面的想法要用很大力氣，到了最後反而支持不住，沒有留下氣力，通常是給後面幾人超前，把他拋在後面。馬拉松通常是這樣，很少是一開始領先，最後拿冠軍還是他的，似乎沒有這種例子。

洪楷萱：冠軍通常是非洲人，速度都不太可能會慢下來。

吳汝鈞：非洲人可能也有好幾個。

洪楷萱：對啊。

吳汝鈞：他們是專門依靠跑馬拉松來生活的，他們跑遍全世界，甚麼地方有馬拉松他們就去參加，馬拉松有很好的獎金，拿了冠軍可能一兩年都不用上班，獎金就夠生活。例如說肯亞、剛果等等很多國家，都是瘦瘦的，譬如說有四、五個非洲人，最先跑第一位的人往往到了最後都被其他人超越。牙買加有一個運動員，連續幾屆北京、倫敦奧運都拿冠軍，我注意到他參加馬拉松，不到最後他通常不超前，他都緊緊跟著前兩、三名，直到最後七、八秒，才發力量，把原本前兩名的拋棄到後面，這是一種策略。所以修行有往相也要有還相，才能成正果。如果只有往相而沒有還相，在佛教裏面，只有二乘的境界，二乘也就是小乘，不能當菩薩，也不能成佛，因為只有往相而沒有還相。至於菩薩就不一樣，他有往相也有還相，菩薩到了超越的境界，已經達致往相，但他還是下來普渡眾生，這才是成正果。大乘佛教跟小乘佛教最大的不同就在這裏，小乘就只有往相，只能做阿羅漢。大乘佛教到達了往相的境界還是會下來，這就是還相，這一步才是完美的境界。有沒有問題？

石英：老師，獨孤求敗的境界是不是往相的境界？

吳汝鈞：就是啊！沒有對手了，沒有人敢與之交鋒，因為他的劍術太高，沒有敵手。

石英：如果他要達到還相他應該怎麼做？

吳汝鈞：這也沒辦法，這很慘，這已經到了沒有對手的境界，以劍與別人對決，已經不能要求有對手能與之競賽，所以他的心裏也不是很好過。例如：《碧血劍》裏的金蛇郎君、袁承志這些大俠，有

沒有看過？你們四川常常被寫進武俠小說裏面，有一部書是想像性很豐富的書。

蔡明儒：還珠樓主寫的《蜀山劍俠傳》。

吳汝鈞：對。在武俠小說界，大家都承認三個大師，第一個就是還珠樓主，就是寫《蜀山劍俠傳》出名的，香港導演徐克不是拍了一部電影叫《蜀山》嗎？《蜀山》就是從《蜀山劍俠傳》取名字過來，只要叫《蜀山》，大家都知道是屬於怎樣的片，一定是武俠片。第二個就是梁羽生，第三個就是金庸。金庸（查良鏞）是集大成者，他前一陣子還在劍橋大學念博士，但他不太能接受批評，他以為他的小說是最好的，沒有缺點。三十年前有一次，我們有一個聚會，金庸研究佛學，他為何這麼有熱情研究佛學呢？這是因為他有一個兒子在美國自殺，他很悲哀，心情很不好受，他不斷地在思考，怎麼兒子會自殺，怎麼會放棄自己生命呢？又怎麼會讓自己不好受，寢食不安呢？他要找出原因，找了一些宗教的書，起先是看基督教的書，然而沒有結果，求不到答案。後來就轉入佛教這方面，所以在當時他與一些做佛學研究的人往來。有一次宴會我與他在同席，我便跟他說我經常看他的小說，他微笑的回應，接著我就提到在《射鵰英雄傳》裏，郭靖幫一些歷史名將對抗元人，書是武俠小說，不一定要將歷史人物拉在一起，這樣武俠意味就變弱，於是他就不太高興。他也很會賺錢，他在 1959 年於香港創辦明報，社論就是由他寫的，一份報紙最重要的就在社論，他自己寫社論。寫一篇好的社論，非要有好的政治、經濟、社會、軍事等等的知識不可，都要有很高的學養才能寫得好，金庸便寫得非常好，我們念

哲學的人都很佩服，大家都在想：這麼一個武俠大師怎麼寫得出這麼好的社論？有這麼豐富的經濟學、政治學、社會學等幾個方面的知識？現在他當然不寫了。還珠樓主不在了，梁羽生前兩年（2009年）也逝去，所以金庸大概也有孤獨的感覺，沒有人能跟他比。還有古龍，古龍寫的東西都不爽快，拖泥帶水，他喜歡喝酒，於是就酒精中毒，喝多也中毒，中毒就完蛋。大陸有沒有出版《蜀山劍俠傳》呢？

石英：應該有。

吳汝鈞：你說你有看過這本書，是在哪裏拿到這本書？

石英：圖書館。

吳汝鈞：中央圖書館有沒有這本書？

顏銘俊：應該有啦。

吳汝鈞：他裏面的思考、想像力很強，他說劍俠挖地道，不斷在挖，不曉得挖了多久之後，竟然挖出一個洞口。你看他有多厲害，這是一個地球，這個劍俠挖出的洞口就是地球的另外一面，結果就打通了整個地球，還珠樓主有這麼大的想像力。你有沒有看過？

沈威廷：聽過名字而已，不知道內容。

吳汝鈞：那本書我還是偷偷看的，幾十年前我待的學校圖書館還沒有。我的室友有一次去旅行，他有一套《蜀山劍俠傳》，平常我跟他借他都不願意借給我，我等他去旅行，第二天我就拿來看，看了

幾天就看完，非常過癮，他比金庸的想像力還要高。你去找一本借來看一下。

蔡明儒：接下來要討論「四句」自身，四句是由不同的語句形式所組成。在《中論》中，有一首偈頗具典範，《中論》提及：「一切實非實，亦實亦非實，非實非非實，是名諸佛法。」此四句可以分解如下面所說。第一句指每一東西是真實，第二句則指每一東西不是真實，第三句表述每一東西同時是真實和非真實，第四句則說每一東西既不是真實也不是非真實。由以上四句分別來看，第一句是肯定句，第二句是否定句，第三句是肯定與否定的綜合句，第四句是肯定與否定的超越句。這可以看做四個命題，分別以符號表示：第一個命題是 p。第二個命題是非 p。第三個命題是 p · 非 p。第四個命題是非 p · 非非 p。若從符號邏輯來看，第一句 p 與第二句非 p 互相矛盾，第四句非 p · 非非 p 可以通過雙重否定而轉成 p · 非 p。然而此種抽譯的方式或亦可能陷入另外的困難。此四句語言邏輯可以用來描述真如，第一句 p，是從常識層次說真如，則人都在因果法則底下，沒有人能不受其規範。第二句非 p 則是說明一切事物的生起都是因緣法，無自性的，由此以說不實。前兩句表面上看起來互相矛盾。但第三句 p · 非 p 是從第一句與第二句一起綜合而來的，表示同時是真實與非真實，此並不相違背。即對於主體而言，人往往都是有其有限性，以此說實在，而一切緣起法都是因緣相待而生，並不是有其獨立實在性，以此說非實在。就此三句而言，第三句僅是就因緣法而說諸法空相，直到第四句非 p · 非非 p 則又否定真實與非真實，則立一詭辭說明超越的立場，即如說

「空」時，空也要空掉，不可以執著。就此而言，第三句與第四句還是屬於一個進呈的方式。般若文獻中「緣起性空」、「即法體空」的說法，已成為佛教共法，然而般若在證「空」義時，不少是從邏輯上入手，從各個面向討論「空」。而般若是從對世間法的觀照來說諸法因緣生，然而，如就「即非邏輯」、「四句」自身來說，此論證方式實可以說是工夫實踐上的進程，在此種以辯證的，透過遮詮的方式始得「般若智」的觀照下，穿越現象層，直達事物背後之真相，將一切宇宙萬物的詐現結果，回歸到明覺我的本質。

吳汝鈞：「四句」比較偏向「中觀」學的議題。人要突破背反，才有出路，如果無法突破背反，思考就是到此為止，不能再有進一步的發展。所以康德在《第一批判》有這個意思，我們的認知能力，只有感性的直覺與理論的理性，人的認知功能只有這兩種。這兩種綜合起來，人能認識現象，就是在現象層面認識事物。如果脫離了現象，也就是感性與知性所認知的對象如果不是現象，而是超越了現象的領域，譬如形而上學的對象：不滅的靈魂、自由意志、上帝存在，這些倘若用感性與知性或理論理性了解，只會引出背反。以知性與感性結合起來的知識論，並不能解決這種背反，於是就把形而上學的對象，也就是剛才所說的，上帝、自由意志與靈魂不滅，這些對象就交給實踐理性來處理，純粹理性或是理論理性無法處理這些背反。於是康德就提出辯證法說明構成背反的情況。這種例子相當多，東西方兩方面都有，在邏輯上是弔詭的思考、矛盾的思考，在東方有人提過，例如佛教有人提「煩惱即菩提，生死即涅

槃」。「煩惱」與「菩提」可以成為背反，「生死」與「涅槃」又
成為另一個背反，那麼你要如何才能解決這個背反？要解決「菩
提」跟「煩惱」所構成的這個背反，如以「菩提」為根本，以「菩
提」來克服煩惱，是不行的，我們不能將背反分開，分開成為「菩
提」與「煩惱」，以「菩提」克服「煩惱」，就可以保持「菩提」
這方面，「煩惱」這方面就被消解，不能這樣處理。因為「菩提」
與「煩惱」在存有論這個領域，它們的地位是對等的。「菩提」與
「煩惱」這種背反有兩端，一端是「菩提」，一邊是「煩惱」，地
位既然是對等的，就不能拿一端去克服另一端，只留下「菩提」，
捨棄「煩惱」，就進入只有「菩提」，沒有「煩惱」的境界，這種
說法是不通的。這跟「生」與「死」一樣，生死是一個背反，生、
死背反問題該如何解決？你不能把生與死分開，以生克服死，而達
到有生而無死的狀況。生跟死在存有論裏，是對等的，你不能只要
生這一面，而不要死這一面。道教所說的長生不死，從這觀點來看
待是不能成立的。道教的理想是要做神仙，這是不可能的。

　　在生死這兩方面，只要生不要死，有生而無死便可以成為神
仙，那麼就可以長生不死，這種思考是站不住的，因為生與死有同
等的存有論地位，你不能以生去克服死，只要生不要死。所以生跟
死是一個背反，要澈底解決生死問題，並不能把生與死分開、切
開，以生去克服死，要生而不要死，不能做這種處理，這種處理在
道理上站不住。因為生跟死在存有論上是對等的，所以我們不能以
生克服死，轉過來也不能以死克服生。故在背反裏，你唯一可以解
決的途徑，唯一的出路就是在生死的背反裏面做一種精神上的突
破，把生死的背反突破，突破之後就可以雙離生死。既沒有生也沒

有死，就表示超越了生死所涉及的相對的存在層次。所以生跟死不能分開，如果要解決生死問題，一定要從背反說，就是突破一切事物的背反，達到無生無死這種精神的境界。無生無死、不生不死當然不是指有些人犯了罪，又不招認，於是縣官施以殘酷的刑罰，讓他生也不能，死也不能，成不生不死的狀態，不是這樣。生跟死作為一個背反的兩邊看，總是結合在一起。要解決這個問題，便得在生死背反中求一種突破，突破以後就可以提升到絕對的境界，那就是無生無死的境界，如此便是覺悟。所以死沒甚麼可怕，有生就一定有死，接受了生也得同時接受死，這是逃不掉的。除非在精神有突破的表現，突破生死所構成的背反，就達到超越生死的相對性，或者說超越生跟死所構成的相對境界，在精神上達到絕對境界。絕對境界無所謂生死，所以如果在道理上能夠看得透，在這方面有一個很清楚的概念，死亡就不是跟災難相提並論的一回事。你怕不怕死呢？

沈威廷：怕。

吳汝鈞：我剛才所講，死跟本不用怕，既然接受了生，也一定要接受死，你享受生的快樂，也要面對死的恐懼，要面對，不要逃避，逃避是沒有用的。不要以為吃了道教所煉出來的仙丹就可以長生不老，從來沒有神仙出現過，起碼在地球裏，我們根據一切的紀錄，沒有發現有神仙這種人物的紀錄。從外星球來講就很難說，我們僅從地球來說，因為我們比較容易找到明證性。所以，人當然可以享受生存的快樂，同時也要接受死亡的結果，除非你突破生死所建構起來的背反。那也要講修養，如何能把生死的背反克服突破，在精

神上達到沒有相對的生，也沒有相對的死，這種絕對境界呢？京都學派的第二代弟子久松真一，1889 年出生，1980 年往生，算起來有九十一歲，相當長壽。到了最後病倒的時候，臥在床上。將死的時候，家人很悲哀，想到他快要死了便不停在哭，久松反而安慰他們，他說你們不要這麼悲哀，不用悲哀，我不會死的，因為我根本沒有生，有生才有死，沒有生，死就不成問題，講完之後便過世了。他的家人還是不太明白他的意思，甚麼是有生才有死，沒有生就沒有死，一個人倘若真的沒有生，那就無所謂死，也就不需要在死這方面感到悲哀。這是一種境界很高的說法，他已經突破生死所構成的背反，對他而言，他沒有生也沒有死，因為他已經超脫，生死的相對性已經被他超越，精神已經上提到絕對精神的境界，這的確是一種修養，一般人是不能如此做的。面對死亡，能夠克服死亡，大死一番，就像耶穌一樣。耶穌是怎麼死的？

洪楷萱：被釘在十字架上。

吳汝鈞：不過三天之後他就復活了，所以耶穌的境界是無所謂生死，他的身體釘在十字架上，過了三天他的精神又活起來，回歸到上帝的旁邊，以自己所遭遇到種種苦痛，所遭遇到的災難，用自己的寶血來洗乾淨世人的原罪。這便是道成肉身所完成的使命，使命完成便回到上帝身旁。耶穌是死在十字架上，但他還是永遠的存在，他沒有死，精神上沒有死。對於耶穌而言，即便是被釘在十字架上，血流乾而亡，這對耶穌而言只是完成使命，這是不可以避免的歷程，這是他必須接受的悲慘的結果。正是因為他有這種表現，結果，以武力、軍事來維持的羅馬政體，也還是被基督教所征服。

羅馬這個政權，一定有結束的那一天，結果羅馬帝國被解構，但是
基督教的信仰還是在一般人裏面發揮影響力，大部分羅馬人都成了
基督徒。久松所提到的，可以關連到耶穌來了解。

第五章 即法體空：
般若波羅蜜多的理解與實踐

鍾雪寧：老師，各位同學大家好，今天我要報告的部分是老師《佛教的當代判釋》這本書中的第八章：〈即法體空〉的最後一部分：〈關於般若波羅蜜多〉。這一小節的內容，主要是在說明：何謂「般若波羅蜜多」，以及要如何實踐「般若波羅蜜多」等問題。以下我將分成三個部分來跟各位報告及說明。

　　要談「般若波羅蜜多」（有時亦作「般若波羅蜜」），首先要回到般若文獻，即《般若經》（*Prajñāpāramitā-sūtra*）。般若文獻最關心的問題，是如何去看破我們所經驗的這個現象世界，然後從這個現象世界的各種事物中，去了解它們都是緣起、無自性的，亦即是先前同學報告中所提到的「空」。在佛教的認知裏，這「空」是萬法亦即是所有事物的正確的狀態，然而要認識這個狀態，要體證這個狀態，必須要有超越所有事物的外象，而直接認取其本質的一種超越智慧，這種超越智慧在《般若經》裏叫做「般若智」（prajñā），或叫做「般若波羅蜜多」（prajñāpāramitā）。要說明何謂「般若波羅蜜多」，需先了解「般若」這兩個字。「般若」是在大乘佛教中，菩薩要實踐修行的六種「波羅蜜多」的其中一項，

這六種「波羅蜜多」是布施、持戒、忍辱、精進、禪定、智慧六個項目，其中智慧一項，就是般若。「波羅蜜多」（pāramitā）這語詞在梵文裏有所謂完成與完全的意思，所以把「般若」及「波羅蜜多」放在一起，整個語詞來說，就是指一種完全的智慧，能夠體現這種完全的智慧，就能夠得到覺悟的境界，就能夠解脫！所以，我們可以這樣理解：所謂般若波羅蜜多，或所謂般若智，它的功能就是「觀空」，就是照見所有諸法萬相裏頭的那個普遍的本質，即所謂「空性」（śūnyatā）。所以，它可說是一種觀取萬物的緣起、性空的本質的智慧！而般若智的實踐與理解，正是整個般若思想裏最主要及核心的問題。

要了解般若波羅蜜多，首先要知道：般若波羅蜜多或般若智，是具有超越的性格的。所謂超越的性格是指：它與一般世俗智的認知方式或運作方式不一樣，一般世俗智在運作及認知事物時，是把現象界所有的事物當作一種目標，建立一種對象性，然後在我們所存在的這個時間與空間的形式條件裏，去認識或了解這些事物。這種認知活動，必須建立在一個主客二元對立的關係中，也就是說在這樣的認知活動裏，必須有一個能知的主體，跟一個被知或所知的客體。但般若智的運作就跟上述世俗智的運作不一樣，因為般若智是不涉及現象界這些事物的知識的，它直接觀取一切事物現象背後的本質，也就是空、無自性的普遍性格。正因為它有這樣的超越性格，所以菩薩在展現及運作這種智慧的時候，他眼中是沒有能認識的主體與被認識的客體這樣二元對立的格局，而是超越對立的格局，展現直接滲透、掌握事物的本質的一種能力。就連菩薩所瞭解到的這個「空」，本身都是無自性的、不可執取的一個概念。從上

述我們可以了解甚麼是般若波羅蜜，同時我們也可以了解般若波羅蜜是具有超越的性格。可是知道了甚麼是般若波羅蜜之後，最重要的是如何實踐般若波羅蜜，也就是工夫方面的問題。所以，接下來就要談有關般若波羅蜜的實踐，我將般若波羅蜜的實踐問題分成六個部分，這六個部分是參照老師書上引用《放光般若經》裏的一些原文，希望藉由這六個分項裏面所引用的引文，來說明般若波羅蜜多在實踐的過程當中的意義。

吳汝鈞：你這個初步的介紹很不錯！不過我們需要進一步從梵文文獻學來了解一下「般若波羅蜜多」或「般若波羅蜜」這個語詞，到底它在梵文裏是甚麼意思呢？般若波羅蜜多是梵文 prajñā-pāramitā 的一種音譯，我們依據它的讀音，把它翻譯成「般若波羅蜜多」。

我們先了解一下：「般若波羅蜜多」，梵文的原文是：prajñā-pāramitā，prajñā 就是「般若」，這個「ñ」上面有一條蛇，就是表示鼻音非常重。pāramitā 翻譯過來就是「波羅蜜多」，它原來的意思是完成、完滿，所以，prajñā-pāramitā 整個語詞的意思就是「完滿的、完整的智慧」。而 *Prajñā-pāramitā-hṛdaya-sūtra* 就是最簡單的一本般若文獻、《般若經》，也就是《心經》，這部經典是般若經典裏面最精簡的一本，只有兩百多字，很多人都背得出來。這部《心經》全名就是 *Prajñā-pāramitā-hṛdaya-sūtram*，hṛdaya 就是我們的心或心臟，每個人都有心臟、heart，prajñā-pāramitā 就是「般若波羅蜜多」，sūtra 就是「經」、「經典」的意味。要瞭解所謂 prajñā 這種「智慧」到底是甚麼樣的一種智慧？在這裏我們可以先做一個分別，我們先了解這三個名相：prajñā 就是「般若」，

vijñāna 就是「識」，而 jñāna 就是「智」。通常「識」與「智」是對反的，是屬於兩種不同的認知，vijñāna 就是我們通常講的那個「認識」、cognition，不過，這種「認識」，有一種虛妄執著在裏面，所以，vijñāna 是負面的意味，是不好的東西，是有「執著」的那種認知。vijñāna，因為執著對象是有自性、有一個實體的，因此，當事人所認知到的是一種邪見，不是正見，而且從邪見中會產生一些邪惡的行為、顛倒的行為。如果心裏面充滿著這種顛倒的見解，在行為上表現出顛倒的行為，結果就會帶來無盡的煩惱。煩惱的結果就是「苦」（duḥkha），煩惱是虛妄的，它會影響我們對事物正確的認知。一個人如果生活在這種煩惱的狀態裏面，那他的一生都會在苦痛煩惱中打滾，不能出離、覺悟、解脫，會一直在輪迴的生死海裏面翻滾，一代一代地翻滾。不管佛教或婆羅門教，都講「輪迴」（saṃsāra）這種生命的流轉。我們這一生是人的身份，如果你這一生沒有覺悟，得不到解脫，那你下一世還是要輪迴，下一生會變成甚麼樣的一種存在是不一定的，一切端看你所累積下來的業力如何。karma 就是所謂業力，如果你這一生累積下來的業力還算不錯，那你下一生可能會生在天界。譬如說：《西遊記》，你們都看過的。《西遊記》中描述孫悟空大鬧天宮，把王母娘娘最熟最美的蟠桃吃光的故事情節裏，就提到天上有很多的存在或眾生，像玉皇大帝、王母娘娘、太上老君，還有守住南天門的那些大將軍，那些眾生都是屬於天界的範疇，天界雖然比人界高一點，可是仍然無法脫離輪迴。如果你這一生做人做得還不錯，那你下一生可能還是投胎當人，輪迴就是以人的存在來生活。但如果你積的惡業太多，善業少惡業多，那你下一生就會以畜牲、餓鬼，以及地獄的

那些生物存在於世界，那是最低的幾種形態的存在。上述種種，基本上都與「識」有關，你的認知有執著，有顛倒的見解，從這個顛倒的見解會產生顛倒的行為，讓你感到苦痛煩惱，這種情況如果沒有改善，它就會一直繼續下去，得不到覺悟，也得不到解脫，輪迴就是這個意味！

　　講到這裏有沒有甚麼問題？（對著同學發問）那我問你（李哲欣）：你猜自己下一生會以甚麼狀態出現？畜牲、餓鬼、地獄，還有那些好勇鬥狠的阿修羅，以上這四種，你會是屬於哪一種呢？

　　如果你積德向善，那你下一生還是有機會成為天上的那些存在；如果你自暴自棄、犯罪累累，那你下一生就會很慘！，那你評估一下，你在下一生會成為甚麼存在呢？

李哲欣：老師，我是信上帝的！

吳汝鈞：上帝也沒用，耶穌也好，上帝也好，安拉也好，都是屬於天的境界，比我們人高一層而已，天界再上去，才有小乘的聲聞與緣覺，聲聞與緣覺已經超越輪迴的 circle，可以講覺悟，可以講解脫，再上去就是菩薩，然後再上去就是佛，這就是十界。包含四聖六凡，四聖就是佛、菩薩、緣覺、聲聞，六凡就是天、人、阿修羅、畜牲、餓鬼、地獄。做鬼也沒有好飯吃，所以就是餓鬼，做鬼也很慘啊！還要挨餓！你以為你是誰啊？下一生你會變成甚麼存在？你自己反省一下，看看是不是整天都想一些陰謀去害別人？或是損人利己？

李哲欣：沒有啊！

吳汝鈞：那還不錯！另外你還做了甚麼好事呢？例如在公車上有沒有讓座給需要的人？

李哲欣：以前有，現在沒有！因為目前身體受傷，無法久站。

吳汝鈞：我只問你有沒有讓座？有讓座就是有好心腸！

李哲欣：我也算身心障礙啊！不過我會衡量自己當時的狀態，如果可以的話，我會讓座，會視情況而定！

吳汝鈞：那你還是凡夫！就是凡夫俗子，一般人的想法就是這樣。

接著我們談 jñāna，就是「智」、「智慧」，這是專就般若智慧來講的，它有一個認知的對象，這個對象就是所謂的終極真理，也就是對終極真理有所了解的那種智慧。在佛教裏，終極真理是甚麼呢？每一個宗教都有他們所強調的終極真理，譬如：儒家，如果我們把它看成一個宗教，那它的終極真理就是「仁」。儒家談怎麼樣去行仁，怎麼樣去做才符合仁的標準，孔夫子在論語中談到如何行仁，行仁就是「克己復禮」！還有其他幾種講法，因為孔夫子對不同的學生來問如何行仁時，他會依各個學生的特殊情況而做不同的回應，其中「克己復禮」是比較有代表性的一種行仁方法。所謂「克己」的「己」就是自我中心，一切都是以自我為主，甚麼事情都要先考慮自己的利害關係，這就是自私，利己而不利人。所以若能把這種自私的心態克服，然後恢復「禮」，「禮」就是一種客觀的規矩，如果大家都能如此去掉自我中心主義，去掉以自我為中心的意識，用公道與公義的原理來生活，那這個世界就天下太平了！

《孟子》裏有一章節，提到孟子去見梁惠王的事，當時是春秋

戰國時期，很多人周遊列國，要說服那些諸侯，採用自己的見解來治國，孟子就是其中之一。當時孟子去見梁國（即是魏國，其首都為大梁）的梁惠王，梁惠王滿腦子都是利害關係的想法，他說：「孟老夫子你不遠千里而來，亦將有利於吾國乎？」（你那麼千里迢迢而來，對於我們國家是不是能有積極的貢獻？）之後孟子回答：「不要講『利』這個問題嘛！如果上至公侯，下至老百姓都講『利』的話，那整個國家就危險了！」，所以孟子提出「仁義」，要梁惠王以「仁義」來治理國家，當時那些諸侯一聽到仁義道德就感到頭痛，都覺得太不實際，無法很快看到效果。因此，不管是孔夫子或孟子，周遊列國都沒有結果，像孔子最後還是回到魯國教學生……。

　　那佛教的終極真理是甚麼呢？「空」？「空」是其中一種，是對真理的一種描述，那是印度佛學所講的，特別是般若思想與中觀學所講的終極真理。但另外一個宗派──「有宗」就不這麼強調「空」的觀念，它強調「有」──即「緣起」這種真理，就是諸法都是由很多條件很多因素聚合而成的。然後進一步講到中道，不特別傾向於某一個極端。例如說「空」是一個極端，「有」也是一個極端，所以，我們要以一種中道的眼光，來看種種事物，超越種種偏見，或者是邊見。後來佛教傳到中國，就開始強調「佛性」。因此，佛教一旦談到終極真理，各派就有不同的講法。

　　若把範圍拓展開去，則不管是佛教，還是基督教、回教、道家、日本的神道教，每一種宗教都崇尚一種真理。不過，這並不表示我們在這個世界上，所瞭解到的真理是有很多不同的種類，事實上，真理只有一種，只是我們表達這個真理的方式有很多種。

　　佛教一講到真理，就是指「空」、「有」、「佛性」、「中道」這些。而基督教講真理，它是講甚麼呢？

李哲欣：「上帝！」

吳汝鈞：上帝是真理的創造者，基督教的真理是「愛」。那道家講真理是講甚麼呢？

李哲欣：「無！」

吳汝鈞：應當是「道」、「自然」、「無」這些想法。

　　由此可見，不同的宗教對終極真理都有它自己的一種表達方式。接下來就要談這種真理如何去實現，因為真理不是拿來講的，而是要實現的。就是在我們一般的生活裏實踐那個真理。就如同一個基督徒有它實現的方法，一個回教徒也有它一種特別的方法，佛教、儒家、道家、日本的神道教，甚至現代所謂京都學派，大家都強調一種表達真理的方法，以及提出實踐真理的一個途徑或一種具體的做法。就算是同一個學派裏對真理也有不同的講法，譬如說，文天祥被蒙古人抓去。當時是南宋後期，蒙古人侵犯中原，從北邊打過來，文天祥是當朝的宰相，他的責任非常重大，可是他是一個文人，有骨氣但沒有戰略，不懂怎麼去打仗，結果被蒙古人抓去，關在燕京（即北京）一個監牢裏。文天祥不肯投降，蒙古人用盡千方百計來遊說文天祥投降，甚至給他一個最大的官位（即皇帝以下的那個大官的官位），他也不願意，結果被砍頭，就義於燕京。後來人們在他身上找到一張字條，叫臨刑衣帶贊，其中有說：「孔曰成仁，孟曰取義。」文天祥就是這樣理解的，他認為儒家的終極真

理在孔子來講是「仁」，在孟子眼中是「義」，所以這兩個大聖人他們表達真理不一樣，「孔曰成仁，孟曰取義，惟其義盡，所以仁至。」文天祥就是想把「仁」與「義」統合起來。

再舉一個例子，剛剛講過佛教、回教、基督教、道家、神道教，我們現在舉婆羅門教為例，也就是印度教，現在叫做印度教，以前叫做婆羅門教，其實都是一樣。婆羅門教如何講真理這個問題呢？大家熟知的甘地（Mahātma Gandhi）——他領導印度民族抵抗英國，最後讓印度脫離大英聯邦而獨立，他就是印度教徒。

各位知道甘地的信仰是甚麼？

問：你知道甘地嗎？

林鳳婷：我只知道他領導印度人民進行不流血的革命。

吳汝鈞：甘地這個人很奇怪，他採取以退為進的作法，他要革命，可是他又不提倡流血。通常你要革命就非要流血不可，像譚嗣同這個「六君子」，他們要一起改革中國的制度，他們要革命，最後卻被清政府那些人包圍，雖然他還有機會逃走，可是他說：「我不走，要革命就要流血，我譚嗣同就要做這個榜樣。」最後被抓去砍頭。所以你要革命但又不要流血，幾乎是不可能的！不過，甘地做到了。甘地以一種完全不用武力的和平方式，來激發印度人的精神，就是要獨立的那種精神。而且他很有耐性，慢慢來，也不急，以虛懷若谷的那種精神領導革命，這種德行可說是一種大愛，也可以說是一種犧牲、忍辱。為甚麼這麼說呢？我舉一個例子，大家就明白了，因為印度教跟回教一直都是相對抗的兩種宗教，印度人信印度教，巴基斯坦人信回教，所以這兩個國家的人常常有衝突，例

如印度發展核子武器，巴基斯坦也不甘示弱，也發展核子武器。

回教徒與印度教徒也經常打架、爭吵，有一回，一個印度教徒的兒子，被一位回教徒殺掉了，這個印度教徒覺得非常痛苦與煩惱，無法讓心情安定下來，吃也吃不下，睡也睡不著，就好像整個生命都被那把憤怒與復仇的火燃燒起來一般。有人勸他說：「你怎麼不去請教聖雄甘地呢？」，這個兒子被回教徒殺掉的印度教徒接受建議，真的去問甘地怎麼解決對他而言的這一種災難。結果甘地跟他說：「這很簡單，你去收養一個回教徒的孤兒，把他當作自己的兒子來扶養，懂不懂？」甘地提出的方法竟然是勸那個印度教徒不要報仇，反而要去收養一個回教徒的孤兒（沒有父親沒有母親的一個孤兒），然後把他當成自己的兒子扶養長大，這事情好像在《甘地傳》裏有記載。當我讀到甘地的這一番話，他的那種所謂巨人的形象，就在我面前顯現出來。事實上，他真的很厲害，通常一般人都是：有仇不報非君子，仇是一定要報的。可是這些宗教之間的衝突的問題，不能用報仇來解決，或者說人與人之間有問題的時候，不能以武力來解決，甘地所提出的這種方法：回教徒殺掉了你的兒子，你就收養一個回教徒的孤兒，把他當成自己的兒子來扶養，這就是寬恕。甘地就是以寬恕作為做人最高的一個原則，一定要這樣做，因為，有這種寬恕的心懷，兩個宗教之間的衝突才能徹底解決。

所以，這裏有一個象徵意義，也就是象徵人與人之間要寬恕，唯有寬恕才能維持人與人之間的友好關係。不能採取報仇的方式，因為「冤冤相報，何時了」啊！假使甘地勸那個印度教徒去把那個殺他兒子的回教徒殺掉，結果那個回教徒的朋友，很可能又回頭來

把這個印度教徒殺掉，這就是冤冤相報。所以甘地勸人要「以德報怨」，這比孔子還要高明。因為，有人問孔子：「人家對你有怨，該怎麼解決？」孔子說：「以直報怨，」但這還不能達到寬恕的標準，「以德報怨」才是真的寬恕，也就是甘地的精神！

石英：孔子說「以直報怨」，如果「以德報怨」的話，那以甚麼報德呢？

吳汝鈞：那是人家的事啊！你如果給一個壞人欺負了，你不跟他報仇，反而在他有災難的時候去幫他脫離那災難，這是「以德報怨」，但是那個人要怎麼做？這就不關你的事了。換言之「以德報怨」本身就是一個目標，不是「以德報怨」以後，還有其他想法，例如：希望那個人怎麼來感謝你！

石英：我的意思是別人對我們的怨，我們以「德」報了，那別人對我們的德（也就是恩惠）我們拿甚麼去報呢？

吳汝鈞：以德報德啊！以直報怨，以德報德，這是孔子講的！若是甘地，就是以寬恕來報怨。不過很可惜的是，後來甘地居然被一個印度教徒斃死，那個人是一個瘋子，他因為心中充滿了對回教徒的仇恨，而且這仇恨不斷地燃燒他的生命，因為甘地要與回教修好，他就衝動地跑到甘地出現的地方，並且想辦法靠近甘地，然後用一把手槍射殺他。但是就算是這樣，甘地他那種寬恕還是繼續維持，他勸他的左右屬下，不要為難這個印度教徒，這就是以德報怨。甘地寬恕他，因為他相信他會後悔，他會對自己的這種很壞的行為反省、後悔，後來這個印度教徒怎麼樣，我們也不知道，不過，這應

當有歷史可以查……。

關啓匡：老師，您提到甘地的例子，我有一個問題想請問一下，就是關於甘地的生命型態。據我所知，他好像還是有一點瑕疵，雖說他作為印度的民族英雄，有一個無私的心態，可是他的兒子對他有很大的控訴，因為他的兒子認為甘地不是一個好的父親，沒有給他父愛。所以，當甘地做為一個無私的人的時候，他對他的家人卻沒有一種屬於家庭的感情，從這一點來說，甘地是不是也是有他的有限性呢？

吳汝鈞：你要成就一件偉大的事情，有時候就得付出代價。甘地要成就他那種偉大的事業：為印度的和平、民主、自由來進行一種革命，而且是不流血的革命，他就要付出代價，其中一個代價就是跟家庭的關係疏遠了。因為他也是人，不是上帝，他對他的國家好，對老百姓好，難免忽略了他的家人。如果甘地是神，那就不同，神可以每一方面都照顧到，但甘地是一個人而已。除了兒子，他連老婆都疏遠了，不跟她談情說愛，而且獨自睡另外一個房間，所以，對他的老婆而言，甘地不是一個好的丈夫。

趙東明：去年美國有一個曾經隨侍甘地旁邊的女記者出了一本傳記，書中說甘地在三十幾歲時，發願要終身反省……他不跟老婆睡，是因為他父親過世時，他正跟太太親愛，他非常慚愧：當他父親死亡時，他正在做那樣的事。但比較爭議的是，該女記者在那本傳記最後面講到：甘地在晚年的時候，常常跟女孩子一起睡，包括跟他的姪女。後來有記者問他，甚至印度總理問他時，他則說是為

了試驗自己反省的定力。這個事情應當是真的，倒是當時引起一些議論，在此提供給老師及同學參考。

吳汝鈞：這也不錯，如果我是他老婆，我會原諒他。我們中國人不是常說：「忠孝不能兩全」麼？甘地是一個凡人，他也有他的限制。談到上個世紀，我最佩服三個人，一個就是甘地，一個就是Albert Schweitzer（史懷哲），他是一個醫生，他到非洲去行醫，也拿了幾個博士學位，最後還死在非洲，他可以說是無國界醫療的典範。另外一個就是 Mother Teresa（泰瑞莎）。這三個人是我最尊敬的，他們都不是中國人。

　　我們回到「識」與「智」的分別。在唯識宗裏強調「轉識成智」，就是要轉化這個虛妄的認知，把這種虛妄的認知轉為一種清淨的智慧，唯有這樣做，才能覺悟、解脫。其實這跟「克己復禮」也有一點關係，就是內在的聯繫。我覺得「克己復禮」與「轉識成智」兩者之間有對話的空間，因為這種「識」，本身就有一種我執，有一種執著的心在其中，我們在生活當中有很多的執著，最嚴重的執著是甚麼？

瞿慎思：貪瞋癡的「貪」。

吳汝鈞：「貪」是講煩惱，還沒執著到那個程度，執著是很嚴重的。人在平常生活裏面有很多執著，最嚴重的執著，也是最難解決的那種執著，就是「我執」，這個「我執」就是「克己復禮」中的「己」呀！。「我執」的思想背景就是以自我為中心，以「自己」為最重要，一切都以自己的利害來考慮。

瞿慎思：「克己復禮」中的「禮」是講「仁的實踐」嗎？

吳汝鈞：「克己復禮」中的「禮」是一種客觀的規範，不一定是某一種儀式！

瞿慎思：可是「轉識成智」的「智」是一種超越性格的，與「克己復禮」的「復禮」不一樣？

吳汝鈞：「轉識成智」的「成智」，是一種宗教的活動，而「克己復禮」的「復禮」是一種道德的活動，兩者差別就在這裏。可是不管是宗教或道德，你心中的私慾與私念，還是要克服，不然就成不了佛，也得不到解脫！「克己復禮」是道德的講法，「轉識成智」是宗教的講法。那我們可以再問，宗教與道德哪一個比較基礎、基本呢？我們通常都肯定宗教行為與道德行為，但我們可以提一個問題：宗教與道德都是很崇高的活動，可是宗教與道德，到底哪一方更有根源性呢？

吳嘉明：道德！

吳汝鈞：你說道德更有根源性，那要怎麼講？

吳嘉明：如果從康德的哲學來談的話，他會認為人的智思心中有一個道德法則存在，上帝的存在對他而言只是一個設置而已。

吳汝鈞：康德是有這個意味，他是要用道德來對治信仰的問題，所以他寫《第二批判》。就是從第一批判講認知（Erkenntnis），講到實踐理性（praktische Vernunft），再一方面講道德的問題，說

道德更有根源性。那是康德的講法，這沒錯。可是我們是不是接受康德的這種講法，認為最後宗教的種種問題都可以還原為道德的問題？或者說道德比宗教更有根源性？這很難做一個判定，因為宗教跟道德在我們日常生活中，扮演著非常重要的角色。我們可以再問：宗教與道德這兩者有沒有衝突？如果有衝突的話，我們要以哪一邊為依據。宗教信仰是好事，道德行為也是很高貴的，我們應當尊重，但到了某些情況下，你只能走其中一條路，走宗教或選道德，不能兩條路一起走。你不能左腿走宗教這條路，右腿又走道德這條路，你不能分開啊。那就到了最關鍵的時刻了，到底是要宗教還是要道德？這題目可以寫一篇博士論文，寫一本大書，論宗教與道德的關係。事實上也沒有一種一定要我們尊奉的講法，有人認為道德是最有終極性，最 fundamental，也有人認為宗教才是最崇高的。

　　我舉一個例子：當代新儒家，特別是唐君毅，不曉得大家有沒有看過他的書？唐君毅有一本早年的代表作：《文化意識與道德理性》，上世紀五十年代寫的，在最後結論的部分，他說：人的一切文化活動，都基於「文化意識」，你如果沒有這個「文化意識」，你就不會有文化活動。所以，牟宗三當年在唐君毅的追思會上，他就提到：唐先生是文化意識宇宙的巨人。那表示他非常強調文化意識，那本書就是講「文化意識」與「道德理性」的關係。他的結論就是：一切文化活動，都是從文化意識出發，而文化意識的基礎在道德理性。他這樣一講就很清楚，就是：若從 ultimate、最終極的層次來講，道德還是比宗教更有根源性，因為宗教還是一種文化活動。唐君毅的《文化意識與道德理性》這整本書都在講這個意思，

他的立場是道德理性的立場。所以你看他最後的著作《生命存在與心靈境界》，他把儒家放在最高位：「天德流行」，然後把佛教放在低一點：「我法二空」，然後才是基督教：「歸向一神」。他的判教是這樣判的，他作為一個新儒家重要的人物，還是覺得道德比宗教更有根源性。這一點，跟京都學派剛好相反，京都學派所持的觀點是：道德先要崩潰，宗教才能成立。也就是說：宗教存在於道德的崩潰裏，因此，宗教比道德更有根源性。這裏面包含著一個意思，就是一切的相對性，也包括道德這種相對性在裏面，要被超越，一旦克服了這些相對性，才能講覺悟，講解脫。換言之，覺悟與解脫的基礎在於相對性的消失，沒有善惡的相對性、沒有美醜的相對性，宗教才能建立起來。

不過，我想道德與宗教兩者也不需要發展到這種程度才能建立起來，也就是宗教不需要等到道德等一切相對性都消滅了才建立起來，宗教與道德可以同時進行，不需要為了一方就得犧牲另一方。也就是說：道德跟宗教可以並存，那個界線不必分得太清楚。例如王陽明《四句教》說：「無善無惡心之體，有善有惡意之動，知善知惡是良知，為善去惡是格物。」王陽明講的這個「無善無惡心之體」，這個「心」可以是道德心，「無善無惡」就是強調人不要有善、惡相對立的分別心，這種道德心是可以建立起來的。這與六祖慧能的《壇經》也有相通的地方，六祖否定善惡的相對性，認為「不思善、不思惡」，《壇經》裏就有這樣的說法。王陽明提出「無善無惡心之體」，是指行為發出之前，就有這種「無善無惡」的無分別心，「無善無惡」是要去掉善惡的分別心，然後才可說是「心之體」。也就是說我們的心的本質，是超越相對的善與惡的。

所以，講善惡其實有兩個層次，一是「有善有惡」，一是「無善無惡」，其中「無善無惡」當然是超越「有善有惡」，就是將善惡這些意識都忘掉了，那才是真正的善，止於至善啊！「止於至善」是哪本經典所講的呢？就是《大學》。若是認為要有善、惡的分別，才能在行為裏面捨惡而從善的話，那麼這種意識可以說是已經落在下一個層次，而最上面那個層次應當是「無善無惡」，就如同《壇經》所講的「不思善、不思惡」。

所以，佛教提出人要消除善惡的分別心，宗教的實踐才能開啟。「不思善、不思惡」跟王陽明講的「無善無惡」不是一樣嗎？可是《壇經》是佛教的，王陽明是儒家的，所以到了這個階段就很難區分了，這是到了要實踐的地步。若在言語上爭來爭去就沒有意思了。總之，你做一件善事，應該純粹是以一種良心出發，從一種同情心出發。譬如說幾年前四川大地震死了很多人，房屋也倒塌了，要靠外援，台灣這邊也捐了不少錢。如果有一個人捐錢去援助災民，但他有一個善惡的心，這個就不純、不好，例如希望自己的大名能夠出現在報章上面，讓所有的人都知道，這種作法，就不是「無善無惡」，而是「有善有惡」了，亦即是有善惡的分別心！我們在學術問題的爭論上面，可以講很多很多，可是到實際上做的時候，你是不是能到達「無善無惡」的那種境界，就很難說。

有些人很有錢，他捐了一筆錢給政府或教育部，讓教育部去蓋一所大學，那所大學就以捐款人的名字做為大學的名字。他捐錢時有一個前提：我捐錢給政府建立一所大學，這個大學要用我的名字，這筆錢我才捐出來。是不是常有這樣的事呢？香港中文大學本來有三間學院（college），有「新亞書院」、「崇基學院」、「聯

合書院」，然後有人捐一筆巨大的款項，來開第四個書院，這個書院就用他的名字——「邵逸夫」。

趙東明：他們學校也有一個大樓叫「邵逸夫樓」。

吳汝鈞：是啊！他捐錢蓋一座大樓，你要用他的名字作為大樓的名字，這就有一種名利心在裏面，這也是一種我執，香港就是這樣。邵逸夫捐一筆大錢，給香港中文大學蓋一所新的書院，名字就叫做「逸夫書院」，這是「有善有惡」，不是「無善無惡」。以後你發達以後，你如果要捐一筆錢給政府，譬如要建一所老人院，你不要有這個條件：我是某某某，捐一筆錢給政府，建一個老人院，就叫做「某某老人院」。你千萬不要有這種想法，你一有這種想法，就不是「無善無惡」了，就是「有善有惡」。說到諾貝爾獎（Nobel Prize），也是拿「Nobel」的名字為名，他捐了一筆鉅款，結果這個獎的名字就以捐款人的名字為名；相同的，邵逸夫也是捐了一筆很大的款項，也叫「逸夫獎」，那個獎金數額好像跟諾貝爾獎差不多。就像東方的 Nobel Prize，之前一向都只有西方的諾貝爾獎，現在「逸夫獎」就是東方的 Nobel Prize，然後他就指定哪幾個項目可以拿獎，凡是諾貝爾獎有的項目都不放在裏面，因為已經有 Nobel Prize 了，這個獎只頒給某幾個領域的人，像是物理、化學、醫學、經濟學、文學，還有一個和平獎，劉曉波拿到的。而「逸夫獎」不設這些獎項，因為已經有 Nobel Prize。「逸夫獎」設有數學獎？還是人文獎？反正就是有幾個大獎。

鍾雪寧：接下來我們從第三部分般若波羅蜜多的實踐開始講，在這

個章節裏面我把它分成六點，這六點都是講：般若波羅蜜多的實踐，都是在一種：「諸法皆無自性」的脈絡之下，去觀照所得出來的結果，從這裏我們可以知道在般若波羅蜜多的觀照下，所得到的智慧或意義是甚麼。

　　第一項是般若波羅蜜多的「無所逮覺」，這裏的「逮覺」在字面上的解釋是「對事物達成理解」，「不逮覺」就是「對事物不能達成理解」，這是從一般世俗的二元對立的觀點來說的，在二元對立的基礎上，通常會有一個認識的主體，所以對於客體的認識就只有「逮覺」跟「不逮覺」，也就是「能夠達成理解」與「不能夠達成理解」這兩種情形。

吳汝鈞：你這個「逮覺」與「不逮覺」有甚麼文獻學的根據啊？

鍾雪寧：這是引用老師書上所收《放光般若經》的原文（《佛教的當代判釋》p.248-249）：「菩薩行般若波羅蜜者，亦不念有法合與不合，等與不等。所以者何？以不見法合，亦不見法等。是為應般若波羅蜜。菩薩行般若波羅蜜者，亦不念我當疾逮覺法性，亦不不逮覺。何以故？法性者，無所逮覺，是為合。」（《大正藏》8・6下-7上）

吳汝鈞：這一段引文是說：我們對這個法性有一種「合」的關係，就是「契合」。你能夠契合那個法性，可是你不是把這個法性當成一種對象，例如眼鏡、手錶一般東西，你對它有一種了解，而這種了解是帶有一種覺性在裏面，不是光是對外形的一種了解，而是跟它合成為一體，亦即你不要把這個法性或終極真理看作為一種對

象，終極真理是超越一切對象性的。有對象性的那種認知是「逮覺」，沒有對象性的認知是「不逮覺」，就是「合」，就是你跟所要了解的客體的法性，有一種超越相對性的契合。通常我們講終極真理，不會把它當成是我們日常生活所碰到的那東西，不會把它看成一種對象來理解，而是跟它有一種契合。這主客關係被突破與超越的那種關係就是「合」，應當是這個意思！

鍾雪寧：上述第一點，就如老師所說，當主客契合為一體，般若波羅蜜多就是一種「無所逮覺」，因為它沒有一個對象性要去逮覺，因為他們已經融合、契合成一體。所以般若波羅蜜多在運作觀照的時候，是破除對般若智的我執，也就是沒有相對的主體存在。

　　接下來的引文中，所謂「不念有法合與不合」，這裏「法合與不合」與老師剛才說到的「契合」又是不一樣的意思，老師剛才說的「合」是指「契合」，這裏的「不念有法合與不合」中的「合」是指「相同」，「不合」是指「相異」。一般的世俗智認識事物的時候，看到事物跟事物之間只有兩種關係，就是完全相同或完全相異，因為在世俗智的認識裏是把每個物體認為是有自性的獨立的存在，所以就有相同與相異的兩種情形；但是在般若智的觀照之下，因為它可以觀照到一切事物本質上的緣起性、空、無自性的那一方面，所以事物跟事物之間，就有可能出現相同、相異，與第三種關係：「部分相同部分相異」。因此，第二項中所要講的是：因為般若波羅蜜多能夠了解諸法的無自性，所以在它的觀照中，不會有法合與不合的問題，因為它知道這其中有第三種情形。如果只觀照到法有合與不合的問題，這是在有自性的邪見下才會產生的，所以在

第二項裏，要跟大家說明的是：般若波羅蜜多在觀照時是破除物體自性的法執，就是說法本身是無自性的。

　　第三點，「般若波羅蜜多」的「非別」跟「非合」是講諸法的「法」跟「法性」的關係。「法」是屬於個別的、經驗的，而「法性」是屬於普遍的、超越的。「法」與「法性」不是完全的不同，也不是完全的相合，上面提到「非別」跟「非合」指的是「法」跟「法性」之間的一種「相即不離而又不混同的關係」。這種關係應當這樣來看，就是：「法性」是「法」的性格，「法性」不可能離開「法」而存在，要了解「法性」的時候，要從「法」去直接觀取，離開了「法」，沒有了這些現象，我們就不可能得到「法性」的了解，這就是它們相即不離的關係。可是「法性」與「法」又不混同，因為「法」是現象，而「法性」是本質，它們兩者是屬於不同層次的，所以它們是不能混同，而是有其截然分明的一條分別的界線存在。因此，在般若智的觀照中，可以同時解決與理解「法性」的普遍性跟「法」的特殊性，而且對於「法性」與「法」兩者，都不將其視為有自性的獨立存在的東西，而是明白它們都是無自性的存在。

吳汝鈞：在這裏要補充一下：般若波羅蜜多作為一種直觀的智慧，跟我們一般用認知心來了解對象在型態與作用上是不同的。我們一般了解事物是在一種主客對立或對比的架構下來理解的，可是我們要了解「法性」或是終極真理，就要打破主客對立的分別的關係，從現象（例如一個茶杯）滲透到它的本質內裏，超越了我跟杯子的主客關係。一般我是「主」，它是「客」，兩者分得清清楚楚，這

是我們一般了解事物的方式。可是般若智了解事物，是突破了現象性，滲透到本質的那一層來了解，這也就是「合」，也就是我們了解「法性」的方式。所以，在這方面我們可以做進一步區分，例如：對於一個對象，我們通常可以從兩面來講，對象的外形與作用是一個層次，若向裏面滲透進去，接觸到它的本質，則是另一個層次。亦即我們對一般的對象，可以有現象的了解，也可以有本質的了解，而本質的了解，通常就是「法性」的了解、「空」的了解。如果用康德的哲學來講，就是「物自身」的了解，而不是作為一種現象來了解，這一點非常重要。另外一點就是：康德所講的「物自身」中所謂的睿智的直覺，跟般若智是否有所不同，或是一樣呢？如果我們從這個問題來探究的話，那麼對於一般認識論的問題，就可以有比較深入及徹底的了解。

從康德來講，我們了解這個茶杯，通常是通過我們的感性、知性來了解，感性、知性就是我們一般了解對象的兩種能力。感性是通過直覺來了解，知性是用概念來了解。可是，康德也講睿智的直覺（intellectual intuition，intellektuelle Anschauung）。這種了解就是以睿智的直覺去了解「物自身」，它同時也創造了「物自身」。所以，從這個角度來看，這個「intellectual intuition」不光是對對象認識的一種能力，同時也是對象成立的存有論的根據。亦即此對象或「物自身」的存在，是由我們睿智的直覺所給予的，康德在此提到睿智的直覺，通過這種直覺，我們可以滲透到對象裏面來了解對象的本質。這個對象如果從佛教來講，它的本質就是空、沒有自性。可是從康德的情況來說，這個茶杯，它的「物自身」的存在，是由我們睿智的直覺所給予的。所以，此對象在我們的心靈中，有

存有論的根據。可是般若智就不是這麼一回事了，般若智只是觀照這個事物的本質——「空」的本質，可是它不提供對象的存在性。所以，康德的睿智的直覺是有創造性的，它創造了「物自身」，可是般若智雖然超越相對的層次，從相對的層次提升上來，滲透到對象的本質，但兩者之間是有分別的，很多人都搞混了，以為般若智是認知事物的空性，是認知事物的本質，而康德睿智的直覺也是認知事物的本性或本質，只不過康德把它稱為「物自身」（thing-in-itself）。但他們忽略了很重要的一點，就是康德所講的睿智的直覺，有一種創造的能力，創造「物自身」，所以，睿智的直覺一方面能夠讓我們了解對象的「物自身」這個面向，同時，它也創作了「物自身」這種存在，這是非常重要的。可是般若智不是這樣，它只是了解事物的本質，從佛教來講就是「空」的本質，這個般若智只有觀照的作用，沒有創造的作用。所以我們在談比較哲學時，不能隨便說這兩方面有相似的地方，他們只是在認知上的某一個面向是相似的，但另外有不相似的地方。這點大家通不通？通了的話，在思考上就能跨進一大步，這是我們在判別佛學與康德哲學不同的很關鍵性的地方，也才能了解在哪一方面彼此有對話的空間，在哪一方面我們要弄清楚它們的區別。

我們說這個茶杯作為一個對象，呈現在我的感官面前，我們可以看到它的外形、顏色、硬度，聽到聲音，並拿來喝水，這是外形與作用。但關於它的本質，你要超越它的相貌、作用（這相貌與作用都有它的相對性），直接滲透到它的本質內裏，那就是講這個茶杯的存在性。或者說從它自己的存在性來講，這睿智的直覺跟般若智對於這存在性有甚麼關係？

吳嘉明：如果我們從所謂般若智來看事物的本質時，我們只是透過一個自我主體性的觀照去看這樣的一個事物，那所透露出來的本質，我們只能理解到它是「空性」的，但是不涉及其他構造性或創造性，這個是般若智的部分。若從康德的「睿智的直覺」來看的話，在涉及到事物的本質的時候，還可以理解它的構造性與創造性。

吳汝鈞：沒錯，講的對：就是一個有創造性，一個沒有創造性。般若智只是觀照而已，不能創造，睿智的直覺能創造，當然也有對對象的了解，也就是說，它一方面創造事物的「物自身」，同時也能夠認知這個事物一般的性質。不過，如果我們再進一步探究，其實，康德自己也沒有很清楚說出來的部分就是：康德所講的睿智的直覺，不是一種感性的直覺，不是通過我們的感官來認知對象的內容，而是它所認知的這個對象，基本上是對象的「物自身」，可是康德的睿智的直覺畢竟不是感性的直覺。因此，上帝有此睿智的直覺來了解對象的「物自身」，可是上帝沒有我們人類那種知性與感性，後二者只有我們人才有，上帝沒有。但是，上帝有睿智的直覺，能創造事物的「物自身」，而我們人卻沒有，根據康德的看法就是這樣。總而言之，我們對這個對象，有兩層認知，一層是在相對層面，我們認知它的外形跟作用，另外一層就是它的「物自身」。要了解它的那種現象性，要靠感性的直覺，要了解它的本質或「物自身」，要靠睿智的直覺，而我們人只有感性的直覺，沒有睿智的直覺，這個直覺只有上帝才有，這是康德的意思。然而，雖然上帝有睿智的直覺去了解這個對象，可是上帝沒有感性的直覺，所以上帝

認知這個對象跟我們認知的不一樣，我們是認知它的現象的那一面，就是它的外觀與作用，我們只能這樣了解。但上帝不會了解它的作用與形狀，祂是直接了解它的「物自身」，此乃人與上帝不同的地方，這是康德的講法。

　　如果從東方儒家、道家、佛教來講，就不是那麼一回事，也就是與康德講的有所不同。像牟宗三先生就認為，我們人也可以培養出睿智的直覺，只要修行就可以，但如果你不修行，就沒辦法培養出來。所以，一般人若沒有經過修行，他只有感性的直覺，沒有睿智的直覺，但是他擁有睿智的直覺的「潛能」（potential, potentiality），你要把潛能轉化為一種實際的能力，這要有 practice，要有工夫去實踐，才能培養出睿智的直覺。儒家、道家、佛教都是這樣說的。根據牟宗三的講法，可知人跟上帝是不一樣，從康德的看法來講，我們人有感性的直覺，沒有睿智的直覺，上帝有睿智的直覺，沒有感性的直覺。如果根據牟宗三解讀的東方的這幾個大家之後的說法，就是說：我們人本來就有感性的直覺，這是不需要培養的，我們用眼睛、耳朵、鼻子、舌頭，都可以了解到東西的性質，至於我們人所沒有的睿智的直覺，則需要培養，因為，我們有這個潛能，但要讓這個潛能從潛在的狀態，轉變成實現的狀態才行。所以需要修行，修行的結果就是成為佛，成為聖人、聖賢，成為道家所講的至人、真人、神人，就是這樣！

鍾雪寧：接下來我們回到第四點，這裏說般若智觀取的是一切事物背後的本質，觀取的是一切事物普遍性的空、緣起的本質，所以般若智所認識與得到的意義的內容，是平等沒有差別的，因為都是

空，都是無自性，都是緣起。這是就認識的層次來說。如果從價值的層面來說，因為般若智所認識到的東西都是共通的，都一樣，所以不會產生價值上的差別，不會有這個比較好，那個比較不好這樣的分別，這是般若智在觀取與獲取意義內容時所謂的「等義」。從另外一方面來說，就像老師剛剛提到的，在佛教的說法裏，其實般若智是人人都可能具有的能力，般若智也是人人都能夠去證成的，從這個層次上來說，眾生也都是平等的，大家都有機會去證成。

吳汝鈞：每一個人在潛能方面，是有般若智的，如果要把它實際上發展出來，讓我們可以看到事物的空性，那就得靠修行，不修行是不行的，光講有一個「潛能」是沒有用的。潛能是沒有實現的一個定時炸彈，那個定時炸彈要有一個導火線，才會讓它爆發出來。所以，我們都有潛能，但結果能不能實現，就需要有很多條件，也要看個人的努力情況。還有，是否有外援，有沒有人幫你的忙？譬如說：淨土宗就強調阿彌陀佛那種慈悲心願，他發願在適當時點，會領引他人往西方極樂世界，那就處於一種可以培養覺悟、解脫的非常好的環境裏面。所以，這裏我們還是要分開來說，一個是 potentiality，一個是 realization，就是潛能與實現，這兩種情況還是不一樣。

鍾雪寧：第五點是：般若波羅蜜多雖然看起來沒有二元相對性的格局，沒有建立所知對象的那種認識，但是並不能說它就沒有「知」的活動。所謂「無想念」，其「想念」是指二元對立下那種對事物的認知活動，因為般若智是屬於一種超越的、直接滲透到本質的作用，所以，它沒有一般世俗的那種「想念」。但是，沒有「想念」

並不是指它就沒有「知」的活動。事實上，它是不斷地發出「知」的作用，不斷地、如如地觀照所有事物的空性與緣起性。從《金剛經》來說，它是不斷地發出作用，不斷地在運作，但是又是「無所住」，也就是不執著於現象，不執著於物體。

第六點其實是一種遮詮的方式，這裏所說的「不著」跟「不斷」，是指對諸法的相或對象性而言。如果把諸法視為是實在的存有，是有自性的，就會被這些諸法所牽絆與束縛，這就是所謂的「著相」；如果把諸法視為虛無的，那我們就沒有辦法去理解它的緣起性，就會把它視為是一無所有的虛空，如此就變成「斷相」。這裏講的「著相」是一般我們凡夫俗子對諸法的態度，所以我們會有執著，會有執念；「斷相」則是小乘行人對諸法世界的態度，就是要斷絕跟諸法的一切關係。可是般若智的運作是超越這一切，它對於諸法的對象性是既不「斷」又不「著」。就是：它不會把一切都視為虛無的，因為它還是就著它的對象性，從現象去了解它的本質。同時它也是不執著的，因為它知道這些都是無自性，都是緣起，都是空的。所以，它可以如如地觀取這些法背後的「空」的本性，又不會對諸法起分別心。以上這六點就是般若波羅蜜多在運作時的功能與實踐。

吳汝鈞：這裏談到般若波羅蜜多的「不著」、「不斷」。如果進一步了解的話，這個「不著」就是沒有那種常住論，如果你著於某一種對象，你就會有一種常住論，以為它是恆常存在、恆常不變的，這樣就違背了緣起性空的原理。所以，這「不著」，就是沒有那種常住相，不把事物看成有常住的性格。「不斷」的「斷」就是斷

滅，如果能看到諸法不斷，就表示說這個諸法不是一無所有，不是給斷除或消滅了，而是它仍然有它的存在性，有它緣起的性格。因此，這「不著」可以發展出那種「空見」，就是對事物那種緣起性空的正見。「不斷」則讓你不會下墮到一種斷滅論、斷滅見，不會以為諸法沒有自性就是一無所有，它雖然沒有自性，可是它有緣起性，我們看現實的東西都是有這個緣起性的。我們要對諸法有一種「不常」、「不斷」的了解，「不常」就是「空」，「不斷」就是「有」。「不常」就含有「不著」的意味，「不常」就是不是常住，就是「緣起」；「不斷」是不會斷滅，不會變成一無所有，不會成為一種在虛無主義的眼光看來是甚麼都沒有的狀態。這就是般若智這種「不常不斷」的觀照的狀態，兩者其實是相通的。

鍾雪寧：最後結論其實很簡單，第一個結論是：般若智不是用我們一般熟悉的方式來了解物體，它是用一種遮詮的方式，也就是在否定自性的脈絡下去了解物體，把一切都視為無自性、無對象性可言。第二個結論是：般若智或般若波羅蜜多是一個虛空的觀照的主體，就像老師剛剛所解釋，它不是一個存有論的主體，它是一個觀照的主體。它不是存有，而是活動。我們剛剛上面講的這些實踐，都是般若智在運作的時候可以達到的境界。

吳汝鈞：你這裏用觀照的主體來講，很好！般若智就是這麼一種觀照的主體，或者說是一種觀照的智慧，它是不創造的。觀照跟創造是兩回事，我們可以培養出般若智來觀照事物的本性，可是我們即便培養到了這個般若智，也不能創造事物的「物自身」，這個創造的能力，人類並沒有，根據康德的講法，只有上帝才有。他在《第

一批判》裏面很強調這點，可是到了《第二批判》、《第三批判》，康德就比較謙虛了一點，改口說：在某一些面向上，人與耶穌是相通的，就是：人到了最後，可以不需要透過耶穌作為媒介，就能接觸到上帝。也就是說，如果你從「道成肉身」這個觀點來講，那上帝跟人是沒有直接溝通的渠道，因為上帝是上帝，人是人，上帝是精神性（spiritual），人是物理性（physical），上帝是metaphysical。所以，祂要靠耶穌以一種「道成肉身」的方式，化身為人，這樣耶穌就有雙邊的身份，一方面祂是神，一方面也是人，如此耶穌就可以作為我們人跟上帝溝通的一道橋樑。康德到了寫《第二批判》、《第三批判》，他就有了一些改變，說耶穌的那些能力，其實我們人也可以培養出來，如果人在這方面跟耶穌有相同性的話，那人就不需要通過耶穌來跟上帝溝通，人自己就可以跟上帝溝通。但康德那個年代的教會是不容許有這種說法的，所以，康德在講到這些問題時，他是用一種低調的方式來表達，就是說：我們人在某些方面可以達到耶穌的境界，但只說到這裏，他沒有說人可以不要耶穌而直接跟上帝溝通，更不說人可以成為上帝。因為當時有教會的壓力，康德若敢說人就是上帝，人可以變成上帝，那教會就沒有用處而變成廢物了。因為教會說人要通過耶穌所領導的教會，來跟上帝溝通，若把人跟上帝直接溝通起來，教會就變成沒有用了。所以康德不敢講這種話，可是他的意思我們還是可以了解。

其實康德這種思想，在西方宗教界也不是沒有來源，它有它的來源，而且跟德國的思想有關係，就是德國的神祕主義（Deutsche Mystik）。這是基督教裏面的一個派別，可是被看成是異端邪說，

因為它強調人的本質是「無」，上帝的本質也是「無」，這樣說就表示上帝跟人分享相同的本質——都是「無」。如果是這樣的話，人的地位就提得很高了，因為他具有上帝的本質。可是這種講法教會絕對不會容許，所以就把那幾位提出這種講法的人視為異端者，不是正規基督教的人。提出這種講法的有幾個人，一個是 Meister Eckhart，一個是 Jakob Böhme，他們兩位就是德國神秘主義的代表人物。所以，康德這種有點反基督教的思想，不是從他開始，而是從德國神秘主義那邊已經潛伏了這些種子，到了康德就以一種哲學的方式，把它宣示出來。但康德還不敢明目張膽地講，因為，如果康德這樣做，馬上就不能當大學教授了，康德一生都在 Königsberg 大學裏面教書，薪水很高，如果他膽敢這樣說，馬上會被逐出校園。他在那所大學當教授之前，是很貧窮的。

鍾雪寧：最後要強調的是：般若波羅蜜多、般若智是要從實踐中去達致的，所以它不是文字，它也不是我們一般所聽所聞的東西，菩薩說般若波羅蜜多時，像《金剛經》裏頭所說的，他們不得已要用語言、概念，是權宜的方法，主要是為了度化眾生，所以當眾生聽到這樣的語言、概念時，要克服與超越這些語言、概念的障礙，然後從體證當中去實踐般若智。因此，整部《金剛經》裏頭都沒有「空」、「無自性」的字眼，意思是：這個東西不是可以用來言說的，是要靠自己去體悟的，即使菩薩說給大家聽，但還是要靠眾生去體證那個真理。如果沒有經過內在的體證，真理就沒有辦法進到眾生的生命裏頭，般若智等於是沒有作用了，因為它沒有辦法作為一個對象讓我們去理解。從菩薩的立場上來看，在說法的時候，他

也沒有想到自己是要教導眾生。因為，如果他有這樣的想法的話，就犯了把眾生當作有自性的這樣的邪見或毛病。而且，在心理上，如果他想到有眾生在接受教導，就會產生一種傲慢心，這樣就會讓自己菩薩的階位沉淪、下降，就不再是菩薩了。所以，結論是：般若波羅蜜多不是語言、文字，它是要靠生命的實踐表現出來的。

吳汝鈞：這就是般若波羅蜜多超越文字、語言的特徵。其實，說它超越語言、文字，但事實上還是得用語言、文字去講它，這種對語言文字的超越性，最後還是離不開語言、文字。就是說有一些東西不能通過語言、文字來解釋，但這個意味也是要透過語言、文字來表達。你把口封住了，別人怎麼知道有些東西不能通過語言、文字來講呢？結果就是像禪宗的宗旨：「教外別傳，不立文字，直指人心，見性成佛」。考察現在我們所有的文獻，留下最多的還是禪宗，那是一個大大的弔詭，禪宗就是要排斥語言、文字，要我們直接觀照本性，可是歷代祖師留下來的那些語錄與公案集，比任何其他學派都要多。其實也不是一定要否定語言、文字，你不執著它就行了，「盡信書不如無書」，這是古人講的。可是讀書是明理，所以書還是可以讀，問題是你不要執著，不要以為書中所講的就是唯一的真理。書還是要讀，讀了以後還有甚麼地方不足，我們才去做那些東西，這就是修行。我年輕的時候有一次聽牟宗三先生講康德，講到睿智的直覺，我就很有興趣，下課之後，我跟著他，問他一句：牟先生你講這麼多睿智的直覺，那你有沒有睿智的直覺的體驗呢？我一提出這個問題，馬上就知道不應該提的，不應該把這個問題提給牟先生，讓他回應。因為如果他說有，那就表示他有一種

傲慢的心，如果他說沒有，那沒有還講甚麼？所以他沒有辦法回應，就顧左右而言他，叫我去吃飯！

鍾雪寧：那老師你有沒有睿智的直覺的經驗呢？

吳汝鈞：你們回家去吃飯吧！

第六章 識中現有與種子理論

吳汝鈞：這位同學報告的是「識中現有」的部分,可以開始。

關啓匡：本報告基本上就是嘗試把老師的研究成果概括討論。資料來源包括吳老師以下的著作:《佛教的當代判釋》、《唯識哲學:關於轉識成智理論問題之研究》[1]和《佛教思想大辭典》[2]。

吳汝鈞：關於《唯識哲學:關於轉識成智理論問題之研究》這本書,我想要做個澄清。這本書是我多年前的著作,由於沒有經過我的校正就出版了,錯漏之處頗多,現在我已經放棄這本書的佛光版本。後來,我整理了一個修改版的單篇論文,收入在專著《佛教的概念與方法》一書中,你們參考後來這個版本的內容就好了。

---

[1] 吳汝鈞:《唯識哲學:關於轉識成智理論問題之研究》(臺北:佛光出版社,1978 年)。

[2] 另外,在專門處理唯識文獻學的專著有:《唯識現象學 1:世親與護法》和《唯識現象學 2:安慧》(臺北:臺灣學生書局,2002 年);專文方面有:〈安慧對識轉變的文獻學的詮釋〉和〈唯識學阿賴耶識要義及其現象學解讀〉,均收入吳汝鈞:《佛學研究方法論》(下冊)(臺北:臺灣學生書局,2006 年)。由於顧及報告篇幅的關係,故本文並無徵引。

關啟匡：謝謝老師的澄清。這裏先為本次討論作一個回顧，根據吳老師《佛教的當代判釋》的安排，本章之前的〈第七章　法有我無〉、〈第八章　即法體空〉，對於「法」與「空」諸概念已作了討論，本章則探討「法相」的問題，即佛學要如何開展出一套現象論的問題。在是書的〈第九章〉，吳老師點出「識中現有」這個概念，以唯識學「當代判釋」的進路進行了一種梳理和介紹。為了使後學可以清楚把握唯識學，吳老師將「識中現有」的要略指點了出來。本文依其內容分成四個小項目如下。

（一）理論的基本結構：從虛妄的心識說起，而這些心識的根源，都在第八識阿賴耶識這樣的潛意識中。即是，阿賴耶識為每一個眾生所具有，它內藏無量數的或染或淨或中性的精神性格的種子。

（二）理論的運作：一切種子都在潛藏狀態，是事物的主因；在一切輔助性格的因素（緣）具足的情況下，這些種子會從阿賴耶識中投射到外面去，形成種種具體的事物。

（三）理論內在的規條：種子由潛存狀態到現行的現實或實現狀態，需要遵守一些規條，這便是所謂「種子六義」。這些規條展示出事物的存有論與宇宙論的內涵。

（四）「種子六義」與其動感：種子六義有一定的動感可言……，這動感基本上帶有染污性，表現出來便是虛妄的心識和流行的現象，因此要轉識成智。識有染污[3]的傾向，轉成智後，便可

---

[3]　可參考吳老師解釋「染末那」辭條的講法：「染污的末那識。末那識執取第八識的阿賴耶識的見分為自我，而起我癡、我慢、我愛等煩

表現道德義與宗教義的動感。這種智有四種：大圓鏡智、平等性智、妙觀察智與成所作智。[4]

吳汝鈞：以上的四項說法，作為對唯識學大概的理解是足夠的。這裏，我先從比較通俗的面向，嘗試逐步引導大家進入「唯識學」義理構造方式的討論。首先，解釋一下「唯識」這個概念。「唯識」是甚麼意思呢？這是整個唯識學派最關鍵的一點、最重要的義理！所謂「唯識」，可以這麼說：我們自己，跟我們所處的周圍環境（比如：花草樹木、山河大地和日月星辰等等），都是環繞我們的存在，而為我們所接觸。有些比較遠，有些很近。比如，在教室裏，花草樹木很近，窗外就有，範圍擴張一點，就是山河大地，到了日月星辰，就很遠，眼力已經無法看到。面對宇宙，就算用望遠鏡，加上科學家的公式去推斷，對於宇宙的整個構造，僅只能掌握到一個概況。大家可能也注意到，關於宇宙的現象，譬如大爆炸理論和黑洞理論，這些都是天文物理學研究的對象。像英國的霍金（Stephen William Hawking），這位科學家，他大概比我大幾年而已，現在已是世界上最權威的物理學家，他一出生就患有肌肉萎縮症，卻是絕頂聰明，而且他的推理很有邏輯性，很多天文、物理上的現象，都是他所發現的。像黑洞這種觀點，他講了很多。無論這

惱，故是染污。」吳汝鈞：《佛教思想大辭典》（臺北：臺灣商務印書館，1992 年），頁 358b。

4　以上四點由書中〈第九章　識中現有〉的引言部分概括出來。見吳汝鈞：《佛教的當代判釋》（臺北：臺灣學生書局，2011 年），頁269-270。

種遠、近的現象，都可以包括在唯識學裏面。唯識，就是外在事物都是我們認識的對象，或者說都呈現在我們心識之前，讓我們可以接觸，遠的可以看到，聲音可以聽到，近的可以觸摸到。遠、近的關係不一樣，可是這些東西，根據唯識的講法，它們在外界都沒有獨立的實在性，其存在的來源、存有論的根源不在外面，而是在我們的心識之中。日月星辰、山河大地和花草樹木，這整個存在的世界，它們的存在性，從存有論來說，都只是我們的心識。所以這種思想是很典型的一種唯心論，更準確的說法是觀念論。基本上都是由我們的識變現為外在的世界。所以，唯識學就是在這種脈絡所提出唯識觀點。唯識這種觀點，和之前所講過的實在論，是全然不同的。

在講實在論的時候，就是「有部」，他們提出五位、七十五法，說這些分成五類的七十五種的所謂「法」，都有其自身的「法體」。這個「法體」是恆常存在，而且存在於外界，這就是「外界實在論」。這種講法，跟釋迦牟尼原始的觀點是相違背的，因為佛陀是講「緣起性空」，即凡是緣起的東西，都沒有「獨立存在性」，都是由緣湊合而成。再者，這個「緣」，其根源就在我們的心識裏面。所以從這一點來講，唯識學是比較接近佛陀「緣起性空」的觀點，而「有部」的實在論，就違背了「緣起性空」的觀點。

我們看「唯識」這個字眼，它是從梵文直接翻譯出來的，就是vijñaptimātratā，這個 vijñapti 就是「識」，有時候用 vijñāna，這兩個字都是通用的，玄奘翻譯唯識學的文獻的時候是交替來用，現在我們可以把它們看成是同一個意味。如果要作進一步研究，就必須

要作更仔細的分析，我們現前還沒到那個階段。vijñapti 就是「識」，mātra 就是「只有」的意思，mātra 像英文的 only，所以唯、識這兩個字眼合起來，就是「只有識而已，沒有別的東西」，它就是說整個宇宙的存在，都是以識作為基礎。我們講這個唯識學的存有論的時候，它的存有論就是「唯識」，唯有識是存在的，離開識以外，所有東西的客觀性都不能講。然後這個 tā，就是表示一種性格，表示一個抽象的名相，即 vijñaptimātratā，用英文來講是 consciousness-only，然後再加上 nature，叫作 the nature of consciousness-only 或 only consciousness，consciousness 就是「識」。再加上 tā 就是表示「性」、「性格」，整個名相就叫作 the nature of consciousness-only，或者叫 the nature of mere-consciousness。所以，我們拆解這個名相，就很好了解，唯識就是這個意味。就是說宇宙種種的現象、種種的存在，它們的根源就是我們的心識，離開心識就甚麼存在都不能講。由此，進一步把這個意味作一種更為詳細的描述，就是「唯識所現」，「現」就是「顯現」或者是「出現」、「建立」，就是 appear 或者 construct。所有存在，其構造的根源、存在的根源都是「識」，沒有「境」。「境」是客觀的，是離開我們心識以外的一個獨立的世界，它裏面種種的事物都是「境」，就是外境、對象，最通俗的講法就是種種外在的那些對象、事物，都是沒有實在性的，它們的實在性的根源都在心識，所以就有「唯識無境」這個基本的義理。「唯識無境」就是唯識學最基本的主張，再進一步說「識亦非實」，即是說心識本來也不是實在的東西，此心識自身也是「因緣法」或者是「生滅法」，它亦有其構造而成的因素、條件，所以心識也不是絕對的實

在。這就是唯識學義理的架構，概括成八個字：「唯識無境，識亦非實」。這個「識」，在我們人來講就有八種，即是「八識」，這「八識」可以分成四類：感識、意識、末那識和阿賴耶識。其中，「感識」是通過我們的感官而產生而表現它們的作用的那種認識，我們的感官有眼（視覺）、耳（聽覺）、鼻（嗅覺）、舌（味覺）、身（觸覺），此是五種感性的作用，這是一類。再深一層是第六識「意識」，指我們思考的能力，我們的腦袋。再進一步就是比「意識」更為根本的，或者說作為「意識」發用的基礎的第七識「末那識」（mano-vijñāna）。它不完全是意識，也不完全是潛意識，是介乎這兩者之間，作為意識和潛意識的媒介。到了第八識「阿賴耶識」（ālaya-vijñāna），這是確確實實的潛意識。這個「潛意識」，如果看一下西方弗洛伊德（Sigmund Freud）那一套精神分析，或者榮格（Carl Jung）講的所謂「深層心理學」，他們提出所謂「本我」。此「本我」就是潛意識，相當於「阿賴耶識」，你可以作這種比較，這是正確的。

我們進一步說，通常在日常生活裏面，每一刻、每一瞬間，都有行為在進行，都在做一些事情，無論是寫東西、看東西、思考，種種的行為過後不會消失，不會變成一無所有，它們會以一種所謂精神性的「種子」（bīja）存在於第八識裏面，所以就跟佛教講「因果報應」有關係。就是說，一個人犯了罪、殺了人、放了火，然後逃之夭夭，警察也抓不到他，可是不要以為這就沒事了，不是這樣。就是說，殺人、放火等這些害人的行為，會在他的阿賴耶識裏面以「種子」方式潛藏起來，將來如果條件成熟，他的那些壞的行為所構成的「業」（karma）就會有影響。所謂「業」就是行

為，「業種」就是業的種子。這種「業種」就藏在第八識裏面，作為我們潛意識的一部分，由此就可以講「因果報應」。誰做了壞事以後就會有不好的報應，今生沒有，來生會有，這就是所謂「因果不爽」，因果關繫一定是拉得很密，有甚麼因就會有甚麼果。前兩天有一則新聞，相傳昨天是末日，幾千年前中美洲的瑪雅人，預言昨天是世界末日，我昨天等了一天，沒有等到甚麼世界末日。實際上沒有甚麼末日的跡象，唯一比較特別的是兩天的氣溫變了十度以上。

我們這裏所提到的「識中現有」，就是把這個「唯識無境，識亦非實」這八個字，再進一步濃縮為四個字來說：「識中現有」。就是說，「有」代表整個存在世界，它沒有「獨立實在性」，都是我們心識的一種顯現或者「詐現」。「詐現」這個字眼很好用，梵文叫 pratibhāsa。總之，「唯識無境，識亦非實」是比較詳細地把唯識的思想表達出來。我們近代有一個唯識學的大師叫歐陽竟無，他的名叫「竟無」，這跟這個所謂「境是由心識而生起，沒有其獨立性」的義理似乎有關係。「竟無」似於「境無」，當然他的「竟」沒有土字旁，他作這個名字或許有一些玄趣。他在民國初年重新提出「唯識學」，成立「支那內學院」，專門講習唯識學，他是「內學院」的創辦人，所以他的名和唯識學或許有關係。以上說的是補充第一與第二點。

第三點講到「種子六義」。「種子六義」是一種由「因」變成為「果」，由「種子」變成為「現行」，變成為具體的現象，要有「六義」。「六義」就是六條規矩。哪六個規矩呢？就是：剎那滅、果俱有、恆隨轉、性決定、待眾緣、引自果。反正就是有規矩

的，不是隨便變出來。我試舉一例，某一個現象，它成為這麼一個現象，是有一種客觀的規矩，依照這種客觀的規矩纔出現這個現象，而這些客觀的規矩，也有它們自己的根據，其中有一個規矩就是，在這些條件裏面，有些是直接的原因，有些是輔助的原因。直接的原因，我們通常把它說成為「因」（hetu），輔助的原因我們就把它說成為「緣」（pratyaya），所以合起來就有「因緣」這個概念。某一個現象，它能夠出現，在時間、空間裏面出現，然後讓我們感覺到，或者是讓我們參與，都是有這個規矩，不能耍魔術。雖然它的那個來源是在心識，可是心識怎麼樣限制一些具體的現象，它是有一定的規矩，耍魔術就不談這個規矩。我們舉一個例子，就是我們開這門「佛教的當代判釋」的課程，我們之所以能夠聚在一起，要有很多因緣配合而成，有些是「因」，有些是「緣」。這裏有十幾個同學、我這個老師，這應該是主要的因素。還有另外的因素，不是直接的，我們把它說成「緣」，譬如說這裏中研院文哲所有這個房間，這是一個助緣。我們不能在空中聚在一起，然後來上課，我們要有一個房間，我們要走路纔能進來，所以這個也是「緣」。再來是中央大學或者是其他的大學開這門課，這也是另外的「緣」，大學要發薪水給我，也要四、五萬，大學要有錢，我不是義務教的，是受薪的，雖然不多，但總是受薪的，系主任要說這門課有其重要性，又要我願意參與，這門課纔開得成。由此，「因」跟「緣」要齊備，纔能水到渠成，纔能有這種聚會，所以我們是有緣分的，這個「緣」可以從這裏講。所謂「因緣和合」。

最後第四點，那就是「轉識成智」。我們的心識通常有一種虛

妄的心念。尤其是一個平常人，一個凡夫，他的心念都是不斷地發出來，通常這種心念，都有一種私心在裏面，就是所謂私欲、私念，比如說有一個人，他在某一個單位工作，薪水每一個月有兩萬五，他在路上行走看到前面有一個女生不小心掉了一萬塊在地上。（女生通常都有一些錢帶在身上，準備有人向她打主意，叫她拿錢來，拿不出來，就一刀捅進身子，所以要有這個準備！妳打不過做盡壞事的壞蛋呀！）所以這個人一看，咦？這筆錢他可以收起來，變成自己的，這種心念也很普遍。當然，如果那是一個很老實的人，不貪錢的，他就馬上還給那個女生。這裏就有兩種不同的想法。每一種想法都產生一種行為。這是一個很一般性的例子。由此，我們的識心都有個人的私欲、私念在裏頭，這種私欲、私念會讓你產生很多煩惱，會讓你產生很多顛倒的見解。這些顛倒的見解會讓你做出顛倒的行為，結果讓自己在這個生死流轉的層面活動，就是為生死、煩惱、苦痛所困擾，故唯識學教人「轉識成智」，把人們通常有的那種虛妄的心識，進行一種宗教上的轉化（religious transformation），這就是「轉識成智」。「識」是虛妄的，它也不是說我們每一種「識」、念頭都是虛妄，就一般來講，每個人都有他的「自我」，都有「自我中心」的想法，都有私欲、私念的感受，通常做事只對自己有利，對別人怎樣他就不管。很多人都有這種念頭、想法，所以我們要把它轉掉，這就是「轉識成智」，轉而成為智慧。它裏面因為有八識，八識裏面有四種心識，每種心識都要轉成相應的智慧，也就是：「前五感識」轉成「成所作智」（kṛtyānuṣṭhāna-jñāna）、「第六意識」轉成「妙觀察智」（pratyavekṣanika-jñāna）、「第七末那識」轉成「平等性智」

（samatā-jñāna）和「第八阿賴耶識」轉成「大圓鏡智」（ādarśa-jñāna）。當人的阿賴耶識裏面所藏的那些種子，都從虛妄的性格轉成為清淨的性格，然後這些清淨智慧的種子，都能夠顯現出來而成為現實，那就可以談「覺悟」了，這就算解脫了，從這個生死輪迴的苦海脫離出來。可見「轉識成智」就是一種「覺悟」的行為，這是唯識學裏面說的義理。別的學派不一定要說「轉識成智」，他們有另外的說法，不過大體上，其意思也差不多。因為唯識學講八識，然後有四種，所以你要轉的時候，你要有一個比較清楚的說法。至於別的學派就不一定講「轉識成智」，他們講別的東西。特別是禪宗講「教外別傳」、「不立文字」，然後「直指本心，見性成佛」，這個「直指本心，見性成佛」就是它的方法，不一樣，實踐的方法不一樣。可是目標、目的都是一樣的，都是要求覺悟、解脫。到這裏有沒有問題，這些都是比較基本的了解。

關啓匡：謝謝老師清楚的補充。我嘗試利用老師的詮釋，講解一下「種子六義」的內容。第一義是「剎那滅」，就是說，種子是不斷地進行轉變的，不能停留在任何剎那中。[5]由「剎那滅」這個概念，我們可以關聯到老師所說的「唯識無境，識亦非實」。「剎那滅」的概念可以讓我們了解到「識亦非實」的意思。阿賴耶識內藏著無量種子，好像依靠著種子就可以作用，但是種子也不是實存的定型的東西，它其實也是不斷的在轉變。所以，當我們去理解阿賴耶識與種子的概念的時候，似乎會讓人聯想到它具有「本體」的意

5　吳汝鈞：《佛教的當代判釋》，頁271。

味，問題是種子是不斷的在轉變的，一直的出現「剎那滅」的現象，故不能將之視同本體的概念。第二義是「恆隨轉」，就是說它轉化或滅去後，新的但與原來相近似的種子便會馬上轉生。[6]這個概念是說，種子是「剎那滅」，但不是滅了就一無所有，種子也不是前後斷開來的分別現象，它其實是轉變的。「恆隨轉」的意思是，當種子滅去後，就轉生為相似的種子，也就是說種子雖然「非常」，但也是「非斷」。第三義是「果俱有」，就是說，在種子中，早已潛藏著它將會轉生、變現出來的結果，這結果在因緣和合的條件下，便成為現實的東西。[7]這個概念比較難懂，當有一個種子的同時，其實已包含了它未來起現行時的那個結果。

吳汝鈞：這裏提到「果俱有」這個概念，可以舉一個具體的例子就是，所謂「果」跟「因」是相關的。在這個「因」裏面已經含有「果」的那種可能性，應該要這樣理解。「果俱有」就是說，在「因」裏面，那個「果」已經潛藏在裏面。譬如說，日本的櫻花，我今年四、五月就去日本看櫻花，日本的櫻花在每年的五月初到五月中這兩個星期開得最盛，在這兩個星期之後，就很快謝掉了。所以我拿一顆櫻花的種子，然後放在泥土裏，那這個櫻花的種子，將來會發芽、生長，開枝散葉，最後開出櫻花。這就是櫻花，其可能性早就在這粒種子裏面，這種俱有，這種存在是一種潛藏的存在。就是說這顆櫻花種子埋在泥土裏面，只要一切條件都足夠的話，它

6　吳汝鈞：《佛教的當代判釋》，頁 271。
7　吳汝鈞：《佛教的當代判釋》，頁 271。

就會長大，開枝散葉，最後開出櫻花來，這就是「果俱有」，不是馬上有的，而是作為一種可能性，作為一種潛存性存在於種子裏面。

關啓匡：不好意思，這裏我想問一下，這個「果俱有」的概念，跟一般「宿命論」的講法有很大的分別嗎？

吳汝鈞：不一樣啊。「宿命論」就是一種盲目的相信一些不切近的現象。「果俱有」是有科學根據的，甚麼種子就會長出甚麼植物來。因果的關係是扣得很緊的。「宿命論」跟科學沒關係，你可以說是一種主觀、任意、偶然的信念。我舉一個例子好了，比如說猶太教（Judaism），猶太教是基督教的前身，這個猶太教在教義裏面，有一種「神選」的講法。猶太教的教主雅赫維（Yahweh）特別關照其選民，就是以色列人（猶太人）。在救渡這一方面來講，是先考慮猶太人，其他非猶太人就把他們放在一邊，這種「神選說」是一種宿命論，這是沒有科學根據的。在上帝面前應該人人平等，沒有這種特別照顧猶太人的需要，這不合公平的道理。就是因為這一點，很多人不相信猶太教，說雅赫維這個上帝偏心，沒有公心，而是一種私心，特別優待、袒護猶太人民，這是宿命。還有很多看掌、看相，然後就說人的將來會如何，這些都是宿命，沒有科學根據，賺錢的，可是很多人有興趣，還要先登記、掛號，纔能預約看掌相的時間，和看醫生沒有分別。看掌相是沒準的，沒有科學根據，這就是「宿命論」。「果俱有」跟這是完全不一樣的。就是，玫瑰的種子就生出玫瑰樹，櫻花種子生出櫻花樹，然後動物都是一樣，比如胎生動物，狗就生狗。因跟果在這裏連接得非常密

切，不要把它跟宿命論拉在一起。

關啓匡：謝謝老師的講解。第四義是「待眾緣」，就是說：「現行需要足夠條件才可能。」[8]這個概念我們很容易理解。

吳汝鈞：關於「待眾緣」，我們也可以舉一些一般的例子，就是剛才所談到的櫻花的種子，它將來會長大成為櫻花的樹木，可是它需要一些條件，你不能沒有那些條件就期望這些種子會變成樹木。那些種子的緣是甚麼？一顆種子需要甚麼緣纔能發芽，長出枝葉和花朵出來呢？水分要充足，還有陽光、空氣、土地，這道理很好了解，這就是「待眾緣」，「眾緣」就是除了種子以外，其他的這些條件和因素。好，再講第五義。

關啓匡：第五義是「性決定」，就是說，「因果兩端會協和；清淨種子生清淨現行，染污種子生染污現行。」[9]第六義是「引自果」，就是說，這是順著第三義果俱有而來，種子與現行在類別上相一致：色種子生色法，心種子生心法。[10]至此，我們通過「種子六義」，可以認識到唯識學的變化，而且是以這六種規矩來運作的。

吳汝鈞：通過以上簡單而通俗的介紹，我們大概可以把握到「種子六義」基本的內容。請繼續講其他的部分。

---

8 吳汝鈞：《佛教的當代判釋》，頁 271。
9 吳汝鈞：《佛教的當代判釋》，頁 271-272。
10 吳汝鈞：《佛教的當代判釋》，頁 272。

關啟匡：以下我們講「異熟」這個概念，老師詮釋這個概念的時候，引用到世親的《唯識三十頌》相關的文字，即是：「異熟即是稱為阿賴耶的識，它具有一切種子。阿賴耶識的執受、住處與了別都微細難知。它常伴隨著觸、作意、受、想、思（等心所而生起），受中只有捨受。又，這是無覆無記的。觸等亦是這樣。又，這好像瀑流那樣，在流動中存在。」[11]這是吳老師的中譯本，針對這段文字老師也作了詮釋。在談到種子「異熟」這個概念，其實在老師早年編撰的《佛教思想大辭典》裏面，也解過「異熟」這個辭條。[12]這裏老師重點地談到兩個意思。第一個意思就是「異時而熟」：指阿賴耶識是異熟識，這異熟主要指種子來說。按唯識的說

11　吳汝鈞：《佛教的當代判釋》，頁 273。

12　吳老師解釋「異熟」辭條說：「舊譯為果報，新譯為異熟。此是基於因果概念而來的一個具有新意的詞語，有幾個意思。①異類而熟。異熟基本上是依過去的善惡行為（業）而得的果報的總稱；但果報卻異於原因的性質而成熟。如善業感樂果，惡業感苦果。此中，樂不是善性，而是無記性；對於善性的業來說，可云異類（善性與無記性類異。類不同也）。同樣，苦果對於惡業來說，不是惡性，而是無記性，也表示結果與原因在性質上的相異。所謂熟，是因緣具足，表現為具體的結果。②異時而熟。結果與原因，在時間上有一段距離；結果在不同時間中成熟，或竟隔世而成熟。③早已受報，果報早已成熟之意。④唯識說以為，善與惡的行為，其潛在的勢力成熟，便會招引相應的結果。這個意思的焦點，特別指向阿賴耶識，視異熟為阿賴耶識的別名，故又名異熟識，因它裏面藏有精神性的種子，是善業惡業的潛在狀態。《成唯識論》以阿賴耶識為真正的異熟，而以其他的轉識為異熟生，因轉識由作為根本識的阿賴耶識所生起故。」吳汝鈞：《佛教思想大辭典》，頁 396b-397a。

法，一切善惡行為自身過去之後，其影響力仍然留存，成為一股潛在的勢力，當這種勢力成熟時，亦即是因緣巧合時，會招引果報。異熟是就種子的這種變化歷程來說的。善惡行為的餘勢存留下來，這就是種子。種子形成後要經過一段潛在的過程，在另一個時間才能成熟，招引果報，所以說種子是異時而熟，簡言之為異熟。[13]第二種理解就是「異類而熟」：從因果的相異來說，善或惡的行為過去後，其餘勢對第八識有熏習作用，熏習而成種子，同時也潛藏在第八識中。這第八識作為一個果報體，它整體來說是無記的，即沒有特定的善惡性質。但由或善或惡的行為的餘勢力熏習成種子，而成為第八識的一部分，這第八識的種子成熟而為無記性跟它本來或善或惡的因相異，故稱為異類而熟，亦簡稱為異熟。[14]簡言之，當種子遇到相應的「緣」的時候，它本身是「無記性」，同時會相應顯出不同的果報，要嘛是苦果，要嘛是樂果。可是這個苦果或樂果，我們不能直接理解成是由善性或惡性直接導致的，因為無論苦果、樂果都是來自一個「整體的果報體」，而「整體的果報體」是「無記性」的。這大概是「異類而熟」的義理。下來，再講「一切種子」的概念，這裏老師引用護法《成唯識論》的理解：「此能執持諸法種子，令不失故，名一切種。」護法的意思是，阿賴耶識藏有一切法的種子，不讓它們失散。故阿賴耶識又名一切種子識。便是由於阿賴耶識對種子有執持的作用，不讓它們離散，才能保住阿賴耶識作為一個整一體而存在。這阿賴耶識其實相當於心理學所說

13　吳汝鈞：《佛教的當代判釋》，頁 274。
14　吳汝鈞：《佛教的當代判釋》，頁 274。

的靈魂或自我，是受胎轉生的主體。[15]就此，老師又再強調由這種思維再推導下去，則得出「輪迴主體」的說法。

吳汝鈞：我在這裏稍微補充一下。這個阿賴耶識在唯識宗裏為何那麼重要呢？就是因為，它在我們一般的生活裏面，代表我們的「自我」。為甚麼它能代表自我呢？就是說，我們通常講自我，都是一種心理學式的自我。這種自我，是一個心理的主體，它是一個主體，其多方面的內容，都跟「業」（karma）有關。業就是過去所做的種種行為，不會消失，會以精神性的種子存在。這個「種子」是一種比喻，跟現實植物中的種子，作一種比較，就是物質的種子。植物的種子是物質性的，可是這裏所說的種子，是心理性、精神性的。我們過去所做的一切，還有前生和再前生，就是無量的世代以來所做的行為，都不會消失，它就是以這個精神性的種子，這種方式存在於第八識裏面。所以這個第八識是「阿賴耶」。為甚麼叫「阿賴耶」？這個「阿賴耶」（ālaya）在梵文裏是倉庫，就是專門放米、放其他食物的地方。比如一間書局，它一方面是賣書，一方面是出書，那它就要有一個書庫，貯存它印出來的大部分的書。所以，阿賴耶可以說是種子藏身的地方，一個倉庫。即阿賴耶識集合了一切以前做過的行為的影響力，或者叫作「餘勢」。「餘勢」就是，一件事情過了以後，它就具有一種「餘勢」，可以說是這個行為所留下來的影響和結果，這所有的東西都藏在阿賴耶識裏面。由此，這個阿賴耶就構成一個人在心理學上的自我。我們通常

15　吳汝鈞：《佛教的當代判釋》，頁 274。

說的「自我認同」，這裏的「自我」就是指一個人心理方面、精神方面的主體。這個阿賴耶識所表示的自我，是不會永遠跟著人的肉身走的，後者到了某個階段而腐化，就是快要死了，肉身中細胞的一切活動，都慢慢停下來了，可是他裏面作為主體的阿賴耶識內在的那些種子，還是保留。這個藏種子的阿賴耶識繼續保留下來，一直到這個人、眾生死掉以後，它會在一個時段裏面，投生到一個新的生命個體裏面去，就是受胎而生。所以，從這一層意思說，阿賴耶識就是一個輪迴的主體，就是世世代代不斷在輪迴。就佛教來說，輪迴是不好的，因為這表示你這個人沒有覺悟、沒有解脫，還是在這個生死苦海中打滾。那你平常的生活，都是有煩惱的因素在裏面，也有苦痛的感覺。通常這個輪迴，是一個負面的生命主體，充滿了苦痛與煩惱。如果想要從這個輪迴的循環中解放出來，就是能夠超越這個輪迴，克服輪迴，便要覺悟那個終極真理，達到解脫的境界，輪迴的主體纔會自動解構。因為當你到那個階段，你已經是一個普遍的我，不是一個私欲、私念的我，這就是自我的轉化。這種觀點，講得最詳細的就是唯識宗比較早期的一本書，叫作《瑜伽師地論》（*Yogācārabhūmi*），它裏面就是講這個第八識怎樣受胎而生，講得非常詳細。

這裏我們可以拿西方的精神分析的學說，來作一個比較，這樣你們就可以了解得清楚些。我們先看一下弗洛伊德那套精神分析，根據他的分析，我們通常講的「自我」或者「意識」，有三個層次：最低的層次就是「意識」，跟它相對的就是「潛意識」，在「意識」和「潛意識」之間，還有一個「前意識」，作為兩者溝通的橋梁。我們用英文來表達，「意識」是 consciousness，「潛意

識」是 subconsciousness，「前意識」是 preconsciousness。根據弗洛伊德的精神分析，subconsciousness 裏面的那些「內容」總是想盡辦法要進入 consciousness 裏面，它們不甘於處在無意識或者潛意識的狀態，它們有一種活動的趨向，要從 subconsciousness 解放出來，變成 consciousness，纔有機會發揮它的作用。因為 subconsciousness 是一般意識不能到的地方，在裏面沒有出路。所以在心理的層面，有一種趨勢，就是 subconsciousness 總是想變成 consciousness。同時，subconsciousness 也不可以直接的變成 consciousness，還要經過 preconsciousness，所以下意識的東西，要變成意識的東西，不能直接變成，要經過中介的 preconsciousness。preconsciousness 與 consciousness 之間，有一個好像「警衛」的機制，像大廈的警衛負責監督內外的溝通、來往。在 consciousness 與 preconsciousness 裏面，都有一種「守衛」，盡量的阻擋 subconsciousness 裏面的內容進到 preconsciousness，然後再進到 consciousness。所以，這裏面有一種張力，就是 subconsciousness 裏面的東西盡量要變成 preconsciousness 的東西，進一步變成 consciousness 那方面的內容，可是要進入 preconsciousness、consciousness，要經過一個把關的機制；要通過這個關卡並不容易，它就是盡量阻擋外面的因素進來。所以，這裏就有一個困難，也就是說先要從 subconsciousness 改變到 preconsciousness，再下一步纔能從 preconsciousness 到 consciousness。preconsciousness 在唯識學裏面就相當於第七識末那識，它就是介乎這個第六識和阿賴耶識中間的一個中介。你也可以說，我們意識中的那些念想，它已經潛伏在第七識末那識裏面，所

以沒有這個末那識，意識也不能成立，因為末那識是意識的基礎，也是潛意識和意識相通的媒介。這個 subconsciousness 又叫作「本我」。在弗洛伊德的精神分析裏頭，還有一個「超我」（super-ego），在「本我」之上，以管控這個「本我」。這個「超我」有一個道德管制的作用，它要防止「本我」在裏面亂搞、作亂，就要管制這些作亂的反動派。這個「超我」在唯識的名相裏面，比較難找到相對應的說法，因為它有道德自我的意味，在行為上它會壓制 subconsciousness，不讓它們亂搞，大體是這樣。

當然，因為精神分析是一種心理學，是一種有關人類精神狀態的學問。它也是一種所謂「精神醫學」，那些精神科醫師就是學習了一套精神分析，然後當醫生看病人，在精神上感到困擾的人都要去找他，他給你一些開示、開導。你是病人，他是醫師，他會對你提一些意見，叫你不要生那麼多幻想，要隨遇而安，白天你要努力的工作，晚上工作累了你就睡覺，不要多想。然後他又給你開藥，光跟你分析沒有用，還要給你開藥。所以精神分析是一種心理學，從事這方面的學問，以這作為職業的就是精神科醫師。這是有關精神分析，大概如此。可是唯識學不光是講這個人的那個精神或心識的問題，它同時也是一種宗教，它要普渡眾生。精神科醫生不會普渡眾生，他把你的病醫好，他的工作就完了，可是你可能還是在執迷不悟的狀態，他不會管。他自己有沒有執迷不悟，也可能有，不是每一個精神科醫生都能夠覺悟、解脫，他只是拿他的學問來賺錢而已，還說不上宗教，說不上渡化。可唯識學除了是一種心理分析以外，還是普渡眾生的學問，教你怎樣覺悟、解脫，所以提這個「轉識成智」。精神科醫師就沒有「轉識成智」這一項，他們不

管。這是最明顯的分別，其他的都很相像。像我剛才講的那種關係，你要從第八識解放出來到第六識，要經過第七識，第七識擔任一種控制、管制的工作，來盡量阻止阿賴耶識的內容，進入意識層以便「現行」。「現行」是意識的層次，不是下意識、阿賴耶識。阿賴耶識不能談「現行」，你要「現行」要先從意識這一方面來做。所以白天的時候，我們的意識都在運作，到了晚上我們睡覺，基本上第六意識已經沒有作用了，進入睡眠的狀態，可是裏面那些阿賴耶識的種子也會活動，它們不是在意識層面活動，它是在下意識的層面活動，那就是做夢。所以一個人如果能夠達到，像道家所講的真人、至人、神人、聖人這些，他們是不會作夢的。有沒有念過《莊子》談到的那個「至人無夢」呢？他是到了這樣一種的境界，連做夢都沒有，可是平常人不能這樣，哪一個晚上不作夢？有做的，只不過很快忘掉，因為它只是在第八識裏面作用，那是很陰暗的地方，你做了以後一醒過來就忘掉了，除非是很恐怖的夢。我就做過一個很恐怖的夢，現在想起來，還是非常震撼，這一生也忘不了。我說給你們聽一下。一個大鍋爐，下面有烈火在焚燒，大鍋爐裏面都是滾水，然後很多人頭放在裏面煮。像在火鍋店，他們會給你一個鍋爐啊，把豬肉、牛肉都放進去。我這個夢差不多，恐怖的是裏面的不是豬肉、牛肉而是人頭。這很怪，為甚麼會做這樣的夢呢？

瞿慎思：老師是不是有泡溫泉的經驗？。

吳汝鈞：我很少泡溫泉，只是有一次我到西安，西安附近有一個華清池，裏面有一個泡溫泉的房間，他們說楊貴妃在裏面泡過，喜歡

在裏面泡溫泉，我也按規矩進去泡一下。可是泡完出來，整個身都熱起來，因為那個時候是夏季，氣溫三十五度，然後溫泉的水是四十度，我在裏面泡了半個鐘頭。然後有人敲門叫我：「快出來啊，你已經泡了半個鐘頭，時間到了！」我纔趕快穿衣出來。

瞿慎思：如果有心臟病、高血壓問題，就不適合泡那麼久。

吳汝鈞：對啊，我那個時候還沒有這些問題，那是二十幾歲的時候，1971、1972 年的時候。所以，你的心靈的修養如果能夠達到不做夢，那是非常高的，在道家裏面只有至人、神人、真人、聖人纔能到這樣的境界。現代人的想法非常複雜，東想西想，整天想怎樣發財，怎樣讓自己的生活過得更好。你白天總是這樣想，晚上你的想法還在，不過就是在你睡熟了，在你的夢中出現。為甚麼會有夢？很多夢好像跟我們的生活完全沒有交集，那其根源在哪裏呢？那些精神科醫生，像弗洛伊德他們就會反溯到你的童年階段，到底你遇過甚麼印象非常深刻的事情，或者在童年的時候給其他孩子欺負，可能是逼你去清理廁所之類的，使你感到很大的屈辱。它會一直留下來，一直到你晚年的時候。這種經驗的恆久性很強，它不會消失的，你白天沒有想到它，晚上做夢還是跟那種感覺有關係。所以精神分析很重視一個病人早年的時候，有沒有碰到一些病人覺得很恐怖、很可怕的事情，如果能夠追蹤到這裏，他就可以替人治病，開一些藥就有效，如果你忽略了這方面，你給他吃甚麼藥可能都沒有用。其實一個人要晚上不做夢，當然是非常難，你在睡覺的時候，要待到甚麼時候纔能入睡，這也是一個問題。如果一個人的想法是比較簡單，要求不多，他就很快能夠入睡。如果一個人心思

很複雜，想東想西，白天跟別人的關連糾纏在一起，不清不楚的，他就很難入睡，要吃安眠藥？你們有誰吃安眠藥呢？

大家：沒有、沒有。

吳汝鈞：你們要用多少時間入睡啊？那個勞思光先生，他有一個本領就是隨時要入睡就能入睡，這麼厲害啊！不光是晚上，白天也一樣，他說：「我要睡就能馬上入睡！」我覺得他很了不起，是吧？站在公車上面，手拉著扶把也可以睡！我有一個朋友就有這種本領。一個人的修養可以從他的睡眠狀態裏面，看到一點。

關啓匡：謝謝老師作的詳細補充。現在我們講「阿賴耶識的執受、住處與了別都微細難知」的概念。剛才老師跟我們講的那些意思，很能夠帶出阿賴耶識那種作為潛意識層次的很難被察覺的狀態。下來，老師根據護法的《成唯識論》的解釋：「行相就是見分，所緣就是相分，而此識的行相是了別，所緣是執受和處。以現代的語言來說，行相就是指作用的相狀，而此識的作用的相狀是了別；所緣是指作用的對象，此識的作用的對象是執受和處。」[16] 經過老師以上的當代詮釋，我們就很容易了解。

吳汝鈞：這個「行相」，我們稍微說明一下，佛教裏面，常常有「行」這個字眼。「行走」的「行」，過馬路要行走，或者是行人的行。但唯識學講這個「行」，不是身體的一種運動，而是內心的運動、內心的作用，所以「行相」主要是指你的心識的作用，不是

16　吳汝鈞：《佛教的當代判釋》，頁 275。

一般所講的走路那種運動。比如說，在「十二因緣」裏面，「十二因緣」就是原始佛教很基本的教義，它是用十二個連鎖的環節，把整個生命的活動歷程都解釋過來。最初是「無明」，然後是「行」，因為那個時候，你還沒有領受到一個「身體」，怎麼會有「行」？如果你把它解成為身體的「行」，就講不通，「十二因緣」的「無明」以後是「行」，一定是心之行，這樣纔能了解。有關「相分」和「見分」，這裏也可以提一下。當我們說心識的時候，意思比較寬，不嚴格，心識到底是主體的一種機能，還是對客體一種認識的作用？抑更有客體的對象的意思呢？這些都不是很清楚，所以心識是很一般的講法，它在發展的過程裏面，進行自我分裂，這也是唯識學的講法。這個心識自行分化、分裂，分化出客觀方面的「相分」，就是客體，這是對象方面的，然後自己以「見分」的身份去了解。它先分化出那個「相分」，「相分」就是對象嘛，然後自己就以「見分」的那個主體，來認知那個「相分」，而且執著那個「相分」，把它看成為是有獨立實在性的存在。心識的作用就是這樣展開。所以在這裏面，你說這個「見分」了別「相分」是一種認知作用，如果你只是這樣說就很不夠，而且認知不是它主要的作用，執著纔是它主要的作用。就是說，心識分化出「相分」，自己就以「見分」的身份去了解這個「相分」，同時也執著它，以為這個「相分」是一種獨立的外在的東西。這種執著，纔是最重要的，我們要轉的就是這種執著。不要把一些心識裏面分化出來的東西執著成客觀的外在的實在物。接下來我們要討論「末那識」這個概念。

關啓匡：根據吳老師的解釋，「末那識」是以「末那」為根本性格，即是思量，但與一般的思考、思想不同。[17]吳老師同時將世親《唯識三十頌》中的相關說法，譯為中文：「名為『意』的識（依於阿賴耶識的識），以它為所緣而生起。以思量作為其性格。……它又隨著所生處而存在，及伴隨其他的觸等。它在阿羅漢的階位中便消失了。」[18]對此，吳老師詮釋說：末那識名為意，依止於阿賴耶識，而以它為執持的對象而生起，其作用是思量。阿賴耶識在哪裏出現，它也在那裏存在，其他如觸等心所也是一樣。這末那識在阿羅漢的階位便被克服了。要注意的是，末那識的所緣是阿賴耶識，而自身的種子也藏於阿賴耶識中，因此可說是依附於阿賴耶識。[19]

吳汝鈞：這裏，我們要作一些總的講法。這個「末那識」，就有 mano 和 manas 兩種寫法，這牽涉到連聲（saṃdhi）的問題，這是梵文文法的問題，在這裏不能細說。這個「末那識」是第七識，是在意識和潛意識之間的心識，它的作用因為是在意識與潛意識之間，所以就不是很清楚。它有一種思量的作用，可是這種思量的作用不能直接認知對象，就像第六識一樣，它沒有這個功能，但只是執著。它還是作為第六意識的基礎，第六意識裏面出現某一種概念或想法，這個「末那識」就是支撐第六識，不然的話，第六識就不能發揮它正常的作用。這個「末那識」也不是和阿賴耶識那樣的完

17　相關論典譯文，參考吳汝鈞：《佛教的當代判釋》，頁 277。

18　相關論典譯文，參考吳汝鈞：《佛教的當代判釋》，頁 277。

19　相關論典譯文，參考吳汝鈞：《佛教的當代判釋》，頁 277。

全在潛意識的層面，所以它這裏就有中介作用。我想這在理論上還是作得不錯。因為意識的層面和下意識的層面的狀態是對反的，一種動、靜的不同。意識是動，下意識是靜，由一種靜的狀態轉為動的狀態，要有一個媒介，這個媒介就是第七識。像基督教裏面，所謂「道成肉身」，上帝要跟人有溝通，上帝是抽象的，是完全精神性的，可是人、眾生是有血肉的軀體，他是受時空的限制，上帝不受時空的限制。上帝要跟人溝通，不能直接溝通，要通過耶穌以「道成肉身」的身份來到這個世界。耶穌為甚麼能夠溝通人跟神呢？因為耶穌的靈，他的那種精神、那種格，是從上帝那裏來的，就是在本質上，他跟上帝沒有分別。另外他有一個物理的身體。所以他是通於上帝跟人這兩方面。這種情況與唯識學有點相像，它們兩者之間應該沒有實際上的思想史的碰頭，就是唯識學提出這兩種識，我們可以很肯定的說，沒有受基督教「道成肉身」的影響，因為文獻上我們找不到那種關聯。然後，在基督教方面應該也沒有受到佛教的影響。

可是在宗教界裏面，有一種說法，就是耶穌給羅馬的總督抓到了。很多民眾認為，耶穌這個人自稱為王，是上帝派他來到這個世界傳播福音，傳達上帝的大愛，於是批判說耶穌狂妄，會引起一般人思想上的混亂，對羅馬帝國也不尊重，覺得他是一個「反革命分子」，就把他抓起來。羅馬總督當著眾人的前面說，現在有兩個人，其中一人要判死罪，要上十字架。一個是耶穌，另一個是巴拉巴斯（Barabbas）。有沒有聽過這個巴拉巴斯的故事呢？有一部電影，現在已轉成為 DVD，可以買到，臺灣可能買不到，要託人到美國買，DVD 是美國出品。這部戲，就是由那個很有名的

Anthony Quinn 扮演巴拉巴斯，這部電影很有趣的，你們可以找來看一下。當時很多人都覺得耶穌是一個狂妄分子，要造反，所以大家都要求釋放巴拉巴斯，讓耶穌上十字架。巴拉巴斯只是一個狂徒而已，他對羅馬的帝國沒有傷害，他是一個混蛋就是了。結果耶穌被判上十字架。在這個事情以前，到耶穌到各個地方去宣說上帝的愛的教義，在這之間有三、兩年的時間，找不到耶穌的歷史紀錄，就是前、後都有，這兩、三年沒有記載。所以，有一些神學家、宗教哲學者，就在揣摩，耶穌這麼一個受人注意的人，為何這兩、三年活動的紀錄是完全空白呢？然後有人就說耶穌去了印度，去學習佛法、梵文，接受佛教的義理和文獻。這是沒有甚麼根據的，我是說沒有文獻上的根據，基督徒不會接受，只能談談而已。你聽到這種說法會覺得很有趣，怎麼耶穌會到印度去呢？那個時候中東和印度還沒有很好的溝通渠道，耶穌怎麼可能從耶路撒冷跑到印度，尤其是印度東面，也就是佛教開始發生的地方。所以這是一個歷史上還未解決的公案，我想解決的機會也很微小，因為完全沒有文獻上的紀錄，只是想而已。現在這個問題還是懸空的，到底這兩、三年耶穌做了甚麼事，到了甚麼地方，講過甚麼話，都沒有紀錄。耶穌通過「道成肉身」的方式，來溝通上帝跟人，這就是基督教內部的講法，大家都接受，沒有人反對的。而且如果從宗教的立場上來講，也是合理的。因為你要把上帝和人溝通起來，需要有一個中介，這個中介一方面要有上帝的質素在裏面，也要有人這一方面的性格、狀況，比如肉身，又或在時空中做思考等活動。

所以唯識學也在第八識和第六識之間，建立一個第七識作為兩個識的媒介。同時在精神分析方面也有相類似的講法（以上我已經

有提過）。根據弗洛伊德的那套精神分析，潛意識和意識之間有一個中介，就是前意識，我們認為可以接受。所以這個末那識，它主要的作用就是在這裏，它解决了第八識和第六識溝通的困難。然後第七識那種前意識的思考狀態，是永遠在作用，不會停止，我們的意識察覺不到，因為它是在下意識的層面活動。所以，他們就用幾個字眼來說明這個第七識的作用，就是「恆審思量」，就是說一直都在思考的那種狀態。可是它思量的是甚麼呢？也不是說得很清楚，不過有一點倒是非常明顯，它就是思量這個第八識，然後執著這個第八識為自我，產生一種「我執」。這種「我執」就是執著、煩惱的一種最根源性的活動。另外一種講法就是，它只是執著第八阿賴耶識的「見分」，因為在唯識學中的所謂「識」，有兩個面向：一個面向是客觀的，另一個面向是主觀的。主觀的叫見分，客觀的叫相分。所以這個第七識就是「恆審思量」，執著阿賴耶識或者是阿賴耶識中的見分，就是主體的部分，以為這是常住不變的自我。這樣就產生「我執」，人的一切苦痛煩惱就來了。因為人白天甚麼東西都想，晚上都在做夢，都是環繞著自己的利益，來胡思亂想，這構成了一種對自我的執著，一種自我中心主義的心理，大家都以利益自己作為生活最高的指標。每一個人都只是顧自己，為了自己的利益來生活，其中一定有爭執、有衝突，結果爭論就起來了。這跟儒家講的「克己復禮」有點相像。儒家講的「己」就是以自我為中心的自己，這不符合仁的「公心」的態度，所以孔夫子就說我們要克己復禮才能證成人的德性。雖然是不同的學派、不同的宗教，他們都有相通之處，儒家就提「克己復禮」，佛教就提「轉識成智」，當然包括把這第七末那識轉成一種智慧，即「平等性

·221·

智」。講到這裏，我想我們可以對第七識有一種概括性的了解，主要就是有那種「恆審思量」的作用。

關啓匡：經過老師剛才的補充，我們再往下看，老師詮釋的內容有四點，這裏經過老師一層一層的說明，到最後點出第三這個部分，談到了「恆審思量」的內容。在第一點的部分，老師談到末那識、意識和阿賴耶識之間的關連，就是阿賴耶識總是作為末那識的基礎，而末那識則執持阿賴耶識而使意識有一個「自我」的概念，所以這三個識是由下而上的，每一層都作為上一層的基礎，這種理解老師在前面已談過。到了第二點，老師進一步再確認一點就是，阿賴耶識也可以作為靈魂的主體，也就是說一切「有情」，他們在生死海的流轉中，一個生命個體的現行滅了以後，他又轉生到另一個生命個體中，而其原先的第七末那識，也會跟阿賴耶識還有其內在的種子，一起轉生。經過老師之前的說明，這些內容都已非常清楚了。然後，第三點說了「恆審思量」，到了第四點老師作了一個總結：第四，這是最重要的，末那識有思量的作用，這不錯，但這種思量作用並不是概念的、邏輯的思考，這是第六意識的事。末那識的思量，是執持第八阿賴耶識，把它作為一個恆常的自我來考量。這是眾生對自我生起執著，而生起所謂四煩惱：我見、我痴、我慢及我愛的根本原因。同時，也由於末那識是四煩惱生起的泉源，這心識總的就價值一面來說，是有染污傾向的，所謂有覆無記是也。[20]

20　相關論典譯文，參考吳汝鈞：《佛教的當代判釋》，頁 277-278。

吳汝鈞：對於「末那識」的理解基本上是這樣。有一點我們要注意，就是這個第七識，尤其是「恆審思量」的作用，主要是思量第八識為一個「自我」，是一個有「實體」或「自性」的自我。這樣對第八阿賴耶識，具有一種建構的作用，建構我們生命存在的主體，用輪迴的講法來說就是構成我們人的「靈魂」。每一個人都有靈魂，都有第八阿賴耶識，生死不會對它有甚麼影響，一個人的生死，只是指他的肉體活動由開始到終結。所以生死在佛教來講，只是指這個 physical body，在過一段時期以後，從我們人來講最多近一百年就死掉了。就是表示，人在這一個階段活動的時間已經夠了，要結束了，生死就是如此。那麼靈魂到底是甚麼呢？我們要如何交待這回事兒啊？因為生死不是靈魂的問題，佛教有一種講法，在《瑜伽師地論》裏面已經講得很詳細，一個人活了八、九十年，他那有血肉的個體生命在世間的活動要結束了，可是這個靈魂不會跟著解構，他會繼續存在。存在在甚麼地方呢？他會再找一個新的胎，以便「受胎而生」，一個胎作為他的「載體」。然後，他就重新附在那個新的載體裏面，繼續生存。下一個階段又會終了，靈魂又重復投胎。有人會問，一個人死掉以後，他的第八識離開其肉體，到外面去尋找其載體，這個時間要等多久啊？馬上找到？那如果找不到怎麼辦呢？如果他找不到一個載體或者是新的胎的話，他就會在這個空間中遊離，沒有落腳的地方，就變成「遊魂」！遊魂就是在空中遊來遊去，找不到載體。佛教有一種說法就是，這個時間由七天到四十九天，一定會找到新的胎，也非要找到不可。這種講法有甚麼根據？好像沒有甚麼唯識的經論說清楚，就是教內有這種講法，是七天到四十九天，就是七七、四十九，即是一週到七

週，在這個時間階段裏面就找到，找不到怎樣啊？沒講！呵呵……沒討論啊！這裏還牽涉到一個問題，他找到的是甚麼樣的胎？甚麼樣的載體？佛教不是說十界嗎？我們人是第五，人之下還有阿修羅、畜牲、餓鬼和地獄，也包括比人更高的佛在內的四個層次的存在，除佛等四界以外都有輪迴，所謂「六道輪迴」就是這個意思。如果你的業（karma）是好的話，你就可以投生到一個好的層次，或者是天，或者是人，你可能重新做人，又或者提升到天上去做種種的存在。如果你的業（karma）不好的話，那麼你下一世就要投生到三途，就是三惡道：畜牲、餓鬼、地獄，這幾種很慘，有很多苦痛煩惱。所以這裏還是有一種教育的意味，就是說，你在現實生活裏面，要規規矩矩的做人，積一些善德，你來生就會比較好，如果你今生做盡壞事，那麼來生就要接受地獄的懲罰，就很慘。這裏有教育的意味，要求你好好把握當下這一生，多做一些好事，累積一些好的功德，以便生在天上，做人也不錯。所以佛教也說「人身難得」，你下一生做人也滿好，人身難得，不是每一種有情都能做人的，這裏有一種因果報應的意味，要我們在這一生裏面，多做好事，不要做傷天害理的事。

關啓匡：接下來這個部分講「安慧詮釋的啟發」，是屬於老師《佛教的當代判釋》〈第九章 識中現有〉「第二節」的相關內容。

吳汝鈞：這裏要注意一點，唯識學有兩個傳統：一個是傳到我們中國，玄奘當年到西域去，經過很多難關，結果「關關難過關關過」，到達了西天就是印度，處於東北面的地方，那個地方是佛教發源的地方。當時，佛教裏面以唯識學派影響最大，講的人也最

多，所以他就停在那個地方，拜在戒賢法師（Śīlabhadra）的座下。śīla 就是戒的意味，六波羅蜜多其中一個就是戒，梵文就是 śīla，bhadra 就是賢明、好的意味。戒賢是當時唯識學的大師，玄奘就是在他的門下，學習印度的唯識學。後來玄奘回去中土，就把他從戒賢和那爛陀寺（Nālandā）拿到的經論帶回中土。其中以護法（Dharmapāla）的資料最多，他們那個時候主要就是講習世親的《唯識三十頌》，所謂十大論師，玄奘所帶回來那些解釋唯識學的資料，裏面有十個論師的資料，其中以護法的資料最多，他把這些資料翻譯出來就成為有名的《成唯識論》。你們的趙東明學長就是研究這本書的，他的博士論文就是寫唯識學。

趙東明：我只是處理一部分概念。

吳汝鈞：對，也不是全部。因為有玄奘的翻譯，所以護法的傳統有玄奘的翻譯在裏面。由此，我們一般如果要了解護法的唯識學，通常就參考這本《成唯識論》，這部書原來梵文的本子已經沒有了。所以中、外的學者，如果要了解唯識學，是非通過這本書的漢譯不可。世親的唯識學，還有另外一個發展的方向，就是安慧（Sthiramati）。安慧和護法，都是當時最有權威性的論師，可安慧的那套唯識學，他對《唯識三十頌》的傳承，沒有傳到來中國，玄奘沒有把他帶來中土，反而傳到了西藏，那就開拓出西藏的那套唯識學，或者是藏傳的唯識學。所以解讀世親的《唯識三十頌》有兩個支派，一個支派就是玄奘傳過來的護法的系統，就是漢傳的唯識學，另外一個支派玄奘沒有把它傳到中國，卻傳到西藏，後來有了藏傳的唯識學。安慧對於《唯識三十頌》的注解，有《唯識三十

論疏解》（*Vijñaptimātratābhāṣya*）這本書，這本書沒有漢譯，有梵文原典和藏譯。另外對三十頌的解釋，就是護法的《成唯識論》，如上面所說，這本書有漢譯本，可是沒有梵文本和藏譯。所以研究唯識學，最好兩邊都能夠照顧，可是文獻學不一樣，西藏那邊只有安慧梵文的原本和藏譯，護法那邊只有玄奘的漢譯。通常研究唯識學的人，不是研究安慧就是研究護法，你如果兩邊都要做研究，你得要有三種語文的基礎，漢文、藏文、梵文，如果你沒有這三方面，只有一、二方面，就只能做護法的或者安慧的。

關啓匡：謝謝老師清楚的講解，使我們了解到唯識學的傳承脈絡。我們回到安慧的啓發性。第一點，老師首先提到，安慧強調阿賴耶識是一個場所，而存藏「一切迷妄存在的力量」，即所謂「種子」。關於「迷妄」的概念，我們可以從「種子六義」裏面去把握其「迷妄性」，至於它是一種「存在」，要從它的「非常非斷」的性格去把握。同時，阿賴耶識和種子之間有一種互相依存的關係。再者，「識轉變」和阿賴耶識都有場所的意思，可見安慧對世親「識轉變」的觀念有所繼承。以下我們復習一下老師的一段話，他說：「阿賴耶識中的種子遊息於這個心識之中，是一種現象論（Phänomenalismus）的背景，因為種子與整個阿賴耶識有很濃烈的染污性……。而阿賴耶識也好，種子也好，雖是在潛意識的層面，但總不能脫離經驗性格。」[21] 老師這裏所講到的「經驗的性格」，或許我們可以運用「種子六義」裏面的「果俱有」這個概念

21　吳汝鈞：《佛教的當代判釋》，頁 278。

來了解，即是它是與這個「因果的關係」相關，所以我們還是必須從一個有情的現行的經驗性的生命表現中來了解，從這裏面的轉變來了解其中的情況。另外，阿賴耶識和種子都是生滅法，前者的生滅性格是由種子所引致的。這是第一項的內容。

吳汝鈞：這裏提到「識轉變」的關聯。這「識轉變」本來在世親的《唯識三十頌》裏面有講到，而且把它看成是非常重要的觀念。可後來護法和安慧對「識轉變」的詮釋不一樣，差的很遠。我們在這裏稍微講一下。你看這兩個不同的唯識學的傳統，一個是藏傳，一個是漢傳，基本上如果抓著「識轉變」來看就很清楚。所謂「識轉變」就是我們的心識，有轉變的作用，怎樣轉變呢？在玄奘的系統裏面，就是護法的系統裏面，就當前的那個心識來講它的轉變，就是 vijnānapariṇāma，vijnāna 就是識，pariṇāma 就是轉變。護法的解釋就是當前就轉變，你可以說是一種「分化」，先分裂出「相分」，自己就以「見分」來了解「相分」，並且執著這個「相分」，把它看成為有「自性」，有一個客觀存在的世界，就是「相分」。在「識轉變」裏面，心識先作一種分裂、分化的活動，分化出「相分」，成就整個現象世界，然後再以「見分」的身份執著「相分」。「見分」就是「我」。「我」跟「法」、「這個世界」，有這種我、法的關係，這個我就執著這個法、「相分」，視為有自性的東西。這是一種虛妄執著，因為這個存在世界不過是識所分裂出來的「相分」而已，還是沒有自性，它的「存在」在識裏面，「識中現有」可以從這裏說，我這本專書講唯識的部分，就用「識中現有」四個字來概括，這可以在「識轉變」這裏看到。所

以，你把這個「相分」，這個存在世界，都看成有實體，有自性，這是一種錯誤的了解，是一種虛妄的了解。你有一種執著，以為這個世界是有常住不變的自性，所以你對它有一種追逐的心理，要得到這種東西，纔能滿足。可是這種東西根本就是空的、緣起的，你即便把它拿到手，它也會變化，最後還是會解構掉，它沒有自性、實體，到頭來你要得到的東西，根本就不是你真的想要的東西。所以，這種虛妄執著，會讓你在生活上生起很多虛妄的見解，有虛妄的見解就會引發許多虛妄的行為，一切煩惱、苦痛都是這樣來的，所以你就不斷輪迴。你一定要放棄執著，纔能夠從這個輪迴的循環中脫離出來，得到覺悟，達致解脫的目的。你一天這個虛妄執著不破除，你就沒有辦法逃出這個「生死苦海」，一直生活在這種連鎖的程序裏面，成佛成菩薩就不能講。所以「識轉變」這個意思非常重要，這是護法的解釋。

安慧的解釋比較簡單，他是說這個「識轉變」，識的種子，根據「種子六義」，是「剎那滅」，一刻都不能停留，每一瞬間這個種子以至識都在轉變，轉變成為下一瞬間的種子以至識。就是說，安慧不是以「相分」、「見分」來說明「識轉變」，而是把識看作一種「生滅法」，它是每一瞬間都在轉，停不住的。所以安慧不是很重視相分、見分的分別，在唯識學中，護法比較重視這一方面。

護法的唯識學是「識中現有」，他有這種「有」的觀念，而且要把它建立為一種表示存在世界的觀念。從這一點來講，護法的這種分化為相分和見分，就是通過相分、見分的轉變，自己、這個識就成為這個存在世界和自我的根據。相分是講存在世界，見分是講自我。他是比較重視相分，就是客觀存在世界的那種作用和它的狀

態。在這一方面,他跟一般的常識比較契合,跟科學也比較契合。比如說,這個水壺是有,是由識變現出來,這副眼鏡是有,也是屬於這個存在世界的一部分。這兩種東西,你不能說反正它們都是由識變現出來,所以我們就不管它們了,都沒有自性,就不去考量它們之間的那種「分別」。這個分別可以從兩點講,就是:它的狀態不一樣,它的作用不一樣。這個水壺能裝水,口渴的時候拿來飲,這副眼鏡是幫忙看東西的。作用跟外形都不一樣,所以我們還是要注意它們的不同的地方,形象、作用都不一樣。這比較接近科學,當然最基本的立場不一樣,科學家不講有自性、無自性的問題。上面提到的英國著名物理學家霍金,是一位天才型的人物,很多有關宇宙的理論,甚麼大爆炸、黑洞,都是他提出來的。我的兒子就很喜歡黑洞這個名相,他常常問我:「甚麼是黑洞」這樣的問題,我怎麼懂啊,我說黑洞不是我講的,是霍金講的,你應該去問他。所以這都涉及現象的方面,一想起來就很複雜,比如說我們直接面對的宇宙,就是地球而已啊,我們也只能接觸到地球很小的部分。地球那麼大,我們也只是住在一個城市,頂多也只是在接觸城市中的各個區域,這個新北市,它就分南港、汐止、中正和文山等等,你就算走遍臺北也只能接觸到臺北市、新北市這一個城市,新北市在整個地球來說很小啊,像大海水裏面的一滴水而已。地球以外就是太陽系,再擴大下去是銀河系,大得不得了,很難想像,以天文數字來算。他們用光速來說明其距離。銀河系在外面還有甚麼東西呢?你追問下去是沒完沒了的,浪費時間,反正科學家不能解決,只有上帝能解決,所以你如果真的要把這些東西弄懂,你得要信上帝啊,因為都是祂做的!可你不願意信上帝的話,這些問題永遠只

能停留在心中：空間有沒有限度，時間有沒有開始，科學家都不能解決，這些是科學以外的東西，只能求教於宗教那一方面、上帝啊。

所以從這一點來講，這個相分，所謂「識中現有」這個「有」就很不簡單。這個有在佛教裏面，只有唯識學講得最詳細，雖然它也知道這個「有」還是緣起的，可是它重視現象性。甚麼是現象性呢？有兩點：一、作為一種現象，它有一個外形，此外形各個事物都不同；二、它的作用，外形不同作用也不同。這個「有」就是有這種現象性，如果要比較的話，基本上這個護法的傳承，還是偏向於實在論，比安慧的那種解釋不一樣。安慧不大解釋見分和相分，他只是強調，我們每一種心識一發出來就馬上轉變。因為，我們每一種心識都有它的種子，這個種子在「種子六義」裏是「剎那滅」。種子是「剎那滅」，那個心識也非要「剎那滅」不可。然後就「恆隨轉」，轉變的意思就出來了，不是一滅就滅了，如果是這樣，便是斷滅論，是虛無主義，這個不好。它一滅馬上就轉，就像瀑布、瀑流，你每一秒把手放進去切它，你這隻手所碰到的，每一瞬間都是不同的水，這個瀑布的水是不會停留的，而心識也是一樣。他是強調整個現象世界中的一切東西，都是隨生隨滅，不停在變化。護法那套系統可以建構一套存有論，就是以心識為基礎的一套存有論。這就是「識轉變」。佛家唯識學的名相太多了，我們要抓一些有代表性、核心的概念去看，就會比較清楚，在這一方面，我們最需要注意的就是「識轉變」這一觀念，這一種對現象的解讀。

關啓匡：通過老師剛才的講解，一、二、三項的內容都已經帶出來了。這裏我覺得尤其是第三項比較重要，我把老師專書裏面的講法念一次：「安慧強調阿賴耶識作為現象而顯現的主客兩面」；「在主觀方面，它作為統合的力動（執受）而顯現；在客觀方面，它挾持著難以個別地、清晰地了知的事物的形相而表現，這些事物的形相，合起來便成器世間。他特別強調主觀的統合的力動是一種熏習力，是對人、法的自體的周邊計度的熏習力。這力動也是對根身的物質存在（色）與心理存在（名）的統合力量。」[22] 總之，「安慧強調阿賴耶識作為主觀現象與客觀現象的根源性。」根據吳老師的分析如下：阿賴耶識的主觀方面，「顯現為對一切存在進行構想（構想它們具有常住不變的自性、自體）的執受主體」[23]，在我們的腦海的想像裏面，它基本上是一個「收攝」的概念；阿賴耶識的客觀方面，「是整個存在世界即器世間的依據，因器世間的一切種子都內藏於阿賴耶識中」[24]，所以它同時又可以解釋整個存在的一個根據，成為現象的依據。這兩種不同的面向、形態作為主、客觀的性格，都同時統合在阿賴耶識的概念裏面。

吳汝鈞：到這裏大家有沒有問題呢？

關啓匡：在老師的論述裏面，也有強調說無論是安慧、世親或是護法，都認為每一個眾生只有一個阿賴耶識。然後，第四點這裏老師

22　吳汝鈞：《佛教的當代判釋》，頁 280。

23　吳汝鈞：《佛教的當代判釋》，頁 280。

24　吳汝鈞：《佛教的當代判釋》，頁 280。

又進一步分析，說明安慧和世親與護法對於「種子」的詮釋面向重點不同。相對於世親與護法對於「種子六義」的說明與闡釋，安慧僅明顯的提及「一切種子」的概念。[25]

吳汝鈞：是有不同。講到這裏，在接下去之前，我暫時先轉到另一方面來談談。在佛教裏面，最接近我們的常識就是唯識學，跟我們一般的看法最相像的，我們最容易接受的就是唯識學。其他的學派，他們跟常識距離比較遠，我們有時候要改變思考的方式，才能了解，我舉一個例子：當年禪宗的六祖，在廣州一個道場說法、開示，讓一切眾生都能夠了解真理。他站出來以後，沒講話啊，然後這樣（吳老師作了一個伸出右手拇指的動作），伸出來，問：「這是甚麼？」有一個人很快就舉手說：「這是大拇指。」他以為一定正確，這不是大拇指是甚麼呢？可六祖就搖頭，No way，搖頭。聽講的那些人就感到疑惑，這明明是大拇指，怎麼說不對呢？其實六祖有一種意味，就是要他們從常識的了解這個框框中轉出來，表示一些有智慧的見解，所謂洞見。然後，另外一個人又講話啦，他說：「這是空！」他以為這種講法一定沒有問題，佛教不是講空嗎？緣起性空，人的身體都是空，那麼作為人的身體的一部分的大拇指不也是空嗎？可是，慧能大師他搖頭，就是不認證他的正確性。隔了很長的時間，一個小孩站起來說：「這個就是這個。」六祖就點頭了。你們可以思考一下這三個答案，為何前兩個答案六祖搖頭，第三個答案他點頭呢？這是大拇指，不對；這是空，也不

25　吳汝鈞：《佛教的當代判釋》，頁 281。

對；這個就是這個，對！你們可以想一下，是六祖在耍魔術還是怎樣？顏銘俊你可以嘗試回答一下這個問題。

顏銘俊：這個公案，第一個答案是說「這個是拇指」，我覺得這樣是落於言詮，執著於名相；第二個答案是「空」，這樣就執著到「空」裏去了，執著於遣除；最後一個講「這個」是「這個」，不執著於名相，也不執著於遣除名相，真正做到遣之又遣，當下遣之。

吳汝鈞：可是「這個」還是名相。

顏銘俊：人跟人之間溝通，終究還是要通過語言，「這個」就是「這個」，比起前兩者更為不執著，有一種「隨其所當然」的意味。

吳汝鈞：你確實能講出了一點意思出來，可是好像不是很確定的回應。這裏面涉及到一種語言的使用問題，可是你有沒有想到，語言本身是一個障礙。有沒有聽過英國一個很出色的哲學家維根斯坦，他是分析哲學的先驅人物，可他的思想有很多個階段。他最初就是注意語言分析，後來就轉到人的精神方面，講道德，講宗教，他說過這麼一句話，就是說：「人到了語言不能詮釋的階段，就要保持沉默。」他在這裏面是否有一種，可以說是「洞見」在裏面呢？就是表示語言本身有它的限制，不是萬能的。再有就是，我們的世界有種種的現象，以至語言不能表達的，然後我們就不要再用語言，用其他方法還給它一個本來的面目。在佛教來講，有一個觀念所謂真如，或者是如如，或者是如其所如，這個意思也在裏面。佛教裏

面有一部經典，叫作《不增不減經》，這本經典不是很多人都有注意。就是對於某一種現象，你不要擾動它，不要多加一些東西進去，也不要減少其內容。不增不減。講到語言的問題，我們通常所用的語言，都是約定俗成，就是表達真理的概念也是語言。凡是用到語言，它就有限制，你說這個茶壺，它是紅色，在表面上從現象的層面看是對的，沒錯，可是你一用紅的概念，就排除了其他顏色的概念，就是排除了黃色、黑色、綠色、白色，就是說你把它固定下來說它是紅色，它就不可能有其他的顏色，你一規定它是紅色的時候，其他的顏色就不能講，它這裏面有一種限制性。從佛教這一方面來講，你就是用這個空、緣起、中道和涅槃來講這個終極的真理都有限制。就是說，它只能是一種標示，就是我們思想上所運用的一種標示，不要以為這種標示就是真理，它們都是假名。比如《中論》就說：「空亦是假名，」有沒有聽過？這個「空」的觀念是佛典裏面出現得最多的，就是用來講那個終極真理。可是我們對這個「空亦是假名」，要注意它的限制性，不要以為這個「空」的觀念，真的可以把這個終極真理傳達出來。終極真理要拿來體證的，不是拿概念來形容，在概念、原理上，還有一種直證、體證，所以說「空亦是假名」，我們選取空這個字眼來表達終極真理，並不是說對終極真理的體證。是不是啊？你說是「大拇指」，這個「大拇指」是約定俗成，有它的有限性，你說這個是「空」，但「空亦是假名」，也有其限制性。所以比這兩種稍為好的，就是「這個就是這個」，它沒有增加也沒有減少，你可以說這個也是語言呀！是吧？不能光從這裏看，有沒有聽過「以言遣言」這種講法呢？「這個就是這個」就是「以言遣言」，即是通過言說來排除言

說的那個有限性。像你剛才講就是，我們如果有所表示，主要還是要通過語言。可我們要對語言的作用和極限有了解才行，好像一隻手指指著月亮，是嗎？你的目標在月亮不是在手指，所以語言，這個「空」觀念只是手指不是月亮，不能以這個手指當月亮，不能以言語來當終極真理本身。或者是說，在你的體證下所顯的終極真理不是這個，在佛教常常「以言遣言」，就是我們不要執著於語言，真理是拿來體證的，不是通過語言概念來講的。這一點，如果你想通了就很好，不光是講佛學，好像孔夫子，他也講「天何言哉，四時行焉，百物生焉，天何言哉」！天跟人講甚麼，沒話可講啊，你只要看四時，春、夏、秋、冬的轉變，在這種轉變裏面百物都可以生長，這就是天啊，就是自然。然後老子也講「道可道，非常道」，基本上他們的那種脈絡有點相像，當然他們的基本立場不一樣，儒家是「實體」的立場，佛家是「非實體」的立場，道家有實體主義的部分，有時也講非實體。這個語言的問題，它是有用，它是工具，而其限制就是在於它是工具。我們用不同的材料、工具來建造一棟房子。房子就是目標，材料是工具，這兩者要分開。你也可以說，終極真理是不能用語言來講。然後人家就問，你說這個終極真理不能用語言來講，你把這個意思弄清楚叫人知道，你還是非用語言不可。這裏就有一種語言上的弔詭，很明顯說語言不能表示終極真理，那語言為甚麼不能表達終極真理呢？你把這個理由表達出來，這還是用語言啊！到了最後就是，我們就是要對語言本身，有一種透徹的了解，就是只能把它看成工具，不是一種目的。有沒有問題呢？好，趙東明你是他們的學長，你說我剛才講的有沒有道理呢？

趙東明：老師的講法很有道理。

吳汝鈞：你們有言論自由的，哈哈。（眾人皆笑）所以這個「道」啊，老子說「道可道，非常道」，可是為何是這樣呢？這裏面還是要用語言來弄清楚。所以不講就好了，就如維根斯坦所講的，我們到了語言所不能表達的地方，就要保持沉默。我再舉一個例子。維摩詰（Vimalakīrti）是一個大居士，修養很高，有一天他宣說有病，叫作「維摩示疾」，然後佛祖就派門下的大菩薩去看病，看維摩詰生的是甚麼病，有沒有辦法可以幫忙。由文殊師利（Mañjuśrī）大菩薩率領一班菩薩，都是修養很高的出家人，來到維摩詰的居所探病。他們言談間論及「不二法門」的問題，這是通往終極真理的大法門。維摩詰就請佛陀的眾弟子講甚麼是「不二法門」，於是每一位菩薩都表示了他們的理解，基本上他們都是以一種剛才我所提到的「不增不減」這種「雙非」或者是雙邊否定，來講這個「不二法門」，每一個人都有發言。到最後大家都講過了，文殊菩薩最後請維摩詰居士也講，維摩居士默然無言，不講了。然後文殊就讚嘆說「是真入不二法門也！」就是像維根斯坦那句話一樣，就是在無可言的地方就不要再用言語講。因為「不二法門」跟終極真理有很密切關連，就是你體證終極真理的法門，而這種法門就是「不二」的性格，沒有分別心的那種法門。凡是語言都是概念的運用，都有分別的意味在裏面，不管你是甚麼人講，即便是佛祖自己講也算數，所以維摩就不講。不講就表示，他的境界比文殊等其他大菩薩高，這就叫「文殊問疾」。這一個故事，是維摩詰要考驗佛陀門下弟子的境界與程度到底如何，結果他們都免不了要運用語言。所以文殊

說「是真入不二法門也」，他也很聰明，知道自己真的不如維摩詰，默然無言，這比其他菩薩用語言更高一籌。當然，這個運用大拇指的故事，是一個公案，不是歷史。這些公案都是用來考驗人們的智慧的。好吧，繼續說。

關啓匡：謝謝老師以上精采的補充。我們再看第四點，就是護法是相對比較重視現象性的，所以他比較關心「種子六義」的規則義。對比之下，根據吳老師的分析說：「安慧的取向不同，他毋寧把關心設在識心方面，而且他的識心並不如護法的那樣具有濃厚的染污性。在他看來，識心或心識可以有其清淨的一面。」[26]這個部分，就是在比較安慧和護法對於阿賴耶識和種子的理解之分別。

吳汝鈞：所以，我們在這裏可以看到漢傳的唯識學和藏傳的唯識學，雖同是唯識學，可是他們還是有分歧。根據你剛才念過的最後一句話，就可以看到，在安慧來講，識心或者是心識，可以有其清淨的一面。因為第八識裏面，有無量數的種子，這些種子也不全是染污的，也有清淨的，安慧就比較重視清淨這一方面，認為覺悟就是要以第八識清淨的種子為基礎，然後進行轉化，慢慢把其他的種子都從染污的狀態轉化成為清淨的狀態。到全部的種子都是清淨性格，就讓它們實現，在現實上「現行」，那就是覺悟了，要這樣了解。所以，安慧比較樂觀，護法的解釋比較悲觀。

林鳳婷：老師我想問一下這個地方，安慧這種說法其實跟《大乘起

26　吳汝鈞：《佛教的當代判釋》，頁 281。

信論》提到的阿賴耶識，是有一點像的。

吳汝鈞：你可以說是比較接近的。不同的地方就是，《大乘起信論》肯定一個「眾生心」，這個「眾生心」有兩個門，就是可以分化成為兩個門：真如門和生滅門。可在安慧裏面，他講到有關種子的時候，很簡略，也沒有提出有像「眾生心」這麼一個主體性，來總括真如門和生滅門所包含的內容。真如門是清淨的，生滅門是染污的，安慧沒到這個程度。所以，有人根據這一點，說《大乘起信論》裏面包含了很多早期唯識學的觀念、概念和義理。所以，《大乘起信論》在義理上應該比唯識學要成熟，因為你要先有這唯識學在前面，《大乘起信論》才能把這些義理吸收到其系統裏面，就是「如來藏自性清淨心」的系統裏面，來建構其整套「眾生心」的思想體系，或者是「如來藏心」的體系。另外，傳統以來一直以為《大乘起信論》是馬鳴（Aśvaghoṣa）寫的。可是馬鳴這個人比龍樹還要早，馬鳴是一個大詩人，是古代很有名的大文學家。在他那個階段怎麼可能發展出《大乘起信論》的思想水平呢？因為馬鳴比龍樹還要早，龍樹比無著、世親等唯識學的大師又要早。所以馬鳴的年代可以推到很早，稍微後於釋迦牟尼一點點，可他在那個時期怎麼可能有這麼成熟的學說，有那麼多方面是跟唯識學有交集的？很多研究佛學的人，就根據這個理由來說，《大乘起信論》不是馬鳴所寫的，是在唯識學流行以後的人寫的。那到底是誰寫的呢？這種問題最麻煩，難有結果，可是一些佛門中的人還是堅持，這部論是馬鳴寫的，他們是以信仰的觀點來看。

通常我們看思想的發展，都有這麼一個共識，就是說一個人的

思想，最成熟的那部分，應該是在他後期寫的，比較簡單、原始的應該是在其早期他的系統還沒有完全建構起來的時候寫的。我們講哲學史，這是一般的共識。這些問題在佛學裏面有很多、很多，甚至有人說世親有兩個，一個是經量部的，另外一個是唯識學的，這是德國學者的說法，日本學者反對，認為沒有分為兩個世親這個說法的必要，不需做這種猜想，可也有人支持兩個世親的說法。在維也納學派裏面，大都支持這種講法，可日本方面很多學者覺得沒有必要，這種爭論沒完沒了。這種歷史的公案，很難找到結論，像老子和莊子，誰先誰後，也是一個問題。我們通常是說老子在前，莊子在後，老子應該比孔子年紀大，因為「孔子問禮於老子」，是後輩向長輩請教，故老子應先出於孔子。老子是春秋時代，莊子是戰國時代，兩個時代差很長。可有人認為，老子在莊子之後，誰啊？（同學答：「錢穆，錢賓四先生。」）對啊，錢賓四，他的普通話講得很難聽，我聽過他的演講，真的很難聽，只能聽懂兩成。可他的學問就非常博，他基本是自學，沒有進過大學，了不起啊！好吧，我們繼續。

關啓匡：好。根據老師原作的安排，講了四點以後，他作了一個總結：「展示出阿賴耶識的力動性格：統一的力動」，即是所謂執受的力量。同時，將安慧《三十頌》疏釋的相關句子譯為中文，即：「阿賴耶識的執受、住處和了別都是難知的（不可知）。」[27]其中，「執受」的意思包含「執持一切種子」，與依時機展現種種現

27　吳汝鈞：《佛教的當代判釋》，頁 281。

象和事物，足以顯示出阿賴耶識的動感。依據安慧的理解，這種統一的力動具有兩種面向的統合作用，即統合種子，又統合由種子開顯的現象世界。安慧的理論分別物質現象和心理現象，一切現象皆為阿賴耶識所統合。於是針對不同境界的有情，就可作一種理論安排：「在欲界和色界，有物質現象和心理現象被統合；在無色界，則有心理現象被統合。」[28]

吳汝鈞：這裏說的三界就是欲界、色界和無色界。欲界是我們一般所了解的欲望的世界，是情欲的性格。色界就是物質的世界（rūpa），這個字不是顏色的意味，而是物質的意味，material 的意味。無色界沒有具體的形象，我們不能把它跟色界混在一起，這種無色界還是有執著在裏面，在無色界裏面的眾生還是要輪迴的，不要以為無色界就是超脫了一切欲望、感官的層次，就可以避免執著。不是，他還是有執著，還是要輪迴，當然比欲界、色界好。好，第六點。

關啟匡：好，在第六點，老師進一步提出，安慧有阿賴耶識的「瀑流」之觀念，用老師的話來說：「阿賴耶識好像瀑流那樣延續不斷地作用」。一切有情「個體」的生命現象，其阿賴耶識都「不是一貫的個別延續不變的存在，而是在每一瞬間都在作出生滅相續的存在」。其中，阿賴耶識內部那種「轉」舊生新的作用，據安慧的理解是由「因與果相續不斷地生起」的變動性所推動的，即無數次的「因果相續」的力動，推動了阿賴耶識與其種子無數次的生滅。對

28　吳汝鈞：《佛教的當代判釋》，頁 282。

於阿賴耶識這種恆「轉」的作用，安慧將之理解成猶如「河中的水流」。在這種心識的流動中，由福業、非福業和不動業（三種業）所積聚而成的種子或潛勢力，「帶領著觸、作意、受等心理狀態漂流著，無間斷地轉變，造成迷妄的存在的不斷生滅流轉的現象。」[29]

吳汝鈞：這是誰說的？

關啓匡：後面這句話是老師的原話。

吳汝鈞：我有這樣寫過嗎？（同學：「有，在第二八二頁的第六項的最後兩行。」）我一時忘掉了，這一段沒那麼重要，再看看第七項。

關啓匡：好。第七項，講到末那識是依阿賴耶識而轉的，安慧認為末那識以阿賴耶識為認識的對象，把它構想成自我。吳老師詮釋個中的玄義，以釐清兩種「識」內在的互動關係：「就識的作用言，剛剛滅去的識可作為力動的根本條件，現前正在思考的識正基於這根本條件而生起。而剛剛滅去的識正好成為被思考的對象，使現前正在思考的識生起。安慧在這裏似是以剛剛滅去的識指阿賴耶識，以現前正在思考的識指末那識，以說末那識與阿賴耶識的認識論與存有論的關係。即是，阿賴耶識滅去，引生末那識，而正是那滅去的阿賴耶識成為末那識的思考的對象。這種思考應該是概念性的，不是直觀性的，因為當末那識思考阿賴耶識時，後者已滅去了。」[30]

29　吳汝鈞：《佛教的當代判釋》，頁 282。
30　吳汝鈞：《佛教的當代判釋》，頁 283。

吳汝鈞：這裏包含有一個意思就是，心識的相續不斷的現象，就是當我們了解一個對象，我們看這個水壺，我們去了解它，這當然是通過我們的感性的直接作用去了解它，把它吸收進來。在意識方面就有一種反應，就是確認這是一個水壺。這個水壺的印象在前，我們說這是一個水壺的印象在後。這裏面到底隔了多少個瞬間？我們還不是很清楚，這要看你對一瞬間的時間怎麼算。反正它是有前後的分別，所以我們的直覺接觸這個水壺的一瞬間，跟我們判斷到這是一個水壺，不是同一個瞬間。即是說，當我們判斷到這個水壺是一個水壺的時候，這個水壺已經變了，變成了下一瞬間的水壺，就是說我們永遠追不上。因為，它變成了下一瞬間的水壺，我們也用直覺來了解，然後又作出一個判斷，可這個判斷又跟我們直覺的水壺的那個時間點是不同的。就是這個意思，所有生滅法都是不停在生、在滅、在生、在滅，都是這種現象，即是我們意識的作用，永遠都後於我們直覺的作用。就是說，你要從這個直覺，所得到的那個對象的所謂「感性資料」，即是我們的直覺從對象物方面拿到的資料，你要運到那個意識上去，由意識來作判斷：「這是甚麼啊？」「是水壺。」當它作出對象的一個判斷的時候，這個時點後於由直覺拿到、感覺到的這個水壺的印象，這兩個時點中間，有時間的空隙。到底這個空隙有多長？這是另一個問題。

在我們人類來說就是這樣認識的。那在其他動物方面，怎樣認識呢？我們不是很了解，我們人對動物的了解太少。比如說，動物有沒有一種組織的機能？我們有一種組織的機能，這是我們人所有的能力，就是把很多不同的東西結合起來，然後分類等等。還有，我們要對付一個對象，我們不是單獨的對付，而是能夠綜合各方面

的力量,來對付一個對象。這些都是我們人類所有的能力,這些能力在動物裏面有沒有呢?有人說有,如螞蟻。譬如說這裏有一塊蘋果肉,過了一個鐘頭,我們可以看到有一堆螞蟻,從四面八方一直向蘋果肉進發,進一步,我們會看到一大堆螞蟻,聚在蘋果肉旁,把它擡走,可見他們有一種聯合的作用。因為,螞蟻那麼小,蘋果肉那麼大,一只螞蟻肯定無法移走,必須合群力才能辦到,如此可以推想螞蟻也有一種聯合來處理事情的能力。有沒有這種經驗呢?比較髒的地方應該常見。還有蜜蜂牠們的舉動,也可以表現出某種程度的合群的力量。一個比較複雜的問題是,牠們怎樣聯繫,這個蘋果肉在這邊,那螞蟻是來自四方的,一只一只螞蟻成群出現,在找食物,有一只螞蟻察覺到蘋果肉,那它怎樣跟其他螞蟻溝通呢?叫它們一起來把這個食物搬走?這裏涉及一個溝通的問題,因為這不是一只螞蟻的事,而是眾螞蟻的事,它們必須要有一種聯合溝通、安排的能力,才能解決這件事情。那些獸醫管不管這種事啊?有很多人養貓貓、狗狗,有病就帶給獸醫治病。他們有沒有研究過,動物在這一方面的能力。其實我們人所知道的東西太少,可又要到太空去探險。

　　昨天我去植牙,在等候之時,很仔細的看了一個節目,就是播放東南亞,在這個印度洋和太平洋之間,在印尼、蘇門答臘、新畿內亞,甚至是澳洲北部之間,有幾千個島嶼在裏面,他們把海水之下的景象拍攝出來。你可以看到,海洋裏面有很多珊瑚,生物的品種也多得很。每一種生物,都有它的外表,跟水裏面的植物相像,它們捕捉小的動物,作為食糧,各種動物都有不同的捕食方法。然後就談到這個「物競天擇,適者生存」的道理,這是達爾文、赫胥

黎他們提出的，現在好像有人對他們的這種原理提出質疑，這些都是很專門的問題。不過，我個人有這麼一種感覺，我們對於地球海洋內很多東西，都是一無所知，裏面有很多的資源，我們不知道。很多國家花很多錢去作太空探險，其實地球的海水裏面有那麼多豐富的資源，你都不努力認識，反而捨近而求其遠，登陸月球，你就是上得去，有甚麼好處呢？你送我到月球，那裏甚麼都沒有，有沒有水、空氣，都搞不清楚，有沒有嫦娥？一個很荒蕪的地方，你花那麼多錢去探險，然後又去火星，其他的星球，就是一無所得。可是錢花了很多，那些錢都是老百姓的錢啊！所以我就覺得，這種做法就是，除了顯示國力以外，沒有其他意義。現在你可察覺到，科學一天一天進步，整個地球的生態都受影響，越來越熱，有人就想到，以後地球不能讓人生活了，要移民到其他的星球，我在想我們能不能在地球裏面作多一些開拓呢？在海底下面發展？你們到過東京、大阪沒有？東京、大阪都有很多地下街，比起陸地一樣寬廣啊！東京、大阪，地下街多得很，那些地下鐵路，我一進去已經迷了路了，都多得不得了，標示也很多，你一下去，就已覺得像進入迷宮。我們人在陸地可以有一個世界，那人是否可以在大海之下，開拓一個新世界呢？有沒有這個可能性呢？像那個蜀山劍俠一樣，挖地洞啊，挖啊挖啊，挖個沒完沒了，結果挖到了地球的另一邊，原來他在地球內裏，穿過地心挖出了一個隧道！現在看來可能是幻想，是否真的不能做？還是未知數，起碼比到月球、火星，要移民到那邊要容易。

關啓匡：老師到這裏我想提一個小問題，您這第七項的講法，說到

末那識執取阿賴耶識，阿賴耶識是一已經過去之現象，而末那識是過去之識。我想問的是，在這樣的一種唯識學的理論中，我們要怎樣理解我們的記憶？我們每一個人都有記憶，好像我們的記憶，使我們自覺我們是具體地存在過的。那我們的記憶，要怎樣在這個系統中去了解？

吳汝鈞：你這個問題，要回應也很簡單。就是你在平常生活裏面，做過甚麼事情，那些事情過後都不會消失，它都以精神性的種子的方式藏在第八識裏面，作為記憶的根源。到某一個階段，那些種子在眾緣俱足的情況下，會再出現，在你的意識裏面出現。那就表示那些種子，將你過去做過的一切活動，儲藏在第八識，以後如果各種條件配合得好就會起現行，當它起現行的時候，是通過你的意識的。就是說，你的意識對它的現行，就有所知，這些種子都是你以往做過的活動所積聚下來的，人的記憶要就此而說。即是說，那些過去的事情的種子藏在第八識，這個第八識的種子，如果它有機會現行，意識就會覺察到，因為它是意識。它有意識的作用，然後就把活動再投射出來，就是記憶啊！

關啓匡：可是為甚麼我們的記憶會不準確？我會記錯？

吳汝鈞：這倒是一個很好的問題。

趙東明：老師，服部正明在其《集量論》的注解裏面，有提到相關的問題，當然這個跟安慧不太一樣。他說這是因為有那個「自證」才會有記憶，就是「自證」的存在。比如說，我們看到這個杯子，我們同時也知道我們看到這個杯子。

吳汝鈞：對啊！

趙東明：這只能推出相分和見分，我們日常生活中有這兩種認識，看到這個杯子，和知道我正在看到這個杯子，這只有相分和見分。但是對於記憶，我們就可以推論出「自證分」的存在。這是服部正明的說法，他認為有三種認識，一是對象的認識、一是對象的認識之認識，第三就是記憶的認識。對記憶的認識就可以推出「自證分」。這裏還是有一些問題，就是「自證分」到底為甚麼會有記錯的情況呢？因為「自證分」是現量的，照理說不可能有錯誤的記憶啊！為甚麼會有錯誤的記憶，就像老師所講的一般，不好解釋。

關啓匡：是否這裏頭存在一種遮蔽？有另外一些遮蔽把記憶覆蓋了，所以顯現出來不是那麼清楚而有扭曲？

吳汝鈞：對，就是不能把過去所發生過的現象、活動完全的投射出來。

趙東明：可能是「似現量」嗎？我不太清楚？後來法稱……陳那的文本不太確定，就是有「現量」跟「似現量」，我暫時也不太清楚！

吳汝鈞：在陳那裏面，好像有提過。可是它的資料很少。法稱方面就很多，你如果注意法稱的「量論」，就會碰到「似現量」這個問題。不過我想，我們也不需要鑽到那麼專門，就是說從日常的生活、活動來看，是否可以通過唯識學的這種八識的理論，來加以說明。剛才你提這個記憶的問題，我想就是像我剛才所陳述的那種情

況一樣，就是因為你過去做的行為，沒有消失，有因、有果啊！因就是你之前的行為，果就是種子，不像外道所說，因一過去就沒有了，就變成虛無，唯識學不是這樣了解。從緣起、因果的關係來講，即便那些事情已經過去了，可是它還存在。它是以這種子的方式存在於第八阿賴耶識裏面，到某一個階段，現行的條件都俱備，這些種子便現行出來，就在意識裏面，你可以感受到，就可以知道了。可是，也不一定百分之一百準確，裏面或者有些遺漏，或者意識的功能有點障礙，不是在正常的狀態，這都會影響到你相關事情所展開的狀況。原來你所做的那些行為，有一種對比、對應的關係，如果一切都很順利，你的記憶應該不會出錯，如果在這過程中，有一些因素不正常，或者是有疏漏，那你的記憶就不是很準確，有一部分正確，有一部分朦朦朧朧這樣子，想不清楚。所以，唯識這種思想，我想它的效用非常大、非常寬廣。我們舉一個例子。你叫甚麼名字？

關啓匡：我叫關啟匡。

吳汝鈞：好，關啟匡將來十幾年以後成為臺灣的總統。

關啓匡：我沒有資格。

吳汝鈞：如果從唯識學這個角度來講，這種事情完全是可能的。譬如說你現在念博士，念完博士以後找不到工作，我是說譬如，只是舉一個例子。然後你對過去所學的作一些反思，好像都不是實用的，沒有實際的作用。你就開始研究法律，就是走陳水扁、謝長廷的路線，蔡英文、馬英九他們念的都是跟法律有關係。念完以後，

就是因為念得好，出了名，然後就去競選議員，漸漸走上政治這條路，再把有相同理念的人聚在一起，繼續擴大，不斷開拓，那你的黨派、集團的人越來越多，越來越大，成立了一個政黨。你的政黨可以發揮比較大的影響力，你的人氣越來越高，你就可以競選總統。在黨內部先把其他人打敗、打倒，讓自己出線，成為某某黨的總統候選人。另外，國民黨也有候選人，你就跟他競選，在電視臺裏面辯論，結果你是僥幸勝出，那你就當了總統。這完全可以從唯識學這種思想來解釋。它的理論效益非常廣，有很多很難想像，差不多不可能實現的現象都可以成為事實，這不是要魔術。它是有一種因果的關聯作為基礎，過去、現在、未來做過甚麼事都不會消失，以種子的方式藏在第八識裏面，漸漸展示出來，增加你在現實上的影響力。你有一種理想，要從政治方面發展，要把臺灣的事情搞好。如此，也只有當總統纔能有比較好的機會，來完成這個理想，這有甚麼不可能呢？

現在博士很多啊，找不到工作也並不奇怪，也不用灰心啊，人可以有很多出路，你就念法律，拿一個碩士，然後先在法院當書記官，再升上去當法官，到法務部裏面，佔一個席位，再把志同道合的人聯合起來，成為一個政黨，一個政黨就有權提出總統候選人是吧？就是你在你的政黨裏頭打敗其他競爭者，那你就出線，剩下兩個人競選總統，結果你又僥幸勝出了。你看當年美國的歐巴馬，他不是跟希拉蕊競選總統候選人嗎？當時兩個人對抗得很厲害啊，盡量批評對方，找對方的毛病來講，有一種「敵我矛盾」，像毛主席所講的，不是「人民內部矛盾」，而是「敵我矛盾」，不是你死就是我活。結果歐巴馬勝出了，也打敗了共和黨的候選人，他還是請

希拉蕊當國務卿哩！你說這是不是很奇怪，表面上好像完全沒有這種可能性，可這是事實。因為歐巴馬的胸懷比較廣闊，雖然兩人曾經競爭，最後他當了總統，就找希拉蕊當國務卿。她也很樂意，因為她也知道整件事情，在不同階段那種關係都不一樣。就是在歐巴馬跟希拉蕊競爭的時候，是敵我矛盾。在歐巴馬勝出以後，就對事不對人，以前爭得很激烈的對手，而他知道希拉蕊有當外交部長的才幹，那就請她，這有甚麼不可能呢？可以啊，所以不要放棄！有一次，很多年前的一天，我太太去買菜，馬英九當年當臺北市長，他幫連戰選總統，就幫連戰拉票，然後就跑過來跟我太太握手，這好像也是不可思議，怎麼作為一個平民會握到現任臺灣總統的手呢？這其實也不稀奇，就是他剛剛好在那時競選，我太太剛好買完菜，他可以隨便找任何人握手，那剛好就和我太太握手，這沒有甚麼不可能、不可思議的問題。她跟馬英九握過手有甚麼好處？也沒甚麼好處。

關啓匡：最後一段，在安慧的詮釋之下，末那識的特殊性格被彰顯出來：「末那識是稱為自我意識的識。安慧的解說是阿賴耶識是力動的根本條件，而正是這末那識把阿賴耶識構想成對象。這便規限了末那識不能是阿賴耶識，也不是知覺與思考的現前識。安慧隨即表明，末那識的本質，在構想阿賴耶識為自我及自體時，它即在這種構想自我和自體的本質的情況下，被稱為自我意識。安慧的意思很明顯，末那識不是阿賴耶識，後者是一切力動的根源。它也不是前六識。它的作用純在構想阿賴耶識整體或它的見分為常自不變的

自我，而對它執持不捨。」[31]

吳汝鈞：所以要在意識和阿賴耶識中間設立一個媒介，讓這兩個重要的心識有一個溝通的渠道。我覺得這種思想也是很合理，因為潛意識和意識畢竟是不同的性質，前者是完全潛隱，另外一種就是思維的主體，所以找一個中介來溝通這兩者是非常正常。像精神分析一樣，它也要找一個中介來溝通意識和潛意識，就是本我，所以就提「前意識」。潛意識不能直接進入意識的範圍，因為潛意識跟它關係太疏。要作為意識裏面的一分子，必須先成為前意識，再由前意識提升到意識，這也是很正常的現象。比如一個大學老師在學校，他想從助理教授提升到教授，太快了嘛，所以要有一個副教授來作為中介，必須按規矩晉升。除非你破格，就能直升，由助理教授直升為教授，要不然一定要按規矩。我覺得這種按部就班的發展很合理。這跟文化大革命「四人幫」不一樣，「四人幫」他們是坐直升機，張春橋便從一個寂寂無聞的官員升作副總理。還有華國鋒，幾乎所有的人都不認識他，而毛澤東死後，他就繼承為一位英明的領袖。毛主席是偉大的領袖，華主席是英明的領袖，可是現在華國鋒下場如何，無人曉得。其實他只是鄧小平上臺前的中介，是一個前奏，一個熱身（warm up）的階段，他的作用就是這樣。所以，唯識學要從這種中介脈絡展開思考，這樣才有生命力，才可以跟現代社會建立一種關係，讓此學說可以解釋現代社會的多元現象。

31　吳汝鈞：《佛教的當代判釋》，頁283。

第七章
識中現有與識轉變問題

沈威廷：今天我報告的部分是老師書上第九章第三、四節。第三節是識轉變的宇宙論與動感，第四節是識中現有。除了課本，我還借了老師的《唯識現象學》一書來看。

吳汝鈞：你那本借來的書是初版的吧？前幾月已經有再版，但是更動幅度不大。

沈威廷：先看前言部分。唯識學涉及八個識，但是最主要的部分是阿賴耶識和末那識。老師書裏主要是以護法和安慧的觀點來進行。因為世親的《三十頌》並不清楚，故要靠護法和安慧的說法來進行詮釋。護法的只有漢譯本，安慧的則有梵文原本和藏文翻譯。接下來第二段，唯識學的理論架構是在討論宇宙論、存有論以及動感問題。因為唯識學主張萬法為識所變現，所以這有宇宙論與存有論的涵義。這裏老師用了海德格的說法。

吳汝鈞：海德格講存在要在呈現歷程裏面證成它的本質。他很強調實現的意味。因為當我們說本質的時候，我們通常所了解的本質，

好像是在靜態的情況來了解，可是 Sein 或是大寫的 Being 或是終極的實有、終極的真理，在海德格的思想裏，一定會顯現、證成它的本質，這樣講才有意義。如果只在概念上來講而不說實現，那就只有潛在的狀態，無法具體地被了解。柏拉圖講的理型，在海德格眼中就是有缺失，因為理型是存在於另一世界，不會顯現，顯現的都是理型的模仿物或仿製品。柏拉圖講的理型不符合海德格的意味。如果從西方的角度來看，亞里斯多德有這意味，因為他講四因，其中有動力因、目的因，都是實現的因素。基督教也是。上帝不是高高在上不跟我們溝通，它是通過耶穌道成肉身來到世界上，受苦受難，以寶血來清洗世人的原罪，在此我們可以看到上帝的顯現。上帝透過耶穌道成肉身來顯示對人的大愛。有人問耶穌：「上帝到底是怎樣啊？有甚麼內容、性格啊？怎樣表現祂跟人的關係呢？」耶穌就說：「你看我就可以啦，我就是上帝的道成肉身，你不用去想上帝是怎樣怎樣，你看我的言行舉止就行了。」耶穌是上帝的本質，襲取人的形軀，來到這個世界，所以祂一方面跟上帝相通，一方面道成肉身，跟人一樣有思想，是同種動物。他有人與神兩方面的性格。因此，人要了解上帝，就看耶穌的行為和言說便行。耶穌就是上帝在世間顯現的具體的歷史人物。所以，海德格講的話我覺得很重要。如果你只是講終極真理，而不涉及實現，那這種學說就有問題。我們再舉些例子，例如說孔夫子。孔夫子是聖人，他講仁，克己復禮為仁，終極真理的本質就是仁。你要看這終極真理，要了解它的話，看聖人的德性，看聖人的行為便可以了。孔子是聖人，他在日常生活裏面行仁，以克己復禮，剛毅木訥等等不同的方式。如果你要了解終極真理、天道、天命等等觀念，就看

聖人如何作為便行。其實，耶穌的例子最好，祂是獨一無二的，只有耶穌代表上帝。孔子只是聖人裏面的一個例子，並不是唯一的聖人。因此，我還是覺得耶穌的例子最為切合。有沒有問題？那孔夫子除了仁，還講甚麼呢？

林鳳婷：忠恕。

吳汝鈞：對啊，忠恕。還有呢？

沈威廷：禮樂。

吳汝鈞：禮樂這個禮，關連到克己復禮。智、仁、勇、信、誠，他對不同學生講到不同的德目，有不同的講法。終極真理必須實現才可以有真正的交代，海德格很強調這點，要如何了解本質，就要看它如何實現，要在實現活動中證成它的本質。本質不開拓，就只是概念，只存在於思想，在行為上看不到。終極真理要在實現、實踐裏證成它的本質。

瞿慎思：老師，耶穌的道成肉身可以解釋成孔子那種人格典範的意思嗎？

吳汝鈞：我想不一樣，但又差不了很遠。耶穌是宗教的，強調要脫離原罪，要上天堂，有救贖的意味。孔子強調道德理性，雖然孔子也有救贖的意味。救贖字義不一定是基督教的，可以放在一般情況來講，透過贖而得救。贖甚麼？贖罪啊。上帝通過道成肉身而為耶穌來受苦受難，這就是耶穌為人類贖罪。這是基督教的說法，不過救贖不一定只是基督教的意思，在別種思想或是宗教也可以講。佛

教也可以講救贖，佛教的覺悟、解脫就是救贖，意義層面與基督教的相近，只是用字不同。

瞿慎思：耶穌鼓不鼓勵大家都去道成肉身呢？

吳汝鈞：哪有呢？沒有。這是上帝做的，不是耶穌做的。耶穌是被動的性格。因為上帝是抽象的，無法顯現給世人看，耶穌就是要在人間顯現上帝的大愛，替世人贖罪。只有耶穌能以道成肉身的方式，來展示上帝對世人的關愛。耶穌只有一個，上帝也只有一個。這是基督教的基本教義。當然，基督教義也有人反對，這對基督教而言，這些反對者的聲音就被視為異見。就像劉曉波那樣。劉曉波不贊同共產黨那套，就被抓去關了。他就是異見人士。基督教裏面也有，如德國的神祕主義，對上帝的理解就跟正統的基督教不一樣。德國的神祕主義者認為，上帝的本質是無，人的本質也是無，是以弔詭的方式來展示人與上帝的關係。沒有直接說人就是上帝，只是說上帝本質是無，人的本質也是無。這種講法的用意很明顯，像康德也是一樣，康德說，耶穌和人，在本質上沒有不同。康德沒有繼續講人可以成為耶穌，因為當時教會勢力大，如果康德說人可以成為耶穌，他的大學教授飯碗就不保了。基督教的教義有其精采處，且做為一救贖的宗教，設想耶穌的人格，在世間上的言行舉止，相當具有震撼性。就是讓你看到耶穌受苦受難，給羅馬總督判死刑，上十字架，這種故事對人來講是很震撼的，人很容易被這種行為所感動，產生對基督教的信仰的一種熾熱的心理。美國有部電影叫「受難記」，就是在講耶穌上十字架前十二小時的情況，中間通過猶大背叛他，然後彼得雞鳴前三次不認耶穌，以及受到羅馬政

權審判，判成死刑。電影的那些景象，看了就很感動，會想到耶穌是這樣的受苦受難然後釘死在十字架上，身體的多個部分都淌著血，用自我犧牲的精神，來挽救世人，從罪行解脫出來。基督教所描述的歷程真的很有震撼性，所以就感動很多人。西方人很多都信基督教。

石英：《聖經》可以看出耶穌有預知能力，那為甚麼還會讓這些事情發生？

吳汝鈞：這是宗教的情操，非要如此不可。

趙東明：因為耶穌還是被動性格，真正全知者是上帝。

吳汝鈞：《聖經》記載的故事，可以看出耶穌對世人的大愛。耶穌是從上帝來的，人就會感到上帝的大愛，就會產生信仰。現在最有影響力的宗教是基督教。

趙東明：老師，那你怎麼沒有被感動到？

吳汝鈞：那是因為我們知道那是宗教神話，這在每種宗教中都有，只是基督教最讓人有深刻的印象。佛教也是啊，像佛祖出生就跟一般人不一樣，是從腋下出生，出生後走了七步就說「天上天下，唯我獨尊」。一般人能這樣做嗎？

沈威廷：老師，我對海德格不熟，但是依照老師您剛剛說海德格的講法，說要透過呈顯來表達本質，且認為以上帝和耶穌的譬喻最為恰當來說明海德格的話，那我初步理解為超越的、形而上的本質必

須透過形而下的存在來顯現，那麼老師書中第二百八十五頁的部分，用海德格的理論來講識，我覺得有點奇怪，因為識就已經是形而下的了。

吳汝鈞：在這裏不必有形上、形下的分別。海德格就是以這種方式來了解基督教，即上帝透過獨生子耶穌道成肉身上十字架流寶血來替世人贖罪。上帝的本質就是愛。你有沒有聽過巴哈？我覺得他是西方最偉大的音樂家。

沈威廷：有。

吳汝鈞：那不錯。有人問巴哈：「為甚麼你的音樂這麼好聽？」巴哈回答：「因為我的音樂是用來傳達上帝的愛。」因為巴哈是虔誠的基督徒啊，差不多西方有名的音樂家都是基督徒，所以他們都會創作一些彌撒曲、聖母頌、聖靈降臨曲、早禱曲、安魂曲，等等宗教的音樂。他們都是來自同一根源，就是對上帝的信仰，透過音樂把信仰傳播出來。巴哈也寫了不少宗教音樂，用以傳播宗教的福音。莫札特三十五歲就死了，死前寫了安魂曲，這個安魂曲不期然地是寫給自己的，不是為他人寫的。當然他人也可以聽，只是他寫完這首樂曲後便死了，就好像是他寫給自己的。很多科學家都是基督徒，科學講知性和理性，宗教講信仰，科學家怎麼把這兩者放在一起而不產生矛盾？因為這是兩個問題，人可以兼而有之。科學與宗教是兩個領域，不要混在一起來說。有人問我：「有沒有上帝？」我回答：「你信就有，不信就沒有。」都是以人的信仰為主。

趙東明：這樣會不會陷入唯我論的問題？

吳汝鈞：宗教是人對無限、絕對、永恆的要求。人看到不同事物一直在流變，萬物也是如此，你看植物，冬天都凋謝了，人就會相應有悲哀的感覺。世間沒有永恆，永恆的東西必須在宗教上來求才行。

瞿慎思：那不就是把不能掌握的東西放到宗教去嗎？

吳汝鈞：這是人的要求啊，有些人還很熱情地信仰。像我的秘書同事說基督教是最好了。我當時就問她，你信仰基督教是透過《聖經》、做禮拜來瞭解，那你說基督教最好，你有沒有瞭解其他宗教呢？她說不用，反正就是基督教最好。這種話就沒效力，沒經過比較怎麼知道基督教最好？對自己來講，有某種宗教經驗，表示上帝要她信基督教，有此啟示，整個人就充實飽滿起來，這樣你就無法跟她講理性了。她就常找人去做禮拜，她毫無理由，就是只憑一種信仰的力量而已。基督教在宣傳教義方面，真的很有感染力。人有理性，但是也有情感，這兩方面要有一個很好的配合，把兩邊平衡起來，這樣才好。如果你向情感方面傾斜，不用理性，那你就是一非常虔誠的教徒，甚至可以為此奉獻生命，生死相許。你有沒有讀過《紅樓夢》啊？《紅樓夢》有個很悲慘的故事。

瞿慎思：黛玉葬花嗎？

吳汝鈞：對啊，林黛玉真的是非常可憐，他完全沒有自己的主體性，一點獨立性都沒有。花開花落很平常啊，他看到花落，掉在地

上，就覺得很慘，像親人死掉一樣，所以會有葬花的事。「一朝春盡紅顏老，花落人亡兩不知。」這是她的詩啊，你看她的心情這麼凝重，這麼悲觀啊。今天我是在葬花，以後誰來葬我啊？她就是整天都在想這些無聊的事情。你人都死了，管誰來葬你呢？而且還想得很嚴重，好像是人生最重要的問題一樣。你有沒有想過你以後會死呢？

李哲欣：有，常常想。

吳汝鈞：那有沒有很悲哀啊？

李哲欣：還好。

吳汝鈞：那你就不是林黛玉那種型態。

石英：林黛玉父母早亡，是個孤兒，然後寄居賈家，喜歡賈寶玉，卻又無法與他結連理，因此有了個人的傷懷，再加上文學性的渲染，就會這樣了。

瞿慎思：我們就不要笑林黛玉了，她有她生活的背景。

吳汝鈞：上帝生人，可沒把人生為悲觀的人啊。

石英：現在好像有人考證說林黛玉是曹雪芹的表妹？

瞿慎思：我只知道有人考證食譜。

吳汝鈞：有人這樣考證嗎？真的是很無聊。本來就是一本文學小說，這樣考來考去的。

趙東明：紅學好像跟佛學也很有關係？

吳汝鈞：是。做人不可以這麼悲觀，林黛玉寫了這麼多好詩，為甚麼要去葬花？為甚麼不好好寫詩？成為偉大的女詩人不好嗎？

沈威廷：因為她的阿賴耶識在作怪。

吳汝鈞：是啊，她阿賴耶識中悲哀的種子現行起來。

沈威廷：那我繼續報告。護法所闡釋的識，雖然有宇宙論的涵義，然而是從心理學的角度切入的，同時也有認識論的涵義。唯識學有相分、見分的區別，亦有識、境之分，我、法之別，然而這些分析皆只是證成其萬法唯識之論調，而萬法唯識即在說明世間萬法皆無自性，都是如幻如化，看似有真實的客觀性，然而卻不是如此。以上那些區分是吾人心中了別的執著作用而產生，其了別亦是一種執著。《成唯識論》說：「內識所變似我、似法雖有，而非實我、法性，然似彼現，故說為假。」由此可見，唯識學之前的種種分析皆是一時之權，其目的是要證其我法兩空之論，唯識所論及許多不同的有，皆不是真實的，皆為識所變現。識要呈顯來證成自己，故乍現出客觀存在。就護法方面說，識則分出見分、相分，關於這方面，上次關啟匡有介紹過了。識變現出客觀事物，此即唯識學所主張的，即萬法皆識所變現，那些事物看似客觀，卻非真實，故若加以執著，則會產生人生很多苦痛，例如林黛玉葬花那樣。接下來老師以護法和安慧來繼續說明。識轉變有宇宙論的涵義。護法在《成唯識論》中，說明我法兩空，皆識所變現，其存有論的基礎是阿賴耶識，其中所藏的種子遇緣現行。萬法如幻如化，皆非真實。唯識

學有種種區分，然而這些只是要證成萬法為識所變現，這些分析都只是一時權說而已。老師以《成唯識論》來說明唯識學此意。假（prajñapti）表示不是真實的存在。以上大致是護法的說法。

吳汝鈞：這大體可以說是護法的世界觀，《成唯識論》用變似（pariṇāma）來說明諸法存在的型態。「似」這個字眼很好，只是似而已，不是真實的，只是在感官前呈現，至於是否背後有一不變的東西在支撐，不能確定，既然無法確定，又好像有一事物在感官面前，就用變似來形容，也可以說是詐現（pratibhāsa）。這不是實我實法，所以說假。這個假不是真假的假。三加五等於八是真，三加五等於九是假。唯識的假不是這個假。假就是一種方便，暫時處理這問題，這個假也不一定是負面的意味，跟我們一般講真假的意思不一樣，只是一種假設，不能肯定。我們先休息一下。

吳汝鈞：剛剛有位比丘尼找我，他正在臺大寫博士論文。我們這裏有一筆錢，一個月三萬五千元，給那些要寫博士論文的同學，申請通過，就可以在這裏好好寫論文。這個不錯，算是補助。另外還有博士後研究，你寫好論文拿到博士就可以申請。你拿了博士最好在大學任職，找不到就可以來當博士後研究，真很好啊，這比做助理教授還好，後者要教書，博士後研究則是純研究。現在很多博士畢業找不到工作，博士後研究國科會有，我們這邊也有。我們這邊博士後研究可以給你寄居兩年，兩年後就要跑路，再找不到工作就沒辦法。現在這環境真的很不好，所以你們要有心理準備。她是個比丘尼，他應該唸佛才對，念博士學位幹甚麼呢？這些都是世間法、緣生法，他找不到工作就住在寺廟裏，生活應該無問題，也無家庭

負擔。現在很多大學招收不到學生，尤其是科技大學、私立大學，招不到學生，就把某些系取消，所以你若在裏面教，就會面臨解僱的危機。我有不少朋友就是這樣。如果你是自己一人還好，但是你有妻兒就很麻煩。所以我給你一個意見參考啦，就是你找到一固定職位再去交女朋友，是不是？你們女生嫁給有錢的男人就好，也不用做研究。

瞿慎思：也未必啊，現在這個時代有的女生賺的比男生還多。

吳汝鈞：嗯。我講這個是給你的知道，你們要寫博士論文的話可以來申請看看，像剛剛那位比丘尼消息靈通。之前他曾來找我，但是當時我的名額滿了。昨天有了新的名額，那位比丘尼就又出現了，他是怕晚了，被人登記。他很積極啊。

沈威廷：那我們繼續報告。剛剛是講護法，現在來看安慧。護法與安慧比較的話，護法對唯識有較多的分析，而安慧則似乎較不著重於分析。安慧更為著重識變現的變現義。安慧認為，識變現的根據在阿賴耶識，在阿賴耶識中，有識變現的動力來源。種子是一切的原因，而結果就是識之現行作用。安慧更注意阿賴耶識的重要性，以種子為因，通過現行，以果的方式輪迴，這表示安慧有宏觀的企圖，即欲以識轉變貫串到其他生命。以上略論安慧對唯識的看法。

吳汝鈞：安慧在漢傳佛教一直少人注意，我們講唯識大多是根據護法。我們講唯識的大多有兩個系統，一個是偏重真心的系統，另一個是妄心系統，這分別相應於安慧與護法系統。在歷史上，妄心系統的影響力比較大，真心系統影響力不大。這也反映出佛教唯識學

的兩個系統，一個強調清淨心，另一強調虛妄識。到了印度大乘佛教後期，這個區分就很明顯，有人走安慧的思路，有人走護法的思路。有人提到般若思想和禪法的關係，其實在五祖時候，般若思想開始影響中國的禪學。早期從達摩開始經過慧可、僧璨、道信、弘忍。開始時達摩比較重視《楞伽經》，雖說「教外別傳，不立文字，直指本心，見性成佛」，但是也有經典文字上的根據。傳到了五祖開始有了轉向，很重視般若思想，經典根據就從《楞伽經》轉到《金剛經》。六祖就是聽到五祖講應無所住而生其心，然後大悟。所以說是教外別傳不立文字，但是跟實際情況不完全一樣。

唯識學發展到後期，跟其他佛教學派有互相影響的現象，後來中觀學有一位出色的論師寶作寂（Ratnākaraśānti），吸收了般若思想來建構自己的中觀哲學，故到後來界線就沒這麼清楚了。論師之間都會互相影響，所以會出現一些所謂的綜合學派。這是後期的情況。在安慧的時代，這種綜合思想的潮流已經出現了，安慧自己就比較偏向於般若思想，也就是偏向於清淨心。護法則是守得比較緊，對其他學派的講法，有排斥的傾向。整個佛教發展方向，是向綜合的方向走，若死守自己立場，會被淘汰。當初玄奘從印度帶回梵文佛典，在長安翻譯佛經。玄奘緊守護法的唯識學，造成唯識後來式微。玄奘傳給窺基之後，唯識學變得沒影響力，很衰弱。在印度，唯識學跟中觀學有接合，成為一新的學派。傳統的中觀學也吸收了唯識學，亦成為新的學派。在最基本問題上大致沒變，在細節上互相吸收，互相影響，而有進一步的發展。我們可從這點來思考宋明儒學發展的方向，也有點綜合的趨勢。孔孟儒學與宋明儒學，基本立場都一樣，強調道德理性，但是在規模上，宋明儒學除了講

道德理性之外，還要加以開拓，加入了形而上學的思維，於是有了不同的樣貌。拿宋明與孔孟相比的話，其形上學的內容，遠遠超越了孔孟。很多人都認為這是受到佛教的影響。思想史的規律似乎是如此，愈後發展愈多元，不嚴守自己的家法，而是以家法為主，再去吸收其他學派的思想，所以在此情況底下，可以說自我轉化。東西方哲學皆是如此，就是到了後期都不再堅持自己的家法，而是打開大門，吸收其他思想，收容之，然後發展出更有規模、更為多元的思想，超越前人。西方哲學有英美的經驗主義，以及歐陸的理性主義，兩者合起來發展到康德，同時吸納，就有兩方的優點。他也不是無條件地接受，而是以批判的眼光來處理，所以除了兩方的成分之外，又有自己的見解，就開出德國觀念論的傳統。從這個意義下，康德是西方哲學承先啟後的人物，非常重要。在中國哲學，好像沒到這個程度。在宋明理學裏面，我想朱子有此傾向，但是朱子是否可繼承孔孟就是有爭論的。哲欣，你講一下，宋明儒學和先秦儒學有甚麼不同？為甚麼有此不同？

李哲欣：有不同。我們在看宋明理學家們用的詞彙、字眼，都不是先秦儒學的那套用法。我印象中有個歷史學者好像有個譬喻，他說宋明理學家好像在過少林寺十八銅人陣一樣，透過對佛老的回應來建立自己的體系，但是它的骨幹還是儒學的。

吳汝鈞：這點唐君毅和牟宗三的看法就不大一樣。牟宗三認為，宋明理學還是守住孔孟儒學，只是在方法上有受到佛老的影響而已，儒家就是儒家，他分得很清楚。無論是否吸收外面的學說，還是堅持孔孟原有的那套，強調道德理性的問題。牟宗三認為宋明理學還

是很強調實事實理，這方面佛教的態度就不同了，佛教講空、緣起。若強調緣起與空，實理就不能講了。唐君毅的態度就比較綜合一點，他是以同情、肯定的口氣來看宋明儒學受到佛教、道家思想的影響。

石英：老師，在宋明時代，佛教有甚麼發展嗎？

吳汝鈞：佛教在宋明時代已經沒落了，也沒有出色的思想家，只能守住傳統那套，沒甚麼發展。佛教發展到唐末生命力就衰退了，沒有大學者，也沒有重要的觀念提出來。這是個好機會，就是趁佛教、道家沒落的時候，儒學就興起，沒有其他思想可以和儒學對抗。儒家利用這個機會，好好開拓孔孟儒學。從經驗世間開拓，向形而上、超越那方面發展。先秦儒學講起心性問題，範圍都比較有限，尚未發展到形而上的地步，雖然孟子似乎有此跡象。孟子有意識到此，但是沒有好好建構出一套形而上學，宋明儒學就在此方面開拓出形而上學。如沒有佛老的壓力，宋明儒學在開拓形上學上說不定就沒這麼順利。牟宗三認為儒家一定要講到無限心才臻圓滿，但是無限心不是孔孟提的，是宋明理學提的，牟宗三說這是宋明儒學中一重要的觀念。道德主體不純是主觀的，而是有客觀形而上的意義。明儒，你是研究明儒的，劉蕺山的思想是甚麼？

蔡明儒：歸顯於密，把意獨立出來。

吳汝鈞：王陽明講良知，劉蕺山講意體，都是無限心的意味。思想史上都這樣，愈後期愈多元。像外王，宋明儒學比較少人注意，但是牟宗三就有幾本書處理外王問題。佛教也是，在安慧方面，已有

不固守家法的傾向，多吸收般若思想，可護法系統就是嚴守家法。在真心妄心方面，護法都嚴守妄心系統，不願意改變，所以玄奘所傳下來的這唯識學派很快就沒落了。孟子說孔子是聖之時者，護法這些人就不是聖之時者。

沈威廷：下來我們進入第四節識中現有的部分。唯識學主張萬法唯識，客觀存在的事物，皆是識所變現，故識與客觀存在的事物彼此之關係，也就是識與現象之間的關係。關於此議題，吳老師乃就護法與安慧的詮釋來加以說明。萬法之存在為有，而有皆是識所變現，識中現有是一存有論、宇宙論的命題。萬法自身存在之根源不是存在自己，而是識，故有心理學的意味。外在存在的世間萬法的生滅，都是由識所轉出，所以說識中現有。吳老師認為，最能展示唯識學的動感與存有論、宇宙論思想的，是種子的學說。護法的種子六義說，更能表現其精采處。六義說的剎那滅、恆隨轉，表現出種子的動感，表示種子一直皆是動態的；而待眾緣與引自果則表示種子的動態不是任意妄為的活動，而是有所依據的。種子在阿賴耶識的活動亦不脫六義。阿賴耶識有執受作用，執受一切種子，在適當機緣下投射出去，而成就種種事物。安慧即就此來強調阿賴耶識的力量，種子成為事物，而事物也依據因果律而變化，這就構成阿賴耶識對於事物生成變化的宇宙論作用了。吳老師指出，識有一轉變的作用，其結果是種種我、法相、見分或相分的生起與變化，此中即表示出宇宙論的含意。護法提出種子六義說，有善巧的說明，且提出由相分、見分概括一切存在的根源在阿賴耶識。阿賴耶識蘊含無數種子，種子現行即為現象的經驗世界。

吳汝鈞：這裏有一點要注意，就是動感思想。剎那滅、恆隨轉可以表現出動感的思想。但是，這是從妄心系統講的，不是真心系統。唯識學講動感，是在心生滅門講，在心真如門就沒有講動感。唯識學講真如缺乏了動感，它不像《大乘起信論》講真如門。真如若跟心結合，真如就會有動感，天台、華嚴、禪都很強調動感。唯識學的真如是不動的，可以說是靜態的，其終極真理是靜態的，不是動態的，所謂「凝然真如」。這跟老莊講法不同。老子說反者道之動，道是可以動的，而且動得很厲害，是反。反革命分子啊，在中共如果你被判成反革命分子，你就完了。唯識學在玄奘時代很興盛，傳了一兩代就衰微了。這種情況是不是跟它講真理不具有動感有關係呢？這點我們可以注意一下。當然，唯識學有很多名相，很麻煩。開始入門學習佛學，若從唯識入手就會遇到很多名相，就會很麻煩。我問你一個問題，在宋明儒學，誰講天道天理最強調動感的問題？

沈威廷：張載。

吳汝鈞：張載的氣和太虛之間的關係，好像還沒有定論。牟宗三看得高，但是其他人不同意這種講法。而且張載的論述不多，不充分。

沈威廷：老師，那你覺得是哪位？

吳汝鈞：我是問你啊。

蔡明儒：王陽明嗎？

吳汝鈞：為甚麼？

蔡明儒：因為我覺得動感應該在超越層面說，所以我認為是王陽明或是陸象山。

吳汝鈞：那你要舉出原文。

沈威廷：王陽明說過，良知是造化的精靈。精靈生天生地，成鬼成帝，皆從此出，真是與物無對。這可以嗎？

吳汝鈞：這不夠。

趙東明：無聲無臭獨知時，此是乾坤萬有基。

吳汝鈞：這是存有論的，不涉及動感。萬法是否為良知創生，這二者之間的關係才是動感。動感要講生，就是怎麼建立這個世界。

沈威廷：講生，那周敦頤的《太極圖說》應該很有代表性。

吳汝鈞：那有作者的問題，而且周敦頤資料也少。陸象山講宇宙就是吾心，吾心就是宇宙，這好像也是存有論的講法。

顏明俊：程明道？

吳汝鈞：朱熹就說他講話境界太高啦。

顏明俊：老師是從宇宙論看動感？

吳汝鈞：對，本體宇宙論。宋明儒學講生的方面，好像講得不多。天地之大德曰生，這是誰講的？

瞿慎思：《周易》〈繫辭傳〉。

吳汝鈞：那不是宋明儒學。宋明儒學怎麼不多講這個呢？天道創生萬物，是怎麼創生，這也要好好思考。天道創生萬物，只是提個字眼，但是也沒有詳細交代創生的方式。雞生蛋是一種創生，上帝創造大地也是創生。天道創生萬物，萬物就是這些東西，筆啦水壺啦，這些東西都是現象，有形象的、實在的、具體的、個別的，這個天道是終極原理，如何創造出具體的事物呢？這要就宇宙論或是自然哲學來詮釋。天道是抽象的終極原理，如何創生出具體的東西呢？這問題不是那麼簡單的。雞生蛋這很簡單，沒問題。雞和蛋都是具體的，這種生沒有問題，事實如此。但是天道的生不是這種，這種創生萬物，其中要有推演，不然沒有說服力。

趙東明：理一分殊？

吳汝鈞：這不涉及創生。

林鳳婷：若由氣來作為媒介呢？

吳汝鈞：你這個說法很好。這就是我的《純粹力動現象學》講的。純粹力動是超越的活動，本身就是有力的，本身就會活動，所以不用再找另一個體，體就在裏面了。凝聚、下墮，超越之理詐現為氣，氣就是創生的媒介。純粹力動是超越的，媒介是氣，氣相當於道家的有，是存有的經驗性的基礎。氣還不是具體的東西，而是經驗性東西原初的狀態，所以要分化而成為具體萬物。我覺得詐現的說法，可以回應宇宙論的相關問題。朱熹的理氣關係跟這不一樣，

朱熹把理氣分得太開。朱熹又說心是氣之靈者,這個心就是經驗心,氣之靈,再怎麼靈還是氣。一個大哲學家,怎麼會這樣講心呢?這樣心就不能講超越心了。孔子說仁孟子說良知,就無法成立了。孟子說不忍人之心、惻隱之心,都是超越的主體。這都不是氣啊。朱熹的學問這麼廣博,思想很清晰,怎會把心限制在氣裏面呢?心若不是超越的真心,就只能建構心理學,而無法成立哲學。唯識學的識就是心理學的,是潛意識的心理學,種子這些也都是經驗的,剎那滅、恆隨轉,沒有肯定真心,其真如沒有動感,與外在事物的存在完全無關,是凝然真如。做為一終極真理,又說不能動,那終極的意義便無法瞭解。你繼續報告吧。

沈威廷:這方面的內容,老師剛剛已經提過了。安慧的唯識思想較強調阿賴耶識種子的動感,對於宗教理想或覺悟也有關注。護法則較多分解的說法。種子無論是有漏還是無漏,皆無法成為成佛的真正的基礎。護法唯識學的真如,被天台宗譏為凝然真如,原因在於護法的真如是客觀的理而非主觀的心,其性本寂,不能運作、活動。安慧的情況則稍異。他以心來說無漏界,表示心是清淨心。無漏界有真理的涵義,這比較接近如來藏自性清淨心的思想。動感必須就超越上來立論。動感若是自經驗來立論,則因果會無窮後退,故其最根本的第一因必須是就超越層面來說。在虛妄唯識的定位下,唯識所展示的動感比較模糊。空乃佛教共法,唯識亦是如此,而唯識的唯識性更兼有緣起之意味,緣起是識緣起,尤其是以阿賴耶識而言。

吳汝鈞:唯識的動感是從生滅來講,只是這種動感沒有價值的意

味，沒有必然性，沒有超越性，只能是偶然方面的活動。上帝創造世界有動感義，上帝是超越的，所以沒有唯識學的這個問題。

沈威廷：在中道的問題上，唯識學的論點似乎較少提及，其經典《解深密經》則有提到。在唯識學界有一說法，即《解深密經》有簡單的判教思想，即分為三時教：有教、空教、中道教。然而，吳老師指出，玄奘譯的《解深密經》發現有分為三時教，但未明確指出第三時乃是發揮中道教法的。倘若三時教可以依序分為有教、空教、中道教的話，那麼空教與中道教二者之間的劃分似乎不是很清楚明確。這裏有兩個地方不清楚，第一是空和中道之間界線不清楚，第二是所謂第三時是否為中道亦非明朗。以上，我們可以看出唯識學在義理上的不一致處，即使是世親、護法、安慧三人的唯識思想，亦有歧異點。此三人在識中現有這一綱領上並無異議，萬法無自性，皆識所變現。然而，三人仍有歧異點。世親提到識的三分法：阿賴耶識、末那識、前六識。這三類識合成的識總體，都會進行識轉變的活動。世親只提到識變現為我與法，當說到阿賴耶識，基本上視它為虛妄。安慧說識轉變，視之為識在不同剎那中變為另外的識的狀態，識變現為我法兩方面的東西。安慧提到阿賴耶識，強調其動感，但是沒提到種子六義的宇宙論意義。吳老師指出安慧的說法有矛盾之處，阿賴耶識在執持種子方面有一定的力動，這力動應可傳達至種子方面去，但是卻未提到六義的存有論與宇宙論的說法，表示安慧在這方面有疏忽。護法則上承世親，且進一步發揚種子六義的宇宙論、存有論的涵義。唯識學在義理上的複雜性、分歧性，與其創始者世親曲折的思路頗近。世親開始時學習小乘有部

思想，後受無著影響，轉宗大乘，奠立唯識學的根基，且在如來藏、淨土思想方面皆有所發揮。報告到此結束，謝謝大家。

吳汝鈞：唯識學的地位在佛教中並不高。天台判教有藏、通、別、圓，藏是原始佛教，通是般若，別是《大乘起信論》、華嚴，圓是天台，這裏面似乎沒有唯識學的地位。若把唯識學歸到《大乘起信論》的系統來講，頂多是別教，不可能是圓教。《解深密經》把有宗看得很高，不過在那個年代，判教精神並不成熟，到了天台華嚴階段，判教是對傳統思想定位很重要的工作，也是自我提升、自我定位的必要做法。世親是受了無著的影響才由小乘轉到大乘，所以很複雜，雖轉到大乘，在某些問題上還是保留了小乘的痕跡。因此，世親的唯識學就很蕪雜。世親在現代佛學研究來看，還是很重要的人物。有人說佛教有五人理論性很強，即龍樹、無著、世親、陳那、法稱。今天我們就講到這裏。

第八章　唯識學的判教問題和對它的反思

李哲欣：老師各位同學大家好，今天我要報告的是唯識學「識中現有」的最後一個部分。以兩個議題來講述。第一個議題我延續著前兩位同學的進度，依老師指定的課堂用書，完成對唯識學要點的整理。第二議題是我閱讀唯識學時所發現的問題，希望藉著課堂提出來請大家一起討論。我沒有一個很明確的答案，希望藉著討論可以對這些問題的解決有些推進。

一、唯識學的當代判教與總評

李哲欣：第一個部分我下的標題是「唯識學的當代判教與總評」。因為這門課別的學期好像已經有上過，所以前面提到關於判教準則的部分，我不是很清楚。這裏我回頭去看了相關的章節，嘗試釐清吳汝鈞所謂「判教」的準則為何。

(一)關於唯識學的判教

1.判教準則

(1)動感

李哲欣：若依照吳汝鈞的教判原則來說，動感指的是：

> 宗教的超越真理必須在現實的世間活動，開展它的無方大
> 用，與現實世間有一密切的關係，因此宗教所宗的終極真理
> 應該是內在的，內在於現實的世間事物之中。[1]

從這點來說，終極真理的動感勢必會有很強烈的存有論性格。因為
當終極真理不是一個孤懸的理念、概念，而與世界是合一的同時，
它必然要有某種內具於世間事物而為其本質的性格（例如碳不是某
種理念、概念，而是實際地內具於水果之中一樣）。

吳汝鈞：你說碳內具於水果之中，水果裏面怎麼會有碳呢？是指吃
水果像吃碳嗎？（眾人大笑）

李哲欣：我的意思是具有碳的元素在裏面。

吳汝鈞：我的化學差不多都忘掉了……

李哲欣：水果有糖，糖裏面有碳元素……

趙東明：確定嗎？水果可以碳化沒錯，但是它有碳元素嗎？

---

[1] 吳汝鈞：《佛教的當代判釋》（臺北：臺灣學生書局，2011 年 3
月），頁 72-73。

瞿慎思：很多東西其實都有碳……

吳汝鈞：應該是說碳水化合物。

李哲欣：對，這裏只是舉一個例子，大概舉的例子不是很恰當。

瞿慎思：用麵包可能好一點。

李哲欣：對！好啦！用麵包來說，大家會比較懂。（眾人笑）

　　這種終極真理，依於解脫、教化的意旨，又必須要對世界的變化有所牽連，所以終極真理又必須具有宇宙論的性格。例如我知道「碳內具於水果」這一事實，可以不用理會是哪種水果？或碳是在果皮、果肉還是果核中。但我不能不定肯水果存在的事實。所以簡單來說，緣起與性空是佛教真理的兩面觀，我們固然可以只看性空，即存有論一面，不去理會世界的變化相。但既然性空是掛搭在世界變化之緣起上的遮顯，那麼被遮者即便無自性可說，世界的變化相卻不能不說有某種意義的歷程在其中，故必須虛說為有。於是宇宙論的那一面，就變成不能不面對的問題。

吳汝鈞：我看你這一段好像不是很清楚。你說「緣起性空是佛教真理的兩面觀，我們固然可以只看性空，即存有論一面，不去理會世界的變化相。」這是不是有問題呢？因為緣起主要是有關現實的出現，成為一種存在。就是說我們有樹木的種子、陽光、水分、泥土、空間，這些條件，才可以讓植物的種子發芽生長、開枝散葉。這就是緣起。就是因為有這些因素，樹木就可以慢慢生長，成為一種存在。在這個時空裏面，有它的存在性。它可以說是一種存有

物。存有論是從這裏講的，不是從性空那邊講。性空是說，凡是生滅法、凡是緣起法都是性空，是萬物普遍的真理狀態。我們講存有論是從這一面講，就是從萬物的存在這一點來講，不是從性空這一邊講。

李哲欣：老師，我的意思是找不到比較適合講性空概念，因為它不是一個具體物。但我這邊用存有論講性空的意思是說……好像用「本質」概念去描述性空也不太適合，但找不到比較適合的詞語。如果說萬法皆空的話，空好像也可以說是萬法的一個本質。但我不是講像西方形上學一般意義的那種事物不變的本質。

吳汝鈞：這樣講也不是很順。因為性空的意思是，事物的那種本性是沒有自性，它們是緣起，在緣起而無自性的意義下，我們提出空這個概念來說那些緣起的東西。因為性空是狀態的 reference，是一種普遍的真理，你可以說是有靜態傾向的真理，它是指萬物的一種狀態、是空的狀態，是沒有自性、性空的狀態。可我們用存有論這概念，通常是指那些有存在性的東西。不管是形而上的東西、經驗世界上的東西，它們都有這種存在性、實在性，所以存有論是從存在性這方面來講。那甚麼東西是有存在性呢？從形上學來說，我們說形上的東西是萬物生起的根源，它是一個原理，可這原理是有真實性的，這真實性就在它們創生萬物這一點顯出來。西方的實在論就是專門處理這些課題的。後來羅素他們認為不光是形而上的東西有實在性，連我們通常通過感覺接觸到的東西，也有實在性。所以實在性可以分兩層，一層就是形而上的實在，一層就是經驗的實在。後來經驗的實在就跟我們日常生活連結起來，那些東西跟我們

一般生活有聯繫的，我們也把它說成是實在的，不是虛妄的。我們講存有論，主要就是講這方面。以前他們講「本體論」這種觀念，現在有些人用「存有論」來代替「本體論」，因為本體論講本體，是超越的東西，像柏拉圖講的理型那些。這樣就沒有包括現象世界、經驗世界裏面的東西。所以如果你說存有論，不講本體論，那存有就是有兩層，形上的跟形下的，一層是 metaphysical，一層是 empirical 這兩種。這是一般用語的定義，所以存有論應該是可以指那些終極的、超越的真理，同時它也可以指在我們日常生活裏的種種東西。這裏如果要再分下去，便像海德格提的兩個觀念，一個是 Sein，一個是 Seinde。Sein 指的是本體意義的存在，Seinde 就是指那些在我們日常生活經驗所看到的那些東西，他是作這樣一種區分。所以一般人使用存有論好像沒辦法很清楚顯現我剛剛說的那種分別。牟宗三有一本書《圓善論》，有沒有看過？

李哲欣：沒有。

吳汝鈞：可你知道有這本書對吧！這是牟宗三最後期寫的一本書。書的最後有一篇附錄，談的就是存有論的觀念，你可以找來參考一下。牟宗三提「本體宇宙論」這種觀點，就是用來指宋明儒學的第三系，也可以用來指涉《易經》中的思想，就是生生不息、大用流行，這就是本體宇宙論的創生，是講生。生甚麼呢？生萬物萬象。它作為形而上的真理是有超越的性格，可是也有內在性，也就是說它跟我們生活環境所碰到的許多事物都有密切的關係。牟先生就是喜歡用本體宇宙論這樣的字眼，這是比較偏向形而上學、超越的真理那個方面，距離我們一般碰到的事物比較遠。宋明儒學第三系就

是說同時有心跟理兩方面。心就是我們的主體性，這個主體性的心也不是孤立的，它有一種與形而上的終極原理相貫通的關係，所以牟先生在這裏講所謂「無限心」。主體與天命、天道有一種直接的關聯，一種道德上的關聯性。無限心的講法，是把道德理性提升到形而上學的層面。所以無限心涉及範圍跟本體宇宙論涉及的範圍不完全一樣，本體宇宙論的重點在講創生萬物的本體。我們通常講的存有論當然包括創生萬物的本體，同時也包括被創生出來的那些萬事萬物。舉王陽明為例來說的話，王陽明講良知有本體宇宙論的意味，它是一種形而上學的原理、真理，可這種真理跟萬事萬物有一種關聯，它是萬事萬物的根本。陽明曾經說過「無聲無臭獨知時，此是乾坤萬有基」，它的存有論意味是很明顯的。可我們也不能把良知的觀念鎖定在存有論這個領域，也就是說良知除了有存有論的意味之外，還是一個工夫論的觀念。對良知來說，不僅是要理解它存有論的那一面，還要把它道德的那一面體證出來，這就是「致良知」。所以陽明談的良知有兩重意味，一重是存有論意味，一重是工夫論意味。後來有人說「即工夫、即本體」，就是根據這個意思講出來的。這是宋明儒學很重要的觀點，一直通下來到黃宗羲都是講這個「即功夫、即本體」，這是比較遠的問題。我們現在就是要釐清存有論這個概念，看是在哪一種情況下來用它。

李哲欣你有沒有甚麼要回應的？這樣說是不是清楚點了？通常我們不會把空看成一種存有論的概念，反而空有「解構」存有的意味在裏面。「解構」就是說它沒有那種自性，是空、是緣起的，把它緣起的條件一個一個拿走，結果它就沒有了。它的存在的意味就消失掉了。在西方哲學，有實在是真理，有永恆不變的實體是真

理。但在佛教，沒有那永恆不變的東西、沒有自性，這就是真理。東西方對真理的觀念剛好相反。沒有實體是真理，東方如此；真理要在實體裏面講，西方如此。柏拉圖講「理型」就是一個實體，就是真理。他把世界分成兩層，「理型」是超越的世界，另一個是現象的世界。當時講實在論，指的就這個「理型」。後來發展到近代，如羅素等人提出新實在論的講法，把現象世界也歸到實在裏面去。所以新實在論的範圍就擴大了，現象世界的東西也有了真理性，不光是「理型」或上帝。這些經驗性的東西都被看做有真理意味的，是一種實體（substance），只不過這種實體是小寫的，不是大寫的。大寫的實體（Substance）是上帝，這兩方面都包括在新實在論裏面。

還有一點可能你們已經想到，宗教跟哲學有很多方面都是相通的，有一方面是不大相通的，就是哲學的目的是解釋世界。這跟馬克思說的不同。馬克思認為哲學不但要說明這世界，而且要改造這世界，所以他要提出「革命」這些有動感意味的概念。我們一般所瞭解的哲學是要說明這世界的來源、性質等等。可是宗教除了這方面以外，它還有一個任務就是……如果從佛教來講就是要普渡眾生。你不能光是說諸行無常、諸法無我，這些東西你要去體證才行，不是拿來講的。一切皆苦、諸行無常、涅槃寂靜，這些都是宗教性的講法。凡是宗教信仰的觀點與說明，除了有它觀念的義理這一面，同時也有它那種實踐的意味。說諸行無常，種種人的「行」，「行」是意念，不是行為。「行」就是心之行，我們的心可以產生種種意念，人的意念在每個剎那都在變化，所以我們就不要執著這些意念。惠能說過「念而無念」，不要執著這個念，不然

心之行這條路就給堵住了。也就是說如果執著某一個心念，那我們就不能發另外的心念，所以心念就變成限於一個點，其他的都沒有，那就死掉了，人心活動就完了，告一段落了。所以諸行無常不光是一種義理，而且是一種行動。就是說諸行無常不光是拿來瞭解的，而是要拿來體證的。你如果能夠體證「諸行無常」這種真理，你就不會有一種常住的心念，不把心念當成常住的東西，心才會有開放的空間來接受其他新的心念，不然的話心就給堵死了。

所以如果真的瞭解到諸行無常的義理的話，那你就不會執著某一些心念，念念生然後念念滅，才生即滅，這樣心才有開放的空間。無執無著，心才會有生命力，才能吸收各方面的觀點跟意見。宗教就是這樣的。再上一層的話就是普渡眾生，要讓眾生都能明白諸行無常、諸法無我，不要執著，不要起顛倒見。諸行常，是一種顛倒見；諸行無常，是一種正見。能瞭解諸行無常就不會有這些不正確的、顛倒的瞭解。如果沒有顛倒見，就不會有顛倒行為。如果沒有顛倒行為，就可以免除一切苦痛煩惱，這樣就覺悟啦！這幾句話好像很簡單，但實際能做的卻很少。像國民黨，除了馬英九不貪錢以外，人人都貪呀！錢，我也想要呀！所以執著就很嚴重。這個貪跟瞋、痴是所有煩惱裏面最嚴重的煩惱。如果染上貪的意念跟行為，那你就完蛋了。所以你沒有不正確的瞭解，不起執著，沒有顛倒見，就不會生起種種顛倒的行為。到了這一步，你就可以說是解除了一切苦痛煩惱。從佛教來講就是覺悟了、解脫了。佛教就是要眾生都能明白這個道理，在行為上都能體證這種道理，讓他們沒有執著與苦痛煩惱，這樣就覺悟解脫了。要普渡眾生這目標是很難的，你自己都渡不了，怎麼能普渡其他人呢？如果你有貪念的話，

你就不要期待能說服其他人也不要貪心。你自己先要不貪，先要自渡，自己解決了才影響他人，讓他們從貪念解放出來。所以宗教運動不光講義理，也講行動。講到行動就會有「動感」。所以光是講「空」是不行的，佛教傳來中國後重點就發生轉移，雖然也講緣起性空，但講到普渡眾生，中國佛學是比印度佛學還要進一步，更為積極。也就是說眾生生活在生死苦海裏，那要怎樣推行一種積極的宗教運動來普渡眾生，這就要有很強的動感才行。

　　有沒有看過李小龍的電影呢？他的肌肉是沒有一吋脂肪的！在功夫片裏面，他的動感最強，所以可以把對手一個一個打到。他一出場就可以把觀眾的注意力全部攝住。有沒有看過《猛龍過江》？他跟美國的冠軍格鬥，結果兩下子就把對方給解決。那個功夫冠軍的美國人第一次給李小龍打倒後，李小龍就搖頭，告訴他不要再打了，再打就沒命了！可他不服氣，爬起來再打，結果被李小龍活生生打死。這就是一種「體力」上的動感。像印度聖雄甘地、德蕾沙修女他們也有很強的動感，是在「精神」上表現的。像甘地這個人又黑、又瘦、又矮，大概也不到五十公斤吧！你一下子就可以把他打倒，可他的精神動感很強，是一個巨人。看甘地傳就可以知道，他用最平和的、非暴力的方式贏得印度的獨立。這是靠甘地的和平主義所成就的，連英國人都給他感動，結果就放棄對印度的統治。所以甘地我們通常不說他是哲學家，而說他是聖雄（Mahā-ātma）、宗教家。Mahā 是「大」的意思，ātma 是「我」的意思，所以 Mahā-ātma 就是大我的意思，就是說這個我是巨大的。

李哲欣：經過老師剛剛的解釋，可以發現到我這邊對「動感」的理

解並不完全，少講了精神方面這一塊。可是在課用書中，在解釋動感基準的條目底下，老師主要還是講宇宙論跟存有論的問題。所以這個地方我們對動感其實可以再補上一個要素，就是「精神上的行動力」。那麼在講動感第二基準「認識」之前，我想簡單對剛剛的一些問題做補充。先前我說「性空是掛搭在世界變化的緣起上顯現」，我這樣講的意思是，如果沒有一事物存在，例如從一棵樹的生長到死亡的歷程。如果不經過這樣一個緣起的過程，我們是沒有辦法發現到「性空」的義理。也就是說世界若本為一片虛無，那麼「性空」是甚麼，我們恐怕是很難去體會掌握的。所以就可從生成變化一面來說，這是第一個基準的宇宙論解釋。而在這過程中我們可以發現「性空」這終極的真理，因此這是第一個基準的存有論解釋。雖然老師剛剛說「性空」不太好用存有論一語詞去講。

(2)認識

李哲欣：在判教的第二個基準方面，吳汝鈞認為：

> 我們要對現實的世間建立客觀的、準確的、有效的知識，宗教的作用才能順利進行。因此宗教的終極真理除了要具足動感外，我們也需要認識現實世間，對後者有知識。因此知識論或認識論便顯得非常重要，這便是判教的第二基準。[2]

我的理解是這樣的，就是說認識作為判教的第二基準，是順承動感

2　《佛教的當代判釋》，頁 73。

基準的宇宙論那一面而來。換言之，世界及其變化歷程先是虛說的有，然後再就此虛說之有所表現出的法則、規律等，建立客觀的、準確的知識。那麼在甚麼意義上說「認識」能夠使宗教的作用能順利進行？舉聲音為例，首先在基準一的存有論意義上來說，因萬法都是空的，所以聲音的本質也是空。而在基準一的宇宙論意義上來說，聲音是「空之本質之所以能顯現的被顯現者」，所以聲音是虛說的有。最後，在「認識」的知識論意義上來說，聲音的原理可以用於製造音響，音響若用於播放美善的音樂可以調伏人心，或者進一步說，可以用播音的方式超越時空限制，宣揚佛所說的法。

　　以上就是我對老師所說「動感」與「認識」這兩個判教基準的理解。

吳汝鈞：你說「聲音是虛說的有」，甚麼是虛說呢？

李哲欣：就是說，聲音是一個緣起的過程。

吳汝鈞：我們通常分虛跟實，有虛說有實說。你說「聲音是虛說的有」，那是不是對照有些東西是實說呢？

李哲欣：老師我用虛說這個詞是在性空的立場來講的。性空是真實的，所以聲音我們可以暫時地說它是有。

吳汝鈞：那眼鏡呢？

李哲欣：眼鏡是虛說的有，因為本質為空，所以暫時可以說它是有。

吳汝鈞：那水呢？

李哲欣：也是虛說的有。

吳汝鈞：那實說的有是甚麼？

李哲欣：真實的道理就只有一個，就是性空。

吳汝鈞：妳懂不懂他在講甚麼？（老師問另一位同學）

薛錦蓮：他是把性空當作真理來看，所以所有東西都是虛說的。應該是這樣吧？

李哲欣：對！

薛錦蓮：所以他不是把這個當實說、那個當虛說，這樣去做對比。而是在性空這個原則下來看。

吳汝鈞：「性空」是「實說的有」，這樣好像不對。

林鳳婷：老師，如果把「虛說的有」，換成「幻有」、「如幻的」，好像比較不會有問題。

吳汝鈞：對呀！聲音是我們感官的對象，所以我想這裏是有表達上的問題，不是很恰當、很善巧。你說「聲音是空之本質之所以能顯現的被顯現者，所以聲音是虛說的有」，你的意思是不是說聲音是空，要否定它沒有對象、沒有自性，是這個意思吧？

李哲欣：對！

吳汝鈞：空的那種意味：無自性，要瞭解它必須透過一些具體事物，不是像天空模糊一片的那種空。你這意思是對的，不過表達得很麻煩。

2.對唯識學的判教

李哲欣：佛教從原始經過部派走到空宗之後，有宗的唯識可以說已經發展到相當完備的階段。這是我個人的理解。如果以吳汝鈞的判教基準來衡量前此之教派，則原始佛教尚在發展階段，不能太硬性說它已完備了何種要求，否則後續便沒有發展可言。

部派時期的經量部與說一切有部持「法有我無」的主張。這以動感基準來說，是處在比較尷尬的局面。就存有論一面說，他們雖然認為「我」為空，但對於外在世界「法」的實在性卻是不否認的，所以未能貫徹佛教在動感方面，關於空的存有論。但從宇宙論一面說，從他們欲肯認外在世界的這一方向而言，似乎必須肯定他們想要以虛說之有成就世間學問，進而能透過認識基準，達到救渡眾生的目的。

空宗講「即法體空」，基本上貫徹了佛教關於空的終極真理，且修正部派佛教認為外在世界為實有的說法。因此，動感基準中的存有論一面，空宗的腳跟是站得相當穩的。而在宇宙論那一面，它亦提出「空假二諦」的架構來保住虛說之有。本文認為，雖然二諦的講法可以以某種姿態保住世間，因為它承認假有，但這種保住是消極的保住。原因何在？因為般若系經典講了許多辯破例子，但被辯破者或被遮者，往往有一種「舉例的任意性」。換言之，空宗雖不壞假名而說諸法實相，但對於假名如何變化的歷程，以及假名與

假名間的關係，並沒有給予一個很恰當的說明，更遑論對於世界成立一種權說的客觀知識。所以我認為空宗在判教的第二個基準方面，其回應是不夠的。

至於唯識學派講「識中現有」，則無論是根源地說阿賴耶識種子瀑流，或變現地說「裂解出見分、相分」（或簡單地講「識變化」），這整套種子起現行、現行熏種子的講法，一方面滿足第一基準動感講的性空，另一方面對於世界的生成變化又有一套不違性空的解釋，可以說本體論與宇宙論皆有恰當的解答。而唯識學也是在這麼一個突破點上，我認為它超越了空宗。如果我們拿一個杯子去問空宗的論師，他大概只能說「你不要管杯子是甚麼組成的，是怎樣製作的，只要知道它是緣起的有，本性為空」便行。但是有宗的論師可能會再補上「杯子當然不是憑空出現的，它是你心識變現出來的，所以有某種意義的實在性、實體性，可以說是有」。至於第二基準的認識，唯識學接續的論師陳那和法稱在認識論上亦有長足的進展。故依照吳汝鈞的判教基準，則唯識學可謂接近完滿的佛學理論。

吳汝鈞：你說「因為般若系經典講了許多辯破例子，但被辯破者或被遮者，往往有種『舉例的任意性』」，這「舉例的任意性」是好還是不好的呢？

李哲欣：我這邊的意思是空宗講了很多緣起性空的例子，但是對於緣起的那些生成變化，或者說宇宙論的部分，並沒有給予一個清楚的說明。

吳汝鈞：般若經典舉的很多事例都是在我們生活環境中的東西，把它作為一個例子舉出來。《金剛經》（*Vajracchedikā-prajñāpāramitā-sūtra*）就說了「一切有為法，如夢、幻、泡、影，如露亦如電，應作如是觀」。有為法就是因緣法，你所說的任意性就是日常生活中我們碰到的現象，或者是一些物體，都是空無自性的。像夢、幻、泡、影。晚上作夢，下意識還沒停下來，所以就構成我們的夢。幻就是幻覺，假而不實。泡是水泡，裏面也是空的。影就是虛影。所以這應該不是問題，像水壺、紙袋、眼鏡等都是有為法，你不就是戴著眼鏡嗎？像眼鏡就是有為法。你說舉例有任意性也可以，因為每個人生活環境不一樣，他們的經驗也不一樣，所以他們可以隨著所遇來舉例說明緣起性空的道理。所以這邊你的意思是要有一種宇宙論的講法，就是把一切有為法、經驗性的東西都說成為……就是一方面有它成立的過程，一方面也有它慢慢消散的過程。如果你的意思是這樣，我覺得就可以說得通。在佛教裏面也有提出有為法的變化歷程，就所謂的成、住、壞、滅。每一種東西只要它是有為法、緣起法，它都會有成、住、壞、滅。

李哲欣：老師，其實我的重點是在拿空宗與唯識學比較，就是唯識學對於成住壞滅的確有提出一套解釋，在這個地方我認為它是超越空宗的。所以「任意性」不是我要講的重點。

吳汝鈞：你這樣講就對了。然後你又提到空宗與唯識學是不太一樣的。你說「你不要管杯子是甚麼組成的，是怎樣製作的，只要知道它是緣起的有，本性為空」是般若思想、空宗的基本態度，就是強調它性空那一面，不是強調它緣起那一面。但它作為一種現象或經

驗的事物，自然有它的特殊性，雖然說到底這些東西全部都是緣起法、生滅法，都是空。可是每種東西都有它的差別與價值的高下，唯識學在這方面有處理到這個問題。所以每一種東西都有它與眾不同的一面，唯識學比較照顧到它的差異性，而不是泛說「不要管他是甚麼東西，它們都是空的」。這樣講說服力不夠，讓人印象不夠深刻。所以唯識學是有一種正面的貢獻，與空宗比較，確實是比較重視事物各各的作用與外形的差異。例如陳水扁是不是還在拘留所？

瞿慎思：在榮總住院。

吳汝鈞：他當總統的時候，他的老婆吳淑珍，就有很多人送她東西。她都會把它收藏起來。那她收的那些東西都是很貴重的，像金銀珠寶或現鈔。但不是石頭，也不是一般的椅子。就是說，金銀珠寶與桌椅水壺就是不一樣，這中間是有分別的。那些人為甚麼要送金銀珠寶而不送她一塊大石頭呢？這就是價值上的分別。金銀珠寶是很寶貴的，石頭沒甚麼用，隨街都撿得到。唯識宗比空宗周延的地方就在這裏，它把那些所謂假有、所謂有為法，給它內容方面的描述與區分。空宗就不太注重這方面。唯識宗對於生成、變化、幻滅的歷程，成、住、壞、滅的環節都講出來了。你可以說這是處理世間事物的一種方式，唯識宗在這一方面確實提出這一點，空宗就不是很重視。

你最後說「第二基準的認識，唯識學接續的論師陳那和法稱在認識論亦有長足的進展。故依照吳汝鈞的判教基準，則唯識學可謂接近完滿的佛學理論。」這樣講好像推得太快了。

李哲欣：這邊是我自己的見解。我是依照老師的判教基準對唯識下的判斷。這邊當然不是老師書中陳述出的意見。

吳汝鈞：甚麼是完滿的佛學理論呢？這也很難說。因為我們一講宗教就是通過不同的方式來講出它的目標。那在處理萬事萬物這方面，空宗強調空，唯識強調有。所以你講唯識接近完滿的佛學理論可能有點問題。因為唯識講的東西都很瑣碎，只見樹木不見森林。空宗抓住空這個共性，一抓就抓中要害，不管它是甚麼東西，因為是空就不要去執著。所以我想在這方面，空宗的進路是比較乾脆，不會拖泥帶水。也就是不要考慮是金銀珠寶還是石頭，兩者都是空，都不要執著。如果不是這樣，你可能就會對金銀珠寶執著多一點，對石頭執著少一點。這樣會變成在無自性中，費很多口水去講它們的差別性，結果就是只見樹木不見森林。所以要講完滿的佛學理論，應該可以再研究。到這裏我們先休息一下。（第一堂結束）

吳汝鈞：李哲欣我進一步瞭解你的意思之後，你這意思也是可以接受的。也不是甚麼對我的批評，只是你的表達有些字眼用得不是很恰當。批評我的人很多，像朱文光寫了一本書《佛學研究導論》，是他的博士論文。博士論文怎麼可以寫佛學研究之研究呢？通常我們都是論某一個問題，例如「論唯識學的識轉變思想」或者「論龍樹的八不中道思想」，從來就沒有以佛學研究的研究當作題目，我是覺得很怪，這種題材怎麼能通過？他的指導教授很外行……

趙東明：中正大學好像沒有專門研究佛學的老師……。

吳汝鈞：而且朱文光對國際佛學研究情況完全不清楚。國際佛學研

究有三個中心：日本、歐洲、北美。這幾個地方我都待過很長一段時間，吸收他們的研究成果，也包括方法論在裏面。所以我寫《佛學研究方法論》就是以這個背景來寫的。像佛學裏面某些問題，國際都已經有了共識，他都不清楚，把那些大家已經有共識的東西拿來辯三辯四，以國際的標準來說，講了很多不必要的東西。這些問題別人已經解決了，你還重新拿出來談，除非你是有新意（new understanding）在裏面，才有價值，不然你只是重複別人已經講過的，浪費了時間跟精神。這種情況你作為一個學者是應該知道的。然後我也花錢去買了一本，在香港買的，要一百多塊錢。他們就是找一個有一點名氣的人給他罵一頓，這樣他就出名了。不管是輸是贏他都出名。李敖就是用這種方式被大家認識。他就是找幾個大學者，像牟宗三、唐君毅、胡秋原、徐復觀、錢穆，每個人都給他大罵了一頓，然後就有人寫些東西去回應。所以給人一個印象就是李敖和徐復觀又有筆戰，把雙方的地位拉到一個水平的地位、平起平坐。李敖的學問怎麼能跟徐復觀比呢？怎麼能跟錢穆比呢？可他這樣罵一頓就成名了，最厲害的是罵沈剛伯，就是臺大文學院院長，說這些老頭子佔著位置沒學問，沒東西教給學生，用了很粗鄙的話，說他們是佔著茅坑不拉屎。李敖就這樣出了名。好，你繼續報告。

李哲欣：老師在上堂課結束之前問我說「接近完滿的佛學理論」的意思是甚麼，我簡單作一下回應。所謂接近完滿就是判教會有一些理論標準，而每一種研究的判教所依的準繩自然不同。所以我們可以先說是依誰的判教標準，然後再從佛教史上各派是否滿足這些條

件來判斷。如果越能符合這些判教標準，那就是越接近完滿的佛學理論。回過頭來說，如果判教標準不同，那麼可能同一個宗派的位置就會不一樣。這是兩個層次。那麼我這邊是依老師所講的兩個判教基準來看唯識學，因為跟標準接近，所以我在判斷上會把唯識學看成是「接近完滿的佛學理論」。當然後邊還有談到關於佛性的章節，我是指就目前來看，唯識是講得滿圓融的。

吳汝鈞：這樣講是可以的。就是對世間種種現象、事物的瞭解，中觀學做的不充足，唯識學做得比較完整跟周延。從這一點來說，你的論點是可以站得住，只是我們判一個學派是不是只是從現成的判準開始，還有沒有別的判準，這就很有討論的餘地。所以佛教最後判到圓教，不過圓教是不是真的到了不能再進的境界呢？那也很難說。所以中國佛學判教，天台有一套，華嚴也有一套，兩邊自己都宣稱自己的教法是圓教。其實兩者在很多方面都兼顧到了，所以他們說自己是圓教都是有道理的。所以中國佛學在天台、華嚴以後再發展下去就不能再從義理上面去發展。因為天台、華嚴已經到了圓教階段，如果再有東西要發展，那就超過這個圓教。所以禪宗的主要活動不是在做佛教義理上的研究，而是在講實踐。從義理的講習跳到實踐的行為，所以禪的文獻很多都跟實踐有密切關係。就是說圓教不是拿來講的，你要體證圓教境界，才是我們要努力實踐的問題。你在義理上繼續發展，那空間是非常有限，除非你能突破、超過天台、華嚴的講法，不然也只是舊事重談，沒有價值。

（二）〈總評〉中的疑義

李哲欣：我這邊講的總評是指《佛教的當代判釋》中第七章「識中現有」的總結部分。老師列了好幾條，我是把自己讀到認為比較有疑義的地方拿出來談。在對唯識學的判教中，吳汝鈞提出以下的看法：

> 在披露眾生的生命存在在性格上的無明性、虛妄性。在這一點上，唯識學做得很出色、很成功。但在伸張人性的真、善與美，開拓出神聖的宗教世界方面，便相對地被忽略。試看護法的《成唯識論》，他費大力氣探索眾生的愚昧與醜陋，和妄情妄識；卻只留下小小的空間來處理轉識成智的問題。對於宗教的實踐，只以「五位修持，入住唯識」，便輕輕帶過。所謂動感，是在生命情調的昇華而不陷於沉淪這種導向中說的。動感在唯識學中不能暢順地伸展，論主只在生命、精神的境界不斷下滑時才想到它。這讓人覺得，動感在唯識學中受到委屈。3

若如我先前所述，唯識學是符合判教原則的要求，那麼吳汝鈞認為動感原則在唯識學是「不能暢順地伸展」、「受到委屈」，這些話的意旨到底為何？我認為，這是就成佛是否有保證而言。我們從另一處文本可以找到老師意旨的說明：

3　《佛教的當代判釋》，頁298。

佛陀與原始佛教要人遠離以有、無為基礎的二邊的偏見，而進於中道（madhyamā pratipad）。但遠離二邊這種活動，是由甚麼機能來進行呢？在這方面，嚴格來說，有關的文獻（包括《阿含》Āgama 經典在內）並沒有明確的說法，好像假定人只要能正確地修行、反思，便能達致。包括般若思想與中觀學在內的空宗則強調般若智（prajñā），要人展露這種智慧來體證緣起、性空、中道的真理便行。另一派大乘佛教如來藏系則提出如來藏（tathāgatagarbha）思想，認為這如來藏具足智慧，若讓它正確地運作，便能了達佛教的真理而得悟。……。佛性是成佛的機能，它能發出般若智慧，照見緣起性空的真理。我們也可以說，佛性是成佛的超越根據（transzendentaler Grund）。佛教中多數學派都認為佛性具有普遍性（Universalität），是一切眾生所普遍地具有的，只有少數教派是例外。[4]

又書中另一段也提到：

在唯識學來說，它的論著沒有「佛性」的字眼。世親著有《佛性論》，但這部文獻能否確定為世親所著，日本研究界頗有不同的說法。無著與安慧略有清淨心的思想，但不足以構成作為成佛的超越依據的佛性。護法的《成唯識論》倒是提出了具有佛性的內涵，但不以「佛性」來立的內涵，這便

---

[4]　《佛教的當代判釋》，頁 309-310。

是「無漏種子」。[5]

所以老師的意思好像說妄心唯識的系統中，是沒有成佛的超越依據。因此，重點也許不在「五位修持，入住唯識」的修行法門講得不多，而是唯識講「轉識成智」雖然有成所作智（由感識轉成）、妙觀察智（由意識轉成）、平等性智（由末那識轉成）、大圓鏡智（由阿賴耶識轉成）四種智慧[6]，但這四種智慧是心識轉成智慧的結果，不是心識轉成智慧的原因。一般認為在唯識學中，成佛的動力、原因既然來自熏習，則這些被轉成智慧的無漏種子不僅有待外力，且解脫無法常住不動。所以吳汝鈞特別指出：

即使具足無漏種子，也需要讓它們現起，發而為無漏現行、

5　《佛教的當代判釋》，頁 309-310。

6　這四種智的概略解釋如下：「成所作智（kṛtyānuṣṭhāna-jñāna）指成就世間種種事務而表現出來的智慧。這可說是一種俗諦（saṃvṛti-satya）的智慧，是在解決日常生活中種種困難時表現出來的智慧，也可說是近乎科學研究的知識、智慧。妙觀察智（pratyavekṣaṇā-jñāna）是觀取事物的特殊相狀的智慧，它也包含一切令人進入覺悟境界的法門。平等性智（samatā-jñāna）關連到一切事物的無自性空的性格。這是事物的普遍的性格，在它的觀照下，一切存在的自相、他相都是平等無自性的，都是空的。這可說是一種真諦或第一義諦（paramārtha-satya）的智慧。大圓鏡智（ādarśa-jñāna）則可粗略地說為是同時觀照事物或存在的特殊相與普遍相。這是一種總持的智慧，前面三種智慧可說都匯集於其中，它觀取事物、存在，同時也建立事物、存在；認識論與存有論同時並了。」參見《佛教的當代判釋》，頁 300。粗體為本文作者所加，原書無。

行為，覺悟成佛才能說。據唯識學特別是護法的唯識學，要使無漏種子現起，需要依賴外來的熏習，這可以是良師益友的誘導，或誦讀佛教經典而受益。但最有力量、效果的熏習，是所謂正聞熏習。這種熏習需要有現成的佛、菩薩等已經開悟得渡的賢聖親自說法，而你又要在旁有機會聆聽才行。[7]〔案：此指有待外力〕

種子是生滅法，不具有常住性。種子不管是有漏抑是無漏，都需服從種子六義，特別是剎那滅、恆隨轉這兩義。佛性或成佛的基礎不可能是生滅法，而需是超越而又有動感的真常主體。……無漏種子是清淨性格，這不錯，但這清淨性是相對意義的，它的載體畢竟是生滅法。它有生時，也有滅時。它在生時，便很好，能把覺悟的活動持續下來。但在滅時怎麼辦呢？一切修行和依這修行而成就的功德，都會化為烏有。[8]〔案：此指解脫無法常住〕

不過我認為唯識學是不是真的缺乏一超越主體是可以商量的，唯識學的動感似乎不像吳汝鈞所認為的那麼缺乏。上堂課老師說過，唯識學不像空宗講般若智那樣乾脆，我的看法是不太同的。這關鍵在於我們談正聞熏習的時候不要把它說得太緊，好像轉識成智是這個熏習的直接結果。事實上，《唯識三十頌》提到三性說（依他起

7　《佛教的當代判釋》，頁 311。
8　《佛教的當代判釋》，頁 310。

性、遍計所執性、圓成實性）的時候，已經表露了中觀學派般若智慧的理論格局，這已經含有一超越八識之外之明覺常體的意義。所以轉識成智並不能說是正聞熏習的直接結果，而是我們先有般若智慧的佛性之體，才有可能照見心識變現的虛妄性。亦即這個般若智慧，是佛或菩薩不能代替眾生「有」或代替眾生「照見」的。所以我們聽佛菩薩說法，能夠明白緣起性空的道理，不是直接接收這個智慧，而是先聽，然後經由我們本有的般若智，瞭知轉識成智的智慧。〔吳汝鈞案：般若智是空宗所說，轉識成智是有宗所說，二者的地位是對等的。以般若智瞭知轉識成智的智慧，未見有佛教的經論這樣說。這種說法在唯識學中沒有文獻依據。唯識學文獻有說我們本有無漏種子，但這不是般若智。無漏種子需依六義而現行，般若智不是如此。〕所以四種智的產生，究其實是眾生自照自見。〔吳汝鈞案：此說大謬。〕正聞熏習對此隱說的般若智慧而言是「撥雲見日」的功效而已，不能直接讓我們獲得智慧。對顯說的無漏種子而言，是間接的、經由眾生自覺地「轉識成智」。〔吳汝鈞案：眾生的轉識成智，需賴正聞熏習。無漏種子有此自覺，但需先有正聞熏習使它現起。〕也就是說，依照《唯識三十頌》提到三性說來看，這種已經看到了世間的實相的描述，顯然已預設了我們有般若智。〔吳汝鈞案：般若智是空宗說的，有宗或唯識學無此說。〕只是在《唯識三十頌》沒有在字面上表露出來而已。護法在《成唯識論》開頭即說了：

> 今造此論，為於二空有迷謬者生正解故，生解為斷二重障故。由我法執，二障具生。若證二空，彼障隨斷。斷障為得

二勝果故。由斷續生煩惱障故，證真解脫；由斷礙解所知障故，得大菩提。又為開示謬執我法、迷唯識者，令達二空，於唯識理如實知故。復有迷謬唯識理者，或執外境如識非無，或執內識如境非有，或執諸識用別體同，或執離心無別心所。為遮此等種種異執，令於唯識深妙理中，得如實解，故作斯論。9

所以並非不重視佛性或般若智。〔吳汝鈞案：唯識學的重要論典包括無著、世親、護法等著作，皆無提及「佛性」觀念。「重視」云云，從何說起？再者，「般若智」不是唯識學說的，是《般若經》說的。〕且般若智慧是作用見性，很難用實體義去接近這個智慧本身的相狀。有開釋這些無明煩惱的前提〔吳汝鈞案：問題是這種開釋，依于正聞熏習。〕，其實就已肯定了我們已有能明覺這些佛法的智慧。

　　綜上所言，我認為唯識學在動感關乎解脫的向度，可能沒有吳汝鈞所想的那麼弱。然唯識學確實是要往吳先生所說的方向走，亦即唯識不能停在妄心系統，而要發展為真常心系統。

9　見《大正藏》31·p1a。唯識學認為識有境無，所以「執外境如識非無」是錯把境認為是有；「執內識如境非有」是過度徵用了性空的原則，取消了識轉變的有。「執諸識用別體同」是不明白種子有別，阿賴耶只是負責藏種子而已。「執離心無別心所」是以為離開心王別無意識，然阿賴耶識才是根源作用，因此持此論者是誤把「見分」的我當作根源。

> 唯識學以經驗的種子來說超越的佛性，是一種錯置的思維：
> 把佛性錯置到種子方面去，要解決這種錯置的困局，需從佛
> 性的思維著手，不以種子來說佛性。這涉及觀念特別是核心
> 觀念的逆轉問題、改造問題，是一種大動作，不可等閒視
> 之。10

唯識學後來講阿摩羅識（amala-vijñāna），大體就是朝著這邊所指出問題點的克服而前進。

吳汝鈞：你有沒有注意到唯識學裏面有一種「種性」的說法？它是把眾生的根器分成幾類。概括來說就是兩類：能成佛的種性、不能成佛的種性。不能成佛的種性就是非常的愚癡，不管怎樣努力、得到外援，他的內心都無法產生清淨的想法，產生照見真理的覺悟，達不到解脫。它把這種無法達到解脫的種性稱作「一闡提」（icchantika）。這種種性的講法在唯識的基本文獻中都有提到，佛跟上帝都沒辦法幫他。所以正聞熏習在這裏就派不上用場，因為「一闡提」根本沒辦法使他開悟。這種講法跟中國佛教的講法，所謂一切眾生皆有佛性顯然是有衝突。一闡提也是眾生的一種，你說一切眾生都有佛性，當然包括一闡提。如果堅持種性的說法，你就沒辦法貫徹一切眾生皆有佛性這種說明。換句話說，這種性說剝奪一闡提覺悟的可能性。這其實很難說的，你說一個眾生不管你怎麼

10　吳汝鈞：《佛教的概念與方法》（臺北：臺灣商務印書館，2000
　　年），頁311。

做，他都不能覺悟，不能明白正法，這種極端的種性理論很難站得住。因為你沒有權確定他沒有成佛的可能性，沒有人有這個權力，除非你是上帝。因為人是上帝所創造的，祂可以創造一種人是完全沒有覺悟的可能的。但這是基督教的講法，不是佛教。基督教的前身是猶太教，它有一種神選說，意思是祂特別照顧猶太人（以色列人），以他們當作心目中理想的一群人，他們的得救有優先權。所以講「上帝之前人人平等」在猶太人面前是不能說的，他不是以一種平等的眼光來看所有的人類，而有神選以及非神選的分別。也就是說選民憑著上帝的助力，他們一定能夠得救，其他人就沒有提。所以在這種學說中就無法建立人的平等性，或覺悟的平等性。所以唯識的種性說跟這有關，你憑甚麼權力給一闡提判死刑，說他們永遠不能覺悟？永遠不能成佛？你有甚麼權力呢？沒有！但文獻就是這樣說。所以唯識學這種學說說到底，在「一切眾生皆有佛性，都能得到解脫」這一點上，它是不能貫徹的。

我舉個例，當年六祖惠能拜在弘忍大師門下，他跟五祖見面的時候弟子都在場，弘忍就問他：「你是哪裏來的人？」惠能回答：「我是嶺南人」。弘忍就說：「嶺南人怎麼能成佛？」惠能就說：「人的出身有南北，可是佛性不會有南北的分別。」所以惠能就是提出一個很重要的命題：不管你是哪個地方的人，背景如何，只要你是人就有佛性。「人有佛性」這個義理有必然性、普遍性。其實五祖自己當然知道，他是在考惠能，給他一個考驗。就因為這樣一句話，五祖就收了他了。

你後面提到阿摩羅識（amala-vijñāna）這個概念，這是後期發展出來的。我們通常講唯識學的共識是講那幾部主要的經典，就是：

《瑜珈師地論》（*Yogācārabhūmi*）

《攝大乘論》（*Mahāyānasaṃgraha*）

《成唯識論》（*Vijñāptimātratāsiddhi-śāstra*）

《唯識三十頌》（*Triṃśikāvijñaptimātratāsiddhi*）

《唯識二十頌》（*Viṃśatikāvijñaptimātratāsiddhi*）

這些論典都沒有提到阿摩羅識。這觀念怎麼來的？目前是沒有定說。有人以為是翻譯《攝大乘論》的真諦（Paramārtha）提出來的，不是唯識原本的面目。所以你把阿摩羅識放到唯識系統裏面去，這是有爭議的。有人認為這可以是唯識學的觀念，但有人認為不行，因為那是真諦帶過來的，不是原始唯識學的面目。總的來說，唯識學是以種子作為所有現象活動的根據，而種子有三種：有漏種子、無漏種子、無記的種子。只要是種子都要遵守種子六義。最先的兩義就是「刹那滅」、「恆隨轉」，那就很清楚表示種子的概念是一種經驗的概念，因為「刹那滅」、「恆隨轉」，所以沒有常住性跟超越性，也沒有絕對性。所以種子不管有漏、無漏都不能作為成覺悟、得解脫或成佛的依據。唯識學這套種子說還是停留在經驗論的層次，就算是最清淨、最純粹的無漏種子，它還是生滅法，還是要遵循種子六義，逃不出來的。所以種子是一種氣的觀念，屬經驗性格的東西，不能談所謂得解脫與覺悟成佛。很多年前，我讀碩士的時候就對唯識學的講法有一種批評，批評之後就有一些想法，想把它的義理作某個程度的修改，就是把成佛的可能性放在種子這些經驗性的東西裏面。後來發現，要修改的話就要重寫整個系統，也就是說另外確立一套系統代替唯識學所講的無漏種子。像熊十力當年就提出《新唯識論》來代替傳統的唯識論，可是

《新唯識論》主要是講儒家，用的是《易經》的觀念，所謂「生生不息，大用流行」。熊十力提出很多佛教很致命的問題，例如空寂的真如怎麼能有大用？怎麼能普渡眾生呢？大用要有「體」才能發出來，可佛教講的體是空的，所以不可能發起大用來普渡眾生。熊十力這樣一改並沒有幫助到佛教，幫助到唯識學解決這個問題，反而自己作一套儒學，歸宗《大易》。所以熊十力我們都把他看做新儒家人物，而且是開先的一個人物，是開創當代新儒學的一個哲學家。你是從哪裏知道阿摩羅識（amala-vijñāna）這觀念的？看哪一本書？

趙東明：牟宗三先生的書好像有提到。真諦把「轉依」都翻譯成「阿摩羅識」。

吳汝鈞：這是真諦，不是世親那個年代。我們通常講唯識學都是從我剛提及的那幾本書來講，就是無著（Asaṅga）、世親（Vasubandhu）、護法（Dharmapāla）、安慧（Sthiramati）他們那一系。真諦那一系是後來來中國翻譯佛教經論，從翻譯中提出阿摩羅識（amala-vijñāna）。這在唯識學傳統裏，並沒有文獻學跟義理學的基礎。所以我們講唯識學的時候，通常不講阿摩羅識，因為這個問題還有爭論。很多學者認為無著、世親、護法、安慧那時代根本發展不出阿摩羅識，他們是從思想史的角度再佐以文獻學的根據來看。也就是像《瑜伽師地論》、《攝大乘論》、《成唯識論》、《唯識三十頌》、《唯識二十頌》等，沒有「阿摩羅識」這個第九識。唯識學講八識，可八識是染污的。但真諦就在八識以上給它加一個清淨的識，也就是阿摩羅識，但這不是唯識學的原貌，

是後來發展出來的。不過提出阿摩羅識有沒有理論價值呢？有！可是我們關心的不是這個問題，我們關心的是阿摩羅識有沒有可能在世親那個年代成立？這是一個思想史的問題，不是一個哲學理論的問題。就是說阿摩羅識的理論效力還是有、很強，可是這概念還沒有出現在我們所講的正統唯識學裏面，所以就不把它列在裏面。這可以寫一篇博士論文呀！就是對阿摩羅識作一種思想史的研究，這是個大問題。而且牽涉到《大乘起信論》等重要的文獻，可這些文獻是誰寫的都還沒有一個共識，因為作者不清楚，在思想史上就很難給它一個位置。

趙東明：老師，這邊我想試著幫你回答一下學弟的問題。唯識學的修行動力確實是你講的無分別智、般若智，但問題是老師剛回答你的，就是無分別智到底是怎麼生起的？無分別智所緣取的對象是真如，就是空。種子是經驗的，所以唯識學提出「真如所緣緣種子」的講法，但「真如所緣緣種子」也是剎那滅，所以它沒有辦法恆常地去緣取真如。那為甚麼像《大乘起信論》那種心體是覺悟的？因為它說摩訶衍有兩種，一種是眾生心，也就是說它本身的心就是覺悟的，這是不一樣的。唯識學講的眾生心是虛妄的，一般講虛妄唯識。「真如」確實是在那沒有錯，但你要如何產生「無分別智」去緣取真如呢？唯識學在這裏是沒有辦法很圓滿去講通。確實有真如，但眾生心要怎樣體證真如呢？顯然你的立場不符合唯識學的論點，因為你立場其實比較接近真諦或《大乘起信論》的系統。關於般若智慧的生起，《大乘起信論》認為我們本來就有內在的般若智、內在的佛性，這是「性寂」跟「性覺」的問題，《大乘起信

論》講「性覺」，但唯識學講「性寂」。熊十力就是不太滿意這點才跟支那內學院有爭議。歐陽竟無跟呂澂基本上是持「性寂」立場。就判教來說，老師可能持天台的立場，但支那內學院是說天台才到五品弟子位，修行不是很高。而彌勒是一生補處菩薩，世親是三地菩薩，唯識學講得當然比較高。歐陽竟無跟呂澂基本上認為天台、華嚴只是「世學」，也就是世俗之學。這個判教的問題很大，老師從圓教立場來看，可能是有不同的看法。印度的判教只有《解深密經》（*Saṃdhinirmocana-sūtra*）有「三時判教」的說法。

吳汝鈞： 印度佛學有三個系統：空宗、有宗、如來藏。講如來藏自性清淨心的阿摩羅識（amala-vijñāna）就是屬於這第三系。一般人都是這樣瞭解。這是有文獻學跟義理上的根據，學界也差不多有了共識。阿摩羅識的觀念在世親時代有沒有，這還有爭論。多數人都認為不可能，因為它涉及的是印度佛學後期如來藏自性清淨心這一個系統。這一個系統是在空宗、有宗這些系統以外的另外一個系統。

　　有時候這也涉及一種信仰的問題，就是佛性到底有沒有？這不是單獨的存有論的問題，有修行、工夫在裏面。所以佛性有沒有跟月球有沒有是不同類型的問題。有一次我在香港遇到一個朋友，他知道我是研究佛學的，就問我「上帝有沒有？」，我就說「信就有，不信就沒有」。他又問我「有沒有鬼呢？」，我就說「信就有，不信就沒有」。有沒有鬼存在是信仰的問題，不是科學的問題。有沒有上帝也是一樣，你信就有，不信就沒有。所以一個問題我們要先搞清楚是哪個類型的問題，是宗教問題？哲學問題？邏輯

問題？存有論問題？還是工夫論問題？這些我們都要先弄清楚。顏銘俊，你說有沒有鬼呀？

顏銘俊：你說我嗎？

吳汝鈞：我不是說你是鬼，我是問你相不相信有鬼？（眾人大笑）

顏銘俊：鬼不可怕呀。

吳汝鈞：怕不怕是另一回事，有沒有呢？

顏銘俊：應該有吧！

吳汝鈞：何以見得？「應該有」，那到底有沒有？

顏銘俊：嗯……。

吳汝鈞：可能就是相信就有，不相信就沒有。你沒有經驗過，在科學上就沒辦法處理這些問題。（第二堂結束）

李哲欣：這邊我要澄清一下，先前我說「瑜伽行中觀派」是唯識學與空宗結合的派別，這是錯誤的。趙東明學長上堂課結束後，告訴我這一派主要是發展唯識學的知識論，跟空宗的關係不大。

吳汝鈞：佛教到了中後期幾乎沒有一個學者是純唯識派、純中觀派或純如來藏派，它們互相有交流。唯識與中觀後來合流為「中觀瑜伽行派」也可以稱「瑜伽行中觀派」，這情況很符合思想史所走的路。就是某兩種思想在一地區同時發生，它們之間各自建構理論體系，但這情況不會一直維持不變。學派與學派之間會有交流，純粹

性會消失。這不一定是壞事，佛學也是如此，到中後期各派交流就很頻密，也彼此影響各自的思想。中國哲學其實也是如此，譬如先秦儒家、道家是分開的，到了漢代佛教也進來，但流傳初期大家不太明白緣起性空、空、涅槃這些義理。在魏晉時代道家又興起，就有王弼、郭象等人闡發道家思想。隋唐時候佛教大盛，最偉大的哲學家都是和尚。宋明時代儒學又再起來。這種起起伏伏的情況，在思想史上其實很常見。最後有三教合一的思想產生。

宋明儒的發展其實也與先秦不太一樣了。它們多了形而上學的一些講法，發展出所謂的新儒學。新儒學跟舊儒學有甚麼不同呢？主要還是在形而上學這方面開拓了新的天地，但基本立場是不變的，都強調道德實體、道德理性。講的都是人文化成的理想。不過在哲學內容跟規模上受佛、道的影響，有了極大的發展。

在印度佛教裏面，與在中國兩者很相像，越到晚期學派間的交流越頻繁，只有這樣才能講宗教的自我轉化。所以宗教轉化不是關起門來自己發展所能達致的，一定要經過跟外面的派別有交集、交流、比較，才能知道自己系統的優劣處，然後才能在缺點方面積極地去作些修補。所以要在參與中才能知道自己是不是在某些問題上講得比較深入、寬廣，這樣才能吸收別人的成果，補自己的不足，轉化才能做成。我們所裏有一位同仁李明輝先生，他就是講儒家的自我轉化。就是不管是哲學還是宗教，一定要有自我轉化才能有生路。如果抱著原來那一套不放，就會變成基礎主義者（Fundamentalism），最後一定會萎縮、衰亡。因為這樣等於沒有生命力，這是關起門來在講，沒有發展呀。所以就停止在一個階段，不能繼續走。這表示這個宗派不能開放，沒有進步。印度佛教

後期交流的情況就很明顯，我那本書有一章就是講空宗跟有宗的結合，就是「空有互融」。中觀學把唯識學對於世界有一個比較合理的解釋吸收進來，充實自己學派的內容，改善自己的質素，這樣是很好的。

李哲欣：這裏我強調一件事，老師剛說印度中後期發生「空有互融」的現象，這是一個思想史的事實。跟我講的澄清說「瑜伽行中觀派」不是空、有兩宗的結合，這是兩回事。就是說，寂護的「瑜伽行中觀派」比較偏向唯識學內部的知識論發展，與「空有互融」的發展不類。但這學派的名稱從字面上看很像是指「空有互融」，這是要特別指出的。

吳汝鈞：瑜伽行中觀派是後期寂護發展出來的，不是清辨。實際上，真正發展出知識論的，是唯識學中後期的陳那（Dignāga）與法稱（Dharmakīrti）。

李哲欣：前一點我只是想從歷史發展佐證「唯識學亦有成佛動力」這樣的觀點。雖然這個途徑是錯誤的，不過在義理上我們依舊可以再行商榷。我在上一堂曾說過「《唯識三十頌》提到三性說（依他起性、遍計所執性、圓成實性）的時候，已經表露了中觀學派般若智慧的理論格局，這已經含有一超越八識之外之明覺常體的意義」。我的意思是，般若智即成佛的保證，眾生有般若智即眾生有成佛的保證。

吳汝鈞：應該這樣說，佛性才是成佛的保證，佛性是超越的主體性，是使我們覺悟、解脫、成佛的基礎。所謂般若智是從佛性發出

來的。所以用體、用關係來說，我們可以說佛性偏向體，般若智偏向用。我們用般若智照見萬物的本質，照見它們都是空的，可是它們也不是一無所有，它們是緣起，所以緣起跟性空一下子就把握了起來。然後你看到萬物本質是空，你就不會執著它們，不執著就沒有顛倒的見解跟行為，結果就是遠離種種苦痛煩惱。

李哲欣：我們接著講，中觀學派雖不說八識，而唯識學派的《唯識三十頌》又言及等同中觀的三性說。所以若能證明唯識學理論亦能融攝中觀學，則《唯識三十頌》雖多言染污法，亦不礙其自具成佛的動力。是以，如何在「八識系統」中安置「中觀／三性說」，便是我嘗試論證的目的。其實上一堂課我講得不是很清楚，這邊我希望把它給講清楚。以下是我的看法，希望老師跟同學可以給我意見。

　　首先舉例來說，(A)假設某人知道自己中了一張十萬元的發票，這是一般而言的了別識，就是我們知道的某種東西。在中觀學派來說是「俗諦」義的假有；於唯識學來說是「遍計所執性」，生有漏種子。(B)但若某人能以緣起觀看待，不由此生善惡煩惱，這是轉識成智。在中觀學派來說是「中觀」義的「觀中」；於唯識學來說是「圓成實性」，生無漏種子。就是你可以看到它緣起的一面，同時也可以掌握它性空的一面。(C)而某人能把識轉成智的原因，即真如（性空）[11]給朗現出來，也就是說我們可以暫時把緣起

11　此亦即是中觀學派的「空」，唯識學是用「真如」一詞以避免對空義的誤解。

那一面給隔絕開來，直接對「空義」有一個獨立的掌握，這是了別性空。在中觀學派來說是「真諦」義的觀空；而於唯識學來說是「依他起性」。

吳汝鈞：你這裏提到「真如」，這是佛教裏面很重要的觀念。從唯識學來講，真如與圓成實性的關係很密切。真如是通於各各佛教教派的理想或真理，講「證真如」就是說你已經覺悟了。或者可以倒過來說，你一定要先達到覺悟、無執著的境界，然後才能深入廣泛地瞭解終極真理是甚麼。真如就是這個終極真理的目標。若從唯識學來說，唯識學沒有建立佛性的觀念，所以它們不講般若思想、如來藏思想，或者說是我們要把佛性給朗現、彰顯起來，然後讓它發出般若智慧來照見萬物的終極性格，唯識不這樣講。因為唯識學沒有確立佛性作為成佛的終極主體，它是從無漏種子來講。在這樣的背景之下，它怎麼講覺悟、解脫、成佛呢？所以提轉識成智，把虛妄的心識轉化，成就解脫覺悟的智慧。具體的作法就是把有漏種子轉成無漏種子，讓第八識中的種子都成為無漏的性格，這是第一步。這一步只是潛存的狀態，就是在 potentiality 這種狀態，還沒有實現出來。下一步就是把無漏種子實現出來，讓它們現行。然後第八識種子若都成為無漏種子，並能現行，那就能夠見真如、證真如，能夠覺悟成佛。如果從中觀學來說，開展般若智慧就能照見真如。在唯識學中，這是要通過轉識成智才能照見真如。這兩派的真如基本上差別不大，都為智慧所照見。般若智講的是般若智慧，唯識學講的是大圓鏡智。真如是大圓鏡智的一個對象，這裏還是有點主客對立的味道，不能說是究竟的。另外，般若、唯識講的空性與真

如，它們的動感性都比較弱，因為它們基本上作為給我們般若智、大圓鏡智來照見的對象，真如的對象性還是存在。真正的覺悟一定要把所有的對象性消去，克服主體客體構成的相對關係，這樣才能講真正的覺悟與解脫。唯識學或中觀學基本上是以靜態的性格來看真如，來講終極真理，還不是了義。到了真如與佛性結合時，就能建立起動感，這才是了義。當真如與成佛的主體性結合起來，真如才具有動感。終極真理有動感才是徹底的、覺悟的情況。如果沒有動感，缺乏積極性就不能創生萬物，帶引萬物去運行。

　　老子就說了：「道生一，一生二，二生三，三生萬物」，道就有創生的作用。然後又說「反者道之動」，又通過「反」這種活動講道的動感。萬物在道的引領下合理的去運行、發展。儒家的《周易》講生生不息，大用流行，所以是充滿動感的一種終極真理。佛教到了最後，佛性與真如統一起來，就能談終極真理的動感。凡是宗教都不能忽略動感這種性格。你講哲學只是提出理論，講完就完了。像伯拉圖提出「理型說」，這是哲學，不是宗教。道家也是，它是哲學，不是宗教。所以道家講與天地精神相往來，能夠體證它，達到天人合一，但也就停在這裏了。可是如果是宗教就還有一大段路要走，那就是要普渡眾生。不管是佛教、基督教還是伊斯蘭教，都有這種意味。所以耶穌道成肉身，受苦受難上十字架，受的是最痛苦的死刑。釘十字架不會馬上死，還是有生存的感受，血不斷的流，流乾了才死掉。所以釘死在十字架上是一種最難受的死刑。這比斬首複雜得多。通常說「推出午門斬首！」十幾秒就了事了，那個痛苦時間很短。可是上十字架是很折磨的，讓你死得很慘、很辛苦。所以是有象徵的意義，就是通過耶穌的寶血來洗淨世

人的罪。目標還是宗教性的，有教化、轉化的味道。佛教講覺悟、解脫、成佛，事情還沒有了。渡化自己只是一部分，要能全部眾生都渡化，工作才算完成。可是世間的眾生那麼多，怎麼能渡化呢？所以這裏要講動感，一定要有巨大無倫的動力來執行這種任務，讓眾生都能覺悟、解脫、成佛。這是非常艱鉅的任務，也是宗教比哲學更高一層的地方。你說與天地精神相往來，那是一個人的事，能讓眾生都與天地精神相往來，達到逍遙的境界，這才是宗教。道家不是宗教，所以不說這些，他是通過坐忘、心齋這些實踐忘掉對象，忘掉自己，忘掉天下，成為真人、至人、神人。真人沒有夢，沒有憂愁，吃東西沒有味道分別，連呼吸都很平和。就是「古之真人，其寢無夢，其覺無憂，其食不甘，其息深深」。這逍遙的境界非常美，裏面是有一種美學。但這精神境界終究是一個人的事，哲學就是到此為止。但是高處不勝寒，所有眾生都在生死苦海裏，只有你一個人超脫，境界雖然很高，卻很孤獨，有遺憾的。所以不是完滿的。這裏就要繼續努力普渡眾生。

　　釋迦佛祖二十九歲出家，三十五歲成道以後，如果他不是個宗教人物，就可安安穩穩的過剩下的日子。可是他成道以後，還是不斷到各地去說法。為甚麼要說法呢？就是要普渡眾生。孔夫子也是周遊列國，希望能夠把自己的理想在當世實現。後來的孟夫子也是如此。雖然兩個人都失敗，但我們看的是活動的價值，不論成敗，只論耕耘。你看宋明儒學講那麼多形上學，可就沒有一個人像孔夫子那樣周遊列國，把自己的政治理想實現出來。宋明儒有沒有像孔孟這樣的人物呢？孔孟可以說嘗盡酸苦，還在陳蔡之間絕糧，差點餓死。宋明關心的是哲學，不是宗教。所以說，釋迦牟尼得道後還

是要進行教化以及普渡眾生的工作。普渡眾生是很艱苦的一件事情，四宏誓願說「眾生無邊誓願渡，煩惱無量誓願斷，法門無盡誓願學，佛道無上誓願成」。要有堅強的意志去渡化他們。這也是為甚麼我們要強調動感的原因，因為眾生太多、罪業太重，要花很大的力氣才能讓他們得救。基督教也是相當強調動感。宗教與哲學到了這裏就分手了。哲學在天人合一以後就可以安安穩穩的睡覺、休息、打機。

同學：打機？

吳汝鈞：像日本的パチンコ（Pachinko）啊。很多人下班就跑去打パチンコ，我也去過啊，都輸掉了！（眾人大笑）我是以一種好奇的心理去打，我買了三百元的牌，丟進機器後就會有鋼珠跑來跑去，要讓它走到特別的機關才能得獎，就可以用塑膠代幣換獎。最後還是輸掉了。一定輸的！不然它憑甚麼來開這麼大的店鋪呢？我輸了三百元就停手了，玩玩而已啊。可我一個澳洲的同學就不服氣，不認輸，結果輸了五千塊！當時兩百五十元日幣就可以吃到一客牛排餐。你看他輸了多少？二十客呀！言歸正傳，所以宗教要有動感，不能只是自顧自的。

李哲欣：那通過我前述的架構，我們可以知道，「了別於識」是阿賴耶識種子的詐現〔吳汝鈞案：唯識文獻很少說種子詐現（pratibhāsa），只有說變現（pariṇāma）。〕，所以遍計所執性與人有無聽聞佛法無關，它就是一種自動變現的意識流動。而佛所說的各種幫助人「轉識成智」的法喻，實際上是就著遍計所執去執成

萬法的同時，來朗現性空的意義。所以圓成實性意義下的四種智
慧，尚有瀑流而去的危機，因為它終究是依於遍計所執，而遍計所
執者，其本身就是一生滅法。這是唯識學一般來說，被認為沒有成
佛保證的原因。然而我們可以發現到，轉識成智的實際內涵，是把
性空意義夾釘於諸法上合著說。不過，就我們能隔開諸法，直接對
性空有獨立地認識來看，「了別性空」可以說我們對於性空是有一
種特別的理解意識。若就範於唯識學的種子理論，也就是說我們不
要跳脫種子理論來看這問題，這個特別的意識，當有與其相對應
的、藏在阿賴耶識中的種子。然而我們該如何看待這種特別的種
子？首先它不依於諸法，所以不能說它是有漏種子〔吳汝鈞案：種
子通常只說有漏兩無漏，不然便是無記種子。這種種子論典講得很
少。〕，它不是各種緣起法〔吳汝鈞案：種子是生滅法，一切生滅
法都是緣起性格。〕；又它也不是對諸法觀照得到的種種解脫智
慧。解脫的智慧是一回事，當下對性空的理解又是一回事，所以也
不能說它是無漏種子。這種特殊的種子如果要說它的性狀為何，恐
怕是很難描述的。〔吳汝鈞案：能理解性空便能達致解脫。兩回事
的說法完全沒有文獻學與義理上的依據。遍計所執的虛妄性需要透
過正聞熏習來矯正。你自己有沒有翻過原典文獻看一下呢？抑只是
想當然耳？〕但它既然是以「對性空意義之理解」來起現行，它熏
習為種子時，也只是對性空義之理解的潛伏。所以儘管它也呈現不
斷瀑流的狀態，熏習生滅、生滅熏習，但在性質上來說，它的每一
次詐現都是那同一個意義的性空。〔吳汝鈞案：種子不說詐現，只
說變現或現行、現起。〕我們要講它有生滅亦可，然就它是般若智
不變地表現來說，它又有常住、清淨的永恆姿態，因為循環來循環

去還是那一個對空義的理解。因而這種特殊的種子在某種意義下來說固然符合種子六義，卻不共於有漏種子、無漏種子，或者可暫稱其為常淨種子。以上是我嘗試在「八識系統」中安置「中觀／三性說」的看法。〔吳汝鈞案：唯識學不講般若智。〕

　　現在我們可以回頭思考：正聞熏習的法喻如果沒有內在的、先行的常淨種子作為我們對真如（性空）的掌握可能，則種種智慧的法喻就只能如同教條式的道德箴言，眾生僅能就於佛所說的示例得解脫。〔吳汝鈞案：唯識學經論沒有「常淨種子」這一名相。即使無漏種子也可能變為有漏性格。〕然我們實際上是有特殊的直覺〔吳汝鈞案：唯識文獻在哪裏有這種特殊的直覺？直覺通常是感性的，或是睿智的。這特殊的直覺是甚麼性格？〕，能夠在佛經所載的法喻之外（很多都是古代社會的人、事、物），對現今的諸法亦能產生如實的、對「性空」的理解（例如古代沒汽車，但我亦可於現今對汽車作緣起性空的觀解）。〔吳汝鈞案：與這意思有適切性的恐怕是禪，而不是唯識。〕所以正聞熏習只是一個助緣，它豁醒了阿賴耶識本有的特殊種子，使眾生能自覺地運用這智慧。這就是我第一堂課所說「正聞熏習對此隱說的般若智慧而言是『撥雲見日』；對顯說的無漏種子而言，是間接的、經由眾生自覺地『轉識成智』」的意思。而所謂「隱說的般若智慧」指的就是前面我講的，不共有漏、無漏種子的常淨種子。〔吳汝鈞案：在唯識學的典籍來說，種子不是有漏便是無漏，性格不突顯的是「無記」種子，未見有所謂「常淨種子」出現過。〕

　　綜上所述，若從仍待正聞熏習豁醒來說，唯識學的成佛當無必然保證；但若鬆一點來看，從常淨種子為本具的成佛動力〔吳汝鈞

案：唯識學中未出現這種概念，亦未說過本具成佛動力，只說過本具的無漏種子。但後者需賴緣才能現起、現行。〕，又能於豁顯後不斷自力生起般若智慧來看，成佛在唯識學來說，似乎也可以說是有必然性的。又或者即便無正聞熏習，憑此本具的特殊種子，亦有自覺突破的可能。〔吳汝鈞案：唯識的典籍從沒有這樣說過。就我所接觸的範圍是如此。〕像釋迦牟尼佛可能也是如此，前此並沒有人跟他說佛法，他是在自我修行的過程中得到覺悟，也許也是他累世修行的累積，剛好到他那一世覺悟。但重點是他示現了「不依靠正聞熏習也可以成佛」的可能。〔吳汝鈞案：這完全悖離唯識原意。〕據我所知的情形好像是這樣……。

吳汝鈞：佛祖不是你說的那麼容易就得到覺悟，他是經過六年的苦行。苦行就是把自己的肉體放在苦痛難受的環境裏面，他們認為自願受苦就能消除過去的罪惡。他們認為過去世作了很多壞事，所以要在今世來補償，方式很多，在教育、普渡眾生方面都可以做，其中一種流行的方式就是苦行，或稱「頭陀行」（dhūta-guṇa），讓自己活得辛苦，這樣可以銷融自己過去的業力。有衣服不穿，有房子不住，給毒蚊子咬，有飯也不吃，自願挨餓，把自己折磨得不像一個人。這樣跟一些婆羅門、外道過了六年，後來覺得這條路走不通，不能讓自己得到覺悟，所以就離開他們。他所追隨的婆羅門就覺得這年輕人沒出息，怕吃苦，忍耐性不夠。

李哲欣：最後補充說明兩點。

第一、這樣論證的「性空」當然很有康德所謂先驗邏輯的味道。也就是說性空似乎可以離開諸法而有，是一種意識附帶進諸法

的東西。但是，先驗邏輯實際上是「經驗上有實在性，先驗上有觀念性」的某種思維形式，可以以經驗證得，離開經驗卻毫無一物。例如「因果性」的概念，我之所以知道「拿水潑地所以地板濕」，是因為我把「拿水潑地」跟「地板濕」這兩個行為概念，透過因果性這個邏輯形式做連結得到的結果。反過來說，若離開「拿水潑地所以地板濕」這個判斷，我們是無法想像因果性到底為何物，它畢竟不能如「拿水潑地」、「地板濕」是很明確的感覺經驗。同樣地，就空義必須即法來體會（經驗實在性），而實際上並無「空」存在來說（先驗觀念性），這樣子對空義的描述我認為是很恰當的。且若在這裏導入種子理論，則我們更可說「性空」就其即於諸法起智慧的明覺，當然是「經驗上有實在性，先驗上有觀念性」。而就其還歸於特殊種子時，可再加上一條件，即「先驗的實在性」。

如果這個地方要說如來藏的話，特殊種子的瀑流與即法體空時候「空義的觀念性」，兩者指出的都是空義的自讚、自解構。因為種子瀑流，所以雖有實體義，然實體不存在；又從作用性來說，「空義」只是觀念性，所以作用本身也不具實體性。就此而論，我們要尋找空也找不到。

但就特殊種子起現行之後，能即於過、現、未三世及十方世界一切法而體現空義，則又可說其含藏著無量的功德，且因熏習周流不斷，可視為不空如來藏。〔吳汝鈞案：唯識學未見有講「不空如來藏」，你越扯越遠了。〕

第二、古唯識雖然有佛種性說，不過一個人只要使其能於任意一法中，覺知空義，則可反證其內在必有且已有成佛的動力。此如

同柏拉圖於沙灘上教奴隸畢氏定理，以此證明人皆有理性。則古唯識種性之說，我認為僅能退一步用遮迷程度來概括，難以用定性的方式規定說，絕對無法成佛。〔吳汝鈞案：人要能於任意一法中覺知空義，必須靠正聞熏習。〕

吳汝鈞：但要覺知空義，便得靠佛性的力量。你認為種性說的基礎是站不穩的是吧？這是可以瞭解並接受的。我在上一堂好像說過，唯識學提這樣的觀念實在不高明，違背了一切眾生皆有佛性這個大前提。你選定某些人說他一定不能成佛，怎麼教他、引導他都沒辦法，那我們可以問：你憑甚麼依據判定他一定不能成佛？這樣等於在宗教上判了他死刑，你憑甚麼能這樣判呢？沒有人有這種資格，只有上帝可以，因為祂可以在造人的時候把他造成沒有佛性。我們一般的凡夫沒這樣的能力。所以你說「難以用定性的方式來規定」，這「定性」用得很好。「定性」就是注定的意思，有命運的意味，就是注定要輪迴在生死苦海中，不能得到解脫。其他那些我想我們時間不多，因為後面還要說，我們加快一下進度。（第三堂結束）

二、唯識學中若干理論問題的反思

(一)阿賴耶識能說明輪迴嗎？

李哲欣：在接下來談唯識學中的若干理論問題前，我想回應老師說的「文獻依據」的問題。那像我們現階段要作文獻研究的話，大概是拼不過老師這樣的學者。因為像德文、梵文、藏文等，學一學，

大概就要五十歲了。我以前有一個老師跟我說，作佛學要有成績的話，語文學到一個程度大概要到五十，所以我就放棄了。（眾人笑）

吳汝鈞：他真的這樣說？

李哲欣：對！就是你要有多國的語文基礎，如果你要在這領域到達一流的話。想想自己沒這能耐就算了。

吳汝鈞：就是你要念很多古典語文啊，像漢文、梵文、巴利文、藏文，還有現代研究比較強的國家的語文，像日文、德文、法文、英文。念到滿意的程度時，大概已經七十歲了！快要被送進殯儀館了，還作甚麼研究呢？（眾人大笑）

李哲欣：所以我要說的是，我前面的推論是站在一個文獻研究的成果上來談，從義理上來突破。文獻方面我大概是沒有辦法的。第一個部分我講判教問題，這一部分我想提兩個我閱讀唯識學的時候，暫時想到的問題。一個是「阿賴耶識能不能說明輪迴？」；另一個是「唯識學的『識轉變』是否能超克『外在實有』的講法？」。
　　我們先來談第一個問題。吳汝鈞曾經引介德國學者舒密特侯遜（L. Schmithausen）的觀點時，說明阿賴耶識作為輪迴之體的功效：

> 他認為在滅盡定中，心識絕不能離身體而去，因為肉體必須被心識所執持，否則便會腐壞。這心識便是阿賴耶識。故阿賴耶識的設定，可以解釋輪迴主體的持續性。倘若沒有了阿

> 賴耶識，則人在意識不活動時，或睡眠、休克的狀態中，如
> 何能維持生命，使不死滅，便成問題。舒密特侯遜亦認為，
> 在很多系統性的脈絡中，阿賴耶識的設定是很有用的。由於
> 佛教排拒作為個人的永恆不變的實體的自我的存在性，則像
> 阿賴耶識那樣的非恆常但是連續的生命要素的設定，便有需
> 要了。[12]

也就是說，阿賴耶識雖然執藏種子，但種子依照恆隨轉與剎那滅等原則，是在一瀑流的狀態，所以諸種子雖然收束在一主體中，但這主體還是不斷地變化，並沒有違背三法印中的「諸法無我」原則。不過，此中的關鍵還是在自我意識的同一性。若缺乏同一性，則業報貫通三世能不能成立其實是有討論空間的。我們可以舉基督教為例來對比。《啟示錄》認為創世以來的人在末日會全部復活，很可怕啊，我們可以想像那個人數有多少，並接受神的審判。人是依照其一生的作為來判定，故受報主體在受審判時，其能憶起並接受曾經做過的事（當然此人未必接受神審判的結果），因為其自我意識具有同一性，其死亡到復活期間可以視為長時間的睡眠。唯識學雖然以末那識執持阿賴耶識為自我意識，因而也可以說有統一性，但這統一性在一期生命結束後，便還歸為瀑流種子，於新的胎受中，重新再起不同的末那識。

12　吳汝鈞：《唯識現象學（一）》（臺北：臺灣學生書局，2012 年 8
　　月），頁 37。吳老師行文中所引舒密特侯遜觀點的文中註，於此略
　　去。

吳汝鈞：這裏有點問題。末那識是附在阿賴耶識裏面的，你說「重新再起不同的末那識」，會讓人有誤會。人死後阿賴耶識離開身體，然後在空間中待七到四十九天，最後會找到新的肉身受胎而生。末那識的存在還是在阿賴耶識裏面，因為末那識也有它的種子，與前六識都一起藏在阿賴耶識裏面。不用特別交代末那識，整個阿賴耶識就是輪迴的主體，由它受胎而生。你這樣講好像是末那識可以分離出來，與阿賴耶一起受胎而生。

李哲欣：我認為阿賴耶識好像是從量上抓住了固定但質不斷流變的種子，因而有某種統一性。但質已改變的種子就好比電影院換了不同的觀眾，場所跟位置不變（此指阿賴耶識），但人不再是同一批人。我們可以說早場跟午夜場的觀眾都是這家電影院的觀眾，但不能說早場的觀眾跟午夜場的觀眾是同一批人。末那識在每個一期生命中，可以視為觀眾在看電影的那兩個多小時，它一直執持自我，形成一個一輩子的主體觀。它暫時組成了電影院的觀眾群體，但下一場的觀眾群體是完全不同於上一場觀眾群體的。是以如果從阿賴耶識或末那識，皆不能得出嚴格意義的統一自我意識，那麼輪迴主體此一概念，似乎就無法在阿賴耶識的理論中得到妥善的說明。因為我們在新的一世是無法回憶上一世，而且即使回憶了，那還是前一世末那識種子的執持。經過瀑流後我這一世的末那識與上一世根本是斷裂的。透過阿賴耶識，我們好像圈住了一個固定的主體，實際上這種「不動」從種子已然瀑流來看，似乎不能說有自我意識的統一。

吳汝鈞：你的瞭解跟經論好像不太一致。其實人死後阿賴耶識就是

自我、靈魂，會離開肉體，尋找新的生命軀體受胎而生。所以阿賴耶識是沒有大的變化，小的變化是有的，但基本上原來的靈魂大致相同。所以李哲欣你昨天跟今天是不會完全一樣的。可能你昨天看了一本書，你在看書前跟看書後，人的靈魂就發生變化了。不過因為變動得小，個人對這變化沒有自覺，所以我們會把它看成是一種自我同一。除非說十年前跟十年後，這種變化就會很明顯。譬如十年前你是無惡不作的人，十年後你改邪歸正，成為一個好人，這種情況在經驗生活中也不少見，就是浪子回頭的故事，重新做人。如果是一兩個瞬間或一兩天，雖然有變，我們好像感覺不到，無法辨別。

(二)唯識學的「識轉變」是否能超克「外在實有」的講法

李哲欣：我在第一部分中曾提到唯識學後來的發展，其中一支與經量部合流，成為經量瑜伽派（Sautrāntika-Yogācāra）。這個看似理論倒退的發展相當值得注意，因為它指出了唯識學對外界之實在性，一直沒有很好的說明，所以必須鬆動理論，挪往經量部所持「外界是否實有乃不確定的」這樣一種立場。

唯識學說的「識轉變」思想似乎要把自我與世界通通收歸於種子來談，以此來徹底瓦解外在實有的疑惑。不過我認為種子理論似乎負擔不了這個任務。在種子六義中，第五義為「待眾緣」。這表示種子遇到適合的因素、外緣，才會從潛在的變成現實的。但是這個外緣指的到底是甚麼？如果一切都是識所變現的，那麼識變現為某物到底是依甚麼而決定的？這就好比一團黏土可以捏成貓或狗的形象，但前提是要先有貓跟狗的概念，我們才能捏出。所以問題不在於識能不能變現，問題是要變現甚麼的那個原初概念從何而來？

這裏當然可以用「隨轉義」暫時交代，把它推給之前熏習的結果。也就是說「種子 1」能變現「現象 2」，因為「種子 1」是由「現象 2」之前的「現象 1」熏習而成，所以「種子 1」能依照「現象 1」的熏習，投現出現在的、相近的「現象 2」。就此而論，「現象 1」可以再設定是「種子 0」的現行。如是那個最原始的種子必然沒有先前的熏習，而原始種子是如何決定原始現象，似乎就有待一個外緣、一個近似柏拉圖所說的「理型世界」才能展開擘劃。這樣一來，識轉變之前的外在世界就不能完全否認。

　　這裏即使借用吳汝鈞所謂「詐現」的觀念來說阿賴耶種子自我詐現為第一個原始現象，以此來擺脫前述的困難。然則不同主體間所變現出的世界如何可以溝通，依然還是一個懸而未解的問題。舉例來說，我的識具有變現 101 大樓的種子，而你的識一樣有變現 101 大樓的種子，問題是我不會在日本看到 101 大樓，你也不會在美國看到 101 大樓，我們只有在臺灣的臺北市信義區才看得到 101 大樓。所以識轉變的現行，顯然還是要有外在的所緣來觸動。否則我們可能在不同的時空都可以現行 101 大樓，且在外境也都是真實不虛的。也就是說，變現為何物固然會受種子執藏的限制（根據六義中的「引自果」義），但若沒有一個共同的外在世界以為緣，主體與主體無論同類（人與人）或異類（人與貓狗），將永無溝通之可能，而每個眾生都將擁有各自的獨我世界。這樣近乎「桶中之腦」型態的意識哲學，顯然說不上離苦與解脫，也不符合我們對世界的觀察。

吳汝鈞：這裏你舉的例很好。就是在你印象中的 101 大樓跟在我印

象中的 101 大樓是不一樣的，因為大家的種子不一樣，所以變現出來不會完全一樣。但是你我在生活上沒有很大的不同，經驗的事物也相近，所以我們第八識的種子很多都是差異不大，所以一提起 101 大樓，會投現某一種印象，就是我們平常看過去的那種印象。大家都是在看，可印象不會完全一樣。過了一段時間大家再去看 101 大樓，就表示我心中第八識的關於 101 大樓的種子現行了，因緣到了，這是時空與周圍環境配合的結果。當然我們不會把 101 大樓看成是中正紀念堂前面的音樂廳，像圓山飯店那樣的宮廷式建築，因為阿賴耶識裏面的種子不會差太多，但也不會完全一樣。

林鳳婷：老師，這邊可以用「共業」、「別業」的觀念來說嗎？

吳汝鈞：我們通常比較少提這問題，我們講的是比較偏於認識論，「共業」、「別業」偏於倫理學。當然你這樣講也是可以，不過不是這裏討論的重點。

李哲欣：這個問題其實是老師發現的，我只是用一些淺白的例子把它給講出來。安慧對於以上的問題並不是沒有注意到，吳老師認為：

> 安慧一方面說物體是識的對象的條件，並說識挾持物體的形相而顯現。這頗有以對象是外界實在的傾向，糾正了我們先前提出的識擬似自己而顯現的說法的困難。因為安慧不再說識擬似自己而顯現了，卻說識挾持物體的形相顯現。但他又說，即使外面的對象不存在，識仍能挾持物體的形相而顯

現。這似乎又在否定外界對象的實在性，並表示這種否定不
影響識挾持物體的形相而顯現。[13]

「識擬似自己而顯現」是說原初種子變現為何物；「識挾持物體的
形相顯現」是說，似乎要有一個外界的客觀事物，不同的主體間才
能投射相同的東西。這兩句已大體涵蓋了先前所指出的問題。安慧
講到這裏可謂退無可退，只能由「外界對象是和合性而成」來說外
界的實在性並不存在。吳老師引介日本學者荒牧典俊答覆如下：

> 安慧說：「倘若停止設想這諸部分，則挾持物體的形相而顯
> 現的識便不存在。」（Bhāṣya，p.16；荒牧，p.40）[14]
> 〔案：前此為荒牧的譯文。此下則為吳老師對安慧思想的詮
> 釋。〕此中的意思是，識要挾持物體的形相才能顯現，而這
> 物體是諸部分的和合。故諸部分的設想，對於識的顯現來
> 說，是必需的。就理論而言，這諸部分可以不斷還原，還原
> 到不可分不可見的原子，或極微（aṇu）。這不可分不可見
> 的極微能否和合而成可分可見的物體呢？這是一個很富諍議
> 性的問題。

> 安慧認為，即使極微能集合在一起而形成物體，這些極微仍

13　吳汝鈞：《唯識現象學（二）》（臺北：臺灣學生書局，2002 年 10
　　月），頁 26。
14　同上書，頁 27。

> 不能是識的對象的條件。理由是，一個一個的極微並不能具
> 有物體的形相而存在。即使它們集合起來，亦不能具有任何
> 附加的屬性。（Bhāṣya，p.16；荒牧，p.40）這即是說，單
> 一的極微不具有物體的形相，它們集合起來，也不能具有物
> 體的形相。故安慧的結論是，這些極微不能作為識的對象的
> 條件。（Bhāṣya，p.16；荒牧，p.40）[15]

安慧這樣的說法有沒有道理呢？首先，「極微」概念的提出已片面
地承認外在實有，或者說至少有些東西已不歸「識轉變」所管轄。
所以能不能於此守住「識轉變」的原則，我想就可以再討論。第
二、「極微」的不可分與不可見是兩種概念。不可分與極微本身的
量有關，不可見是主體能不能察覺到這個量而形成一個單位性概
念。例如病毒能不能再切割是量上有無的問題，有就可分，完全沒
有就不可分；而主體能不能看到一個病毒是觀察能力的問題，肉眼
看不到不能說病毒不存在，所以不能因為看不到，就推說量上是沒
有的。因此，不能一方面從「不可分」規定極微有量，亦即勉強說
外界實在是有的；但另一方面又從「不可見」規定極微沒有量。故
安慧所認為「單一的極微不具有物體的形相，它們集合起來，也不
能具有物體的形相」，這是在錯誤的前提下得到的推論結果。依然
無法化去外在實有的疑慮。

綜上所述，阿賴耶緣起其實還有很多值得討論的地方，我的意

15　《唯識現象學（二）》，頁 27。引文中的案語為導讀者李哲欣所添
　　入，原書無。

思是，因為依著這個去講，然後又要嘗試解決很多理論問題，講得多，出錯的機會就大了。華嚴宗提法界緣起的講法，其原因之一，也許可以說是對這種理論糾結的跳脫。就是我們從法界講緣起，不要從阿賴耶講。因為一講阿賴耶就牽扯到唯識的識轉變，這樣就要對外在實有的否認有一套說明。而吳汝鈞近年所提的純粹力動，可能也與法界緣起較為相近。當然這是我的猜測，因為那本書我還沒看過。其餘像第九識與八識間關係的問題或現象學與唯識學的對比，也都是值得深究的，於此略過不表。

吳汝鈞：你最後提到現象學，跟這裏提到外界的實在，是可以有一些討論的。就是說，當我們講錄音機存在的時候，我們是說它存在於我們的感官面前。所以這種觀點很像 Berkeley 所講的「存在就是被知」"To exist is to be perceived"。我們說存在是說它對我的感官而存在，也可以說對你們的感官而存在，可是我們的理性總有一種追求，就是說這東西存在於我們感官面前，而且維持某種穩定的程度，它背後應該有某些支持它存在的東西。否則這錄音機就沒辦法一直存在，並且以無變化的形式出現在我們的感官面前。其實它每個瞬間都在變的，只是它變化得太微細，我們感受不到。這裏就有一個問題，即東西不變的時候，是需要有個東西撐住它，這就叫外界實在。那外界實在是不是真的存在呢？佛教的唯識學認為我們不能談外界的存在性，這很像 Berkeley 的講法。但是經量部講得比較緊，他說感官雖然不知道外界實在，可是這外界實在作為現象界的支撐點，我們總是要這樣推理。胡賽爾的話，大概不會贊同外界實在的觀點，因為它沒有明證性。現象學是很強調明證性的。現

象學認為我們沒有渠道去瞭解所謂的外界實在，上帝就不一樣，上帝是創造事物的，可我們也不能以上帝當作支撐點。所以我們只能從感官接觸到事物的範圍裏面，說它的存在性，可你若說的是事物背後的支撐物的存在，胡賽爾（E. Husserl）就會質疑這東西沒有明證性（Evidenz），怎能說它存在呢？現象學就會給它加上括號，把它擱置不論。就像釣魚臺主權一樣，中國說是她的領土，日本也說一向都是日本的，大家都不讓步。可是我們可以擱置爭議，因為它附近海底有很多石油，我們可以把政治意義的歸屬性給擱置，共同去開發石油，五比五，你一半我一半，這樣不就行了嗎？政治可以暫時不碰的。擱置就是我們暫時不要管它，因為它對我們沒有明證性嘛。所以唯識學說「詐現」，說事物有外型、功能、零件，它是沒有明證性的，但也不能說它是一無所有。好像有這麼一個東西存在，但不是絕對的肯定。這是一個解決外界實在性的方式，就是不否定也不肯定。我的那套「純粹力動現象學」就是偷了這靈感。熊十力的《新唯識論》也是這樣，他也常常提到「宛然詐現」這字眼，也是不肯定、不否定外界實在性。我們人類發展到現在，並沒有產生特別的器官來接近、接觸、瞭解現象背後的實在，我們的認知功能是有限的。或許以後我們會發展出一個器官能看到外界實在。像《西遊記》就有許多古怪的人，三個眼睛呀，武功高呀、輕功強呀，就能看到不一樣的東西。或者千里眼、順風耳等《封神榜》的人物。如果沒有問題，談唯識學的部分，我們就在這裏結束。

第九章　空有互融概說

洪楷萱：先前老師提過佛教中後期的發展，其實就是空有互融這一時期的背景，老師亦提及中國學術發展與佛教的發展亦相當類似。首先是佛教發展中、後期的背景，佛教的中後期亦走向宗教自我轉化的階段，有一種融合的傾向，大略可以陳那、法稱為代表。早期佛教如原始佛教、般若思想、龍樹中觀學，以至彌勒、無著、世親的唯識學，基本上都是獨自進行的，佛教各學派少有交集或互動，唯有龍樹《迴諍論》（*Vigrahavyāvartanī*）、世親《二十論》及《三十頌》等涉及對外教思想的批判、辯駁。到了中期，形勢逆轉，外教反對聲浪愈來愈大，促使佛教內部各派警覺，為維護佛教本旨，如「緣起」、「無我」等，團結一致向外，使得佛教內部各學派有頻繁的交集與對話，在義理上的表現，便是各派義理的會通，存異求同。不同的派系亦得以結合，如經量部與唯識學結合而成「經量瑜伽派」，唯識學與中觀學結合成「瑜伽行中觀派」，而中觀思想也漸與講求清淨心的如來藏思想有更多的往來。此種交集是佛教中、後期的趨勢，陳那與法稱因為與經量部有密切的接觸，自然在存有論上受其影響與熏習。[1]

1　參考吳汝鈞老師：《佛教的當代判釋》（臺北：臺灣學生書局，2011

當時流行「中觀學」、「唯識學」和「如來藏」三派思想。此時，中觀學與唯識學均有長足的發展，而如來藏思想則有待傳入中國後才興盛起來。

三學派中，尤以中觀學展現統合各學派的傾向：（一）一方面與「唯識學」合流，以寂護（Śāntarakṣita）為代表：以中觀思想為主軸，吸收唯識思想。（二）另方面，關連到「如來藏」自性清淨心思想方面，以寶作寂（Ratnākaraśānti，約 10-11AD）為主力。此時，知識論[2]的講習十分流行，尤其是唯識學內部，分作兩種講法：一

年 3 月），頁 323-324。此處關係到陳那派別歸屬問題（經量部或唯識學），可參閱吳汝鈞：《佛教的當代判釋》，頁 318-325。

2　回顧西方知識論的發展與佛教知識論的發展與其間之異同：知識論是哲學中的一個重要部分，是研究對於外在事物如何建立客觀和有效的知識的學問。西方哲學從柏拉圖開始已有講習，中間經過理性主義和經驗主義，開出兩種不同的方向。至康德，對理性主義及經驗主義均有所批判，亦有所吸收，達到一嚴格的理論總結。其《純粹理性批判》（*Kritik der reinen Vernunft*）認為我們有兩種認知能力——感性（Sinnlichkeit）與知性（Verstand），前者具有接受能力，能把外在資料或與料在時間與空間的直覺形式下吸收過來，移交給知性，後者可借助自身所提供的範疇概念對這些與料加以整理、範鑄，使它們成為對象。對象的成立標誌著知識的開始。康德之後，西方的知識論向各方發展，先後出現了羅素、維特根斯坦的「分析的知識論」、懷德海的「機體主義的知識論」、杜威的「實用主義的知識論」、胡塞爾的「現象學的知識論」等。發展興盛原因與西方人重視存在世界有密切關係。佛教則不同，佛教關心解脫，與現實世界沒有那麼切近的聯繫，重視從現實苦痛煩惱裏解放開來，而趨附於具有永恆性格又超越苦樂的相對性的目標。經過原始佛教、部派佛教、般若思想、中觀學，而後到唯識學，由於強調事物的緣起性格，由心識所變現，因而

種是**有形象的知識論**（有相唯識），另一種是**無形象的知識論**
（無相唯識）。形象即相，梵文作 ākāra。「有相唯識」人數眾
多，以陳那（Dignāga，約 400-480）、法稱（Dharmakīrti，約 620-
680）為主力；「無相唯識」則有安慧（Sthiramati，約 470-550）
和寶作寂。

吳汝鈞：這裏談到西方的知識論理論。我也寫過一本書，即商務印
書館出版的《西方哲學的知識論》，包括報告中所列出來的不同的
知識論思想。再者，上述提到的 ākāra，是一個重要的名相，指所
謂「形象」。一些事物呈現在我們的感官面前，這些東西我們稱它
為 ākāra，即形象。這種形象在知識論中有何位置？其重要性為
何？是一個重要的問題，在唯識學中有兩派，一派主張「有形象的
知識論」，另一派則談「無形象的知識論」。一般而言，我們講形
象時，都連帶用「對象的形象」的講法，所謂「對象的形象」即外
界實在呈現在我們的眼前的樣子。實在論者認為在形象背後應有其
支撐者，這可以說是對象，或是外在對象，不過這種外在對象，有
形象知識論或無形象知識論都未論及，理由在於它沒有明證性

才關注起心識的問題。經過彌勒、無著、世親的闡揚，才由心識的活
動聚焦到識（以意識為主）對外在事物的認知方面。陳那的知識論就
是在這樣的背景下產生的。由某一程度言，陳那的知識論類似於康
德，尤其在強調認識機能只有兩種：現量與比量，分別相應於康德的
感性與知性。佛教的知識論，嚴格說起來，從陳那開始才建立出西方
意義的知識論，陳那之後的法稱、寂護、脫作護等，都延續著陳那而
各自發展出自己的觀點。參看吳汝鈞：《佛教的當代判釋》，頁
315-316。

（Evidenz）。唯識學發展到了最後的階段，在知識論方面出現了兩個派別，一為有形象，一為無形象，不過基本上還是守著唯識的立場，有形象唯識與無形象唯識都認為所有的東西都是心識所變現出來，兩者均未涉及外界對象。此種分別只是唯識思想系統對形象概念的「內部分別」，並非是兩種差異極大的學派。

洪楷萱：接下來談在漢譯傳統中，陳那被視為屬唯識學派，為世親的追隨者。世親原是習小乘說一切有部義理的，撰有《阿毗達磨俱舍論》，發揮五位七十五法的實在論思想，發展出一套繁瑣哲學。後受其兄無著的影響，改信大乘，先後撰有《唯識二十論》、《唯識三十頌》等書，成為唯識理論的奠基者，其成就超越無著。《阿毗達磨俱舍論》與《唯識二十論》、《唯識三十頌》在內容、立場上相差甚遠，一為實在論，一為觀念論，如何能由小乘入大乘？主要是因為有部持「法有我無」觀點，唯識持「我法二空」觀點。不同之處在於「法的自性」方面，「我的問題」則是相同的。但「法我之間」，「我」應重於「法」，從工夫論上言，破除我執相較於破除法執更具關鍵性。因此，在工夫論上，《阿毗達磨俱舍論》與《唯識二十論》、《唯識三十頌》不必然具有對立關係，其差異若透過思維歷程上的轉化，未必不可能消除。換言之，世親撰寫《阿毗達磨俱舍論》時，執法而不執我，而撰寫《唯識二十論》及《唯識三十頌》時，則不再執法，達我法兩空。[3]

接下來談到「有形象知識論」與「無形象知識論」，形象或相

3　吳汝鈞：《佛教的當代判釋》，頁 318-319。

（ākāra），相當於一般知識論所涉及的對象。知識則是量
（pramāṇa），包括現量（pratyakṣa）及比量（anumāna）。康德認
為人的認識心有感性與知性，中間又有想像或構想力，感性在時空
形式下吸收外界的感覺與料，藉著構想力的中介作用，把感覺與料
傳送給知性，知性以其自身的思考形式，即範疇整理、範鑄感覺與
料，使之成為認識對象，而建立起對對象的認識。在知識論上，對
象通常可區分為特殊相與普遍相兩面，這相當於佛教邏輯、知識論
家陳那、法稱所說的自相與共相。對象的自相是「現量」所把握
的，共相則是由「比量」所把握。現量相當於西方知識論的知覺
（直接知覺 perception），或康德所說的感性；比量相當於西方知
識論的推理（inference），或康德所說的知性。感性把握對象的特
殊性（particularity），知性則是把握對象的普遍性
（universality）。[4]在佛教邏輯中，通常以現量為知覺，或直接知
覺，處理知識論的問題；以比量為推理，處理形式邏輯的問題，也
涉及辯證法。因著重的重心在知識論，因此側重在現量的討論。[5]
量也指認識的機能、手段。現量相當於感覺、知覺，是主力。一般
言知識論，總有外界實在的假設，認為在外在世界、我們的感覺經
驗所不能到達的世界中有許多東西，我們在日常生活中所見到的事
物或對象，是以這許多東西作為來源而呈現在我們感官面前。這有
點像早期經量部（Sautrāntika）的看法。他們認為，我們以感官所

4　吳汝鈞：《純粹力動現象學》（臺北：臺灣商務印書館，2005 年 5
　　月），頁 253-254。
5　吳汝鈞：《佛教的當代判釋》，頁 340。

接觸到的東西，背後必定有其依據，此依據使得它們在我們面前以相當穩定的姿態呈現、存在，即使此呈現、存在不能確定為常住不變的自性、原質。但對於這些東西的存在性，他們又沒有辦法加以確定，因為我們沒有辦法直接接觸，我們只能推想其存在性而已。因此經量部只能施設性地說外界實在。[6]

接下來，是有形象知識論與無形象知識論之別，主要的分別在於對錯誤形象的不同處理。唯識學並沒有外界實在的想法，它認為在感官面前出現的東西、形象，都是自己的心識所變現，或詐現。在知識論上「有形象的唯識學」與「無形象的唯識學」都持此種看法。兩者的不同在於「有形象的唯識學」認為正確的形象在心識中固然有它的位置，即使是錯誤的形象，在心識中也可以保留它的存在性。正確的形象與錯誤的形象之間並無矛盾，雙方都能成立，因為這兩種形象是在不同的瞬間出現的，因此沒有矛盾，不需要用正確的形象取代錯誤的形象。「無形象的唯識學」則認為形象可以有正確的與錯誤的，但這錯誤可以依後續而來的正確形象所校正。它所堅持的論點是，不管是正確的形象或錯誤的形象，只要是形象，便無知識的本質或真正的知識可言，理據在於我們根本無法接觸客觀的、外在的世界，無法將我們在認識活動中所得到的形象和外界相連起來，因此無客觀的、獨立的知識可言。只能以心識的詐現對象和思維構想對象來交代形象的來源。老師的書中舉了一個例子，一個人在黑暗中見到柱子，你以為那個柱子是人，走近才發現是柱子，並非是人。「有形象知識論」認為不需要用人的形象（正確的

6　吳汝鈞：《佛教的當代判釋》，頁 377。

形象）去修正柱子的形象（錯誤的形象），不需要用正確的形象去修正錯誤的形象。[7]

吳汝鈞：我可以舉一個比較具體的例子，人在黑夜見到前面有一條東西，瞬間他有一種知覺，以為是蛇，走近一看原來不是蛇，是一條繩子，因為走近了才對對象的形象有比較清楚的瞭解。從遠方看是一條蛇，從近處觀是一條繩，便出現兩個印象，一為蛇，一為繩。無形象知識論認為那種蛇的感覺是錯誤的，應該由後來的繩的感覺來將之改正，所以在這方面並不強調以為是蛇的看法，因為那是錯誤的瞭解，應該將之修正。有形象的唯識學則認為雖然結果發現是繩而非蛇，但在見之為蛇的一瞬間，的的確確有知覺，的確見到是一條蛇。所以這也無關乎正確或錯誤，因此也不需要取消蛇的知覺，因為它的確是事實。在經驗中言，在瞬間所見的確為蛇，所以認為蛇的印象還可以保留，與走近看清那是一條繩亦不矛盾。因為不是同時間看到有一條蛇一根繩，所以可以知道，有形象的知識論對形象看得比較重，無論是正確的形象或錯誤的形象，認為裏頭並無矛盾，所以對於蛇的感覺、知覺，還是有知識論的意味。因為在那一瞬間，的確看到了一條蛇，走近後看到了一條繩，後來將看到蛇的印象給改正過來，此是有形象的唯識學。無形象的唯識學認為第一瞬間看到的蛇，是不正確的，下一瞬間看到的繩，是正確的，因此主張應該保留正確的，捨棄不正確的。其中的分別也並非非常深、非常明顯，僅是學派中的不同看法而已，兩者均未涉及外

---

[7]　吳汝鈞：《佛教的當代判釋》，頁 378。

界實在，因此與阿毗達磨、經量部的態度不同。

顏銘俊： 有形象唯識跟無形象唯識似乎在建構知識之前還是要建立一個確定的形象在面前讓自己認識。

吳汝鈞： 是的，形象是有，但有形象知識論認為錯誤的形象還是可以保留，因為在那個瞬間的確是覺得那是一條蛇。

顏銘俊： 當中有些我不能理解之處，因為我的預設是，如果是有形象，理應是有外在實在做支撐；而無形象唯識，我便以為是否應該就沒有那個實在，但好像也不是這樣，這就是我疑惑不能理解的地方。

吳汝鈞： 我最初也是這樣想，然並非如此，並非有形象就是特別重視形象，要把它看成實在的東西，而無形象就認為是緣起，並非真的東西，應捨去執著，並非如此。這樣的理解是錯誤的，同學中應該也會有相同的想法，其實他們只是在有無這兩個概念上著手。我最初的想法認為，有形象是承認形象有其客觀性，要保留它，而無形象這個形象是緣起性空，所以不要執著它，將之捨去，不需再進行知識論的探索，但並非如此。

洪楷萱： 接下來要談的是知識焦點的轉移，真正的知識或知識的本質只能在不是虛妄而是真實的明覺中找。知識的焦點便從形象轉到明覺。此近於般若文獻強調的般若明覺，形象的情狀變得不重要了。形象的外表雖是千差萬別，但在般若明覺看來都是心識的變現，都無獨立的存在性，都是空。綜上，有形象知識論認為，正確的形象和錯誤的形象，在不同的瞬間成立，並無矛盾，兩種知覺均

可成立，兩種形象的現實度是對等的，並無一方真實，另一方虛幻的情況。然無形象知識論則較注意般若思想所強調的明覺，認為明覺可以除卻一切形象的謬誤與虛妄。謬誤和虛妄都只是暫時的，並無久住性，明覺卻有久住性，此點主張與《勝鬘經》（*Śrīmālādevī-siṃhanāda-sūtra*）、《寶性論》（*Ratnagotra-śāstra*）的佛性或如來藏自性清淨心思想頗有同調的意味。

　　兩種知識論的倡導者，形象或對象在有形象知識論中雖無實在性可言，但作為一種被認識的對象，還是有一定的位置，因此成就了陳那、法稱輝煌的知識論，兩者均是**有形象知識論**的倡導者。**無形象知識論**所關注的焦點並不在形象或對象等客體，所重視的是主體的明覺，倡導者如安慧、寶作寂等。他們不太有探究知識論問題的興趣，畢竟知識論是以客體的對象世界作為重點，但這樣的角度卻也成就其明覺思想，最後由無形象知識論轉向**般若明覺思想**，甚至向清淨心思想傾斜，此種發展趨勢恐怕也是世親所難預想的。[8]

吳汝鈞：清淨心就是如來藏或佛性最初用的字眼。如來藏傳到中國，中國人便是用佛性來講清淨心，認為般若智慧是由佛性所發，佛性便是終極的主體性。那麼清淨心便有「體」的意味，般若智便有「用」的意味，即由清淨心發出般若智，便是以清淨心、如來藏、佛性為體，發展出般若智明覺的作用，大致是如此。若再深入，便涉及體用問題，便是以清淨心、佛性為體，以般若智為用。其實此種體用關係亦不能真正地確立，因為清淨心、佛性、如來藏

8　吳汝鈞：《佛教的當代判釋》，頁 378-379。

等均非實體，都是空的性格，因此不同於一般的體用關係。因此牟宗三先生在《心體與性體》第一本最後附有一篇很長的文章，討論佛教體用關係，他認為佛教的體用關係，不同於西方的體用關係及儒家的體用關係。因為西方、儒家或婆羅門教講體用關係，其背後的思想立場是實體主義，儒家講天道、天命、天理、良知，均是實體，依牟先生的講法，即道德的實體，跟佛教在這裏所談的體用的意味是不同的。

洪楷萱：唯識學自陳那之後，已經不大提第七識末那識及第八識阿賴耶識。這兩種心識與覺悟、解脫的宗教理想有直接關聯。唯識學早期的重要人物如無著、世親都很重視這兩種心識，而陳那、法稱卻已不大談它們。表面上看他們似已經不再關心覺悟、解脫的問題，但覺悟、解脫等宗教行為必須在現實世界中實現，且這些宗教行為也必須涵容對現實世界的正確的、如實的理解。知識論便是對準這種理解而被提出，知識論所講求的，是必須對我們所生長的現實世界建立正確的認知，不應將知識論的探究與真實生命斷裂開來。再者，當我們面對現實世界的種種存在，我們與存在處於一種主體與客體的對立關係中，主客關係基本上是靜態性格，如果動感太強，認識就不能周延、深入。這種認識活動是在時空與範疇概念的現象層面上進行，活動中所建立的對象和知識，都是經驗性格（empirisch）者，而非超越性格（transzendental）者，因此很難說中道的絕對理境。[9]

9　吳汝鈞：《佛教的當代判釋》，頁 379-380。

　　法稱是印度佛教中後期的邏輯與知識論學家，撰有《量評釋》，主要探究知識與推理的問題，其中〈量成立〉一章討論宗教實踐問題。由此可知，法稱並未只談到知識的概念、理論的問題，同時亦論及宗教實踐的問題。就義理上言，最具空有互融特色的是瑜伽行中觀派（Yogācāra-Mādhyamika），這是印度佛教發展到後期，在教法與實踐方面最具分量的大乘派系，主要的人物有智藏[10]（Jñānagarbha，約 700-760，寂護之師）、寂護（Śāntirakṣita, Śāntarakṣita，725-784 左右）、蓮華戒（Kamalaśīla，約 740-795，寂護之徒）和寶作寂（Ratnākaraśānti）。[11]

　　智藏撰有《二諦分別論》（*Satyadvayavibhaṅga*）、《二諦分別註》（*Satyadvayavibhaṅga-vṛtti*）、《瑜伽修習道》（*Yogabhāvanāmārga*）等書。寂護是住在那爛陀寺的學僧，撰有《攝真實論》或《真理綱要》（*Tattvasaṃgraha*）詩頌，有現存梵文本和西藏譯。內容是介紹並批判外教及佛教的「有部」及「經量部」諸理論，尤其是對有關「自我」之外教諸理論、勝論派的範疇論、認識論與論理學、「有部」的「三世實有論」的介紹、批判。

10　智藏是印度後期中觀派思想家。相傳是寂護之師。他繼承自立論證派之祖清辯的二諦說，又受法稱之認識論的影響，成為後期中觀思想家寂護等人的先驅。關於智藏的思想立場究屬何種派別，西藏學者的看法頗不一致，菊巴賢贊以之為世間極成行中觀派，布頓以為是瑜伽行中觀派，格魯派則以為是經量中觀派。主要著作為《二諦分別論》。另外，又撰有《瑜伽修習道》。

11　吳汝鈞：《佛教的當代判釋》，頁 380。

他身受法稱的影響，對外界實在論有與瑜伽行派同調的批判。[12]

吳汝鈞：以梵文寫成之頌基本上是兩行，每一行有十六個音節，兩行合起來一共三十二個音節，音節就是可以發音的字母，例如英文的 a、e、i、o、u。在梵文中一個頌由兩個句子構成，每句都是十六個音節，如龍樹《中論》中的偈頌：

> dve satye samupāśritya buddhānāṃ dharmadeśanā,
> lokasaṃvṛtisatyaṃ ca satyaṃ ca paramārthataḥ.

上述加深字處即為音節處。所以從梵文原典譯成漢文，也可以是用頌的形式來翻譯，但漢文與梵文在很多方面並不相同，所以將梵文的頌譯成漢文的頌並不容易，如《中論》中一個很有名的頌「眾因緣生法，我說即是空；亦為是假名，亦是中道義。」此為鳩摩羅什所譯，即從梵文原典的頌譯成漢文，且以頌的形式來表達，所以必須具備一定的漢文的學養，才能有佳作。鳩摩羅什原為西域龜茲人，他主要研究中觀學派，因此到中國傳播中觀學說，第一件工作便是將重要的梵文原典譯成漢文。在梵文偈頌中基本上有兩行，每一行有十六個音節，而譯成的漢文中形式多為一頌有四句，每句有五字，如前所揭櫫《中論》的頌，此為一般約定俗成的習慣。中文一般稱偈，偈和頌是相同的。如《六祖壇經》中慧能提出的偈「菩

12　參見梶山雄一著，李世傑譯：《中觀學思想：中觀思想的歷史與文獻》（《世界佛學名著譯叢》，臺北：華宇出版社，1985 年）第 63 冊，頁 26。

提本無樹，明鏡亦非臺，本來無一物，何處惹塵埃？」一共四句，每句五個字，此頌在回應神秀的偈「身是菩提樹，心如明鏡臺，時時勤拂拭，勿使惹塵埃。」

洪楷萱：寂護的思想可在《中觀莊嚴論》（*Madhyamakālaṃkāra-śāstea*，詩頌，唯有西藏譯）、《中觀莊嚴論注》（*Madhyamakālaṃkāra-vṛtti*，散文，現存西藏譯）中看到。《中觀莊嚴論注》認為一切的存在物不持有「一」或「多」之性質，所以是「無自性」，是「空」。由此一貫的理論，對外教諸派如有部、經量部、瑜伽行二派（形象真實派、形象虛偽派）的中心原理一一加以批判。最後以中觀為最高的哲學而論證之，是他在《中觀莊嚴論注》中所採用的方法。《中觀莊嚴論注》可說是一本「教相判釋」的書，寂護對瑜伽行派哲學做了很高的評價，認為中觀者以「空性」為最高的真理，但在世間的真理應以「唯識無境」為立場[13]。另外撰有對智藏的《二諦分別論》的註釋。蓮華戒則有《修習次第》（*Bhāvanākrama*），和對寂護《攝真實論》的註釋、《中觀莊嚴論》的再註釋，並撰有《中觀明》（（*Madhyamakāloka*）《中觀光明》）等書。寶作寂則有《般若波羅蜜多論》（*Prajñāpāramitopadeśa*）和《內遍滿論》（*Antarvyāptisamarthana*）等著作。[14]

吳汝鈞：前面提到寂護的思想方向。寂護原先為中觀派，後吸收

13　參見參見梶山雄一著，李世傑譯：《中觀學思想：中觀思想的歷史與文獻》第 63 冊，頁 26。

14　吳汝鈞：《佛教的當代判釋》，頁 380-381。

唯識派的某些觀點，便形成一內容較中觀學更為充實、飽滿的派別。因為此一新派別具中觀學的義理，亦加入唯識學的義理，因此並非中觀派，亦非唯識派。唯識派亦稱瑜伽行派，唯識派與瑜伽行學派是相同的派別，故而此派稱作「瑜伽行中觀派」。因為其基本是中觀學，再加上唯識學（或瑜伽行學），便成為「瑜伽行中觀派」。此種兩派合流的情況，在眾多思想發展過程中均出現。思想史的發展通常有共同的歸趨，出現得愈早，其義理愈簡明，發展到後期便開始吸收其他派別或與它們交涉，在內容上便走向多元、複雜，例如寂護的瑜伽行中觀派便是如此。再者如中國哲學，有儒家、道家、佛教，原先此三教派各自獨立發展，發展到一定的階段便開始形成一種三教統合的教理、義理的趨勢，如中國思想發展到後期：明代時期，便有三教合一的派別。另一個例子是密宗（密教），它起源於印度。而西藏原有棒教（音譯），是西藏的原始的宗教，後因佛教在印度逐漸衰落，婆羅門教逐漸興起，佛教為了傳承，同時對抗婆羅門教，因此印度佛教發展到後期便開始轉型，即從中觀學、唯識學和講如來藏的思想轉型，轉為另外一種內容與實踐均不相同的形式，即為密教。密教在印度力量似乎也遜於婆羅門教，因為地域較近的緣故，密教首先傳入西藏。西藏人吸收了密教，與前所提及的棒教結合，成為西藏原有的本始宗教。棒教即薩滿教（Shamanism），此種宗教可說是一種極為普遍的原始宗教，地球上天氣較冷的地方開始流行此種薩滿教，爾後漸漸傳入天氣較溫暖之地，故最初在北半球開始流行，後傳入南半球或溫帶地方。臺灣有薩滿教，祕魯亦有薩滿教。薩滿教的迷信程度相當高，人有許多問題，例如病痛，不依循正規的、有科學依據的方法進行解決治療，反而訴諸神明。

對於身體的病痛或遭逢厄運，不遵從科學之路尋求原因，而是從迷信的角度尋求，相信一個人的病痛主要的因素在於陰間神靈的作怪導致，認為要治癒病痛，需與陰間神靈溝通，方能達成。因此出現了一種可以溝通陰界與陽界的人、巫師，稱為「薩滿」，臺灣稱之為「乩童」或「童乩」，何以稱「童」，乃是因為此種巫師，必須是從小開始訓練，使之長大而成溝通陰陽兩界的巫師。

瞿慎思：因此薩滿是從溫帶地區起源，爾後傳到熱帶，但有沒有可能是同一時間各個地方同時發生，而非從某一處傳過來？像日本亦有陰陽師。

吳汝鈞：那都是比較後期發展的，首先是從寒帶發展出來，然後慢慢向南移動，經過溫帶，再向南，經過赤道，再傳入南半球，如祕魯、哥倫比亞等中美、南美一帶。中研院的院士李亦園所著《信仰與文化》，裏頭有一篇文章便是談乩童，是一篇很值得閱讀的有趣文章。所謂「跳神」「跳大神」其實即鬼上身，你便不屬於自己，你的身體由另一位神靈佔有，因此所講的話並非出自自己，而是另一位神靈借你的身體與口來說話。

關啓匡：剛剛老師提到薩滿教是由寒帶往南傳，其傳播性廣的原因究竟為何？

吳汝鈞：因為很吸引人、很容易瞭解，例如科學、醫學不發達之處，一個有病痛的人，無法從科學或醫學探究病因，而是認為病痛起因於陰間的神靈，必須經由具有溝通陰間與陽間能力的薩滿、巫師作法協助。作法採用一種殘酷的方式來折磨自己的身體，讓身體

釋放出自我，使身體喪失自我，空留軀殼，使薩滿的本尊來佔有其身體，即為「跳神」或「跳大神」，本尊便會透露如何化解病人病痛的方法，但是本尊所言還需透過翻譯才能使人明白瞭解。綜言之，印度密教傳入西藏，與西藏原有的棒教結合，便成為「喇嘛教」（Lamaism）。其性質為西藏佛教的形式，但亦非純粹佛教，而加入西藏的原始棒教。密教即印度大乘佛教發展到了後期，內部改革而成為一種新興的佛教。因此不同派系的思想發展到後期開始有接觸的機會，進而有融合的趨勢。

洪楷萱：寂護原為中觀學者，後吸收瑜伽行派（唯識派），建立一種新的教派，稱之為瑜伽行中觀派。他的著作主要有兩本，即《攝真實論》（日人譯為《真理綱要》），由梵文 *Tattvasaṃgraha* 直接翻譯，tattva 即「真理」之意，saṃgraha 即「尋求」、「搜尋」、「抓」之意，因此意即「尋求真理」；另一本為《中觀莊嚴論》。後期印度佛教的發展主要由寂護及其弟子蓮華戒帶導的。寂護對於當時大小乘佛教流行的教派，依據對實在論的減殺、動感的強調、世間知識的開拓和對覺悟、解脫所達致的導向，列舉各派的名目如下：

> 說一切有部→經量部→有形象唯識→無形象唯識→中觀學
> →瑜伽行中觀學

寂護目的在將當時流行的學派綜合起來，串聯其教法，將之恰當的安排於位階之中。寂護自身屬中觀學譜系，卻深受唯識學論證方法上的影響，因此特別吸納唯識學，尤其在實踐方法方面，成為瑜伽

行中觀派。西藏佛學深受當時正值印度大乘佛教末期的影響，西藏僧人將唯識學與中觀學分派、結合情況標示如下：

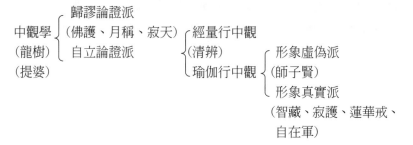

印度中觀學發展到中期，重要代表人物包括佛護、月稱、提婆設摩、求那師利、德慧、安慧及清辨等。當時中觀學者與唯識學者交流密切，多有辯駁與互動。中觀學在義理上並無重大突破或改異，基本上還是謹守龍樹的空、中道、緣起的立場，透過嚴格的論證來證成立場，依論證方式的不同，大致可分為「歸謬論證派」與「自立論證派」兩派。「歸謬論證派」採取間接的論證方式，主要成員是佛護、月稱；「自立論證派」採取直接論證方式，主要成員是清辨及觀誓。[15]

吳汝鈞：「自立論證派」（Svātantrika）的論證方法是採直接論證（svatantra-anumāna）方式，「歸謬論證派」（Prāsaṅgika）的論證方法則採取曲折的論證（prasaṅga-anumāna）方式。直接論證方法就是從道理上將某一個命題通過義理建立，屬於較為簡單、容易接受的論證方式，例如一個命題「一切東西均為緣起性格」，如一部

15　參見吳汝鈞：《佛教的當代判釋》，頁 381-382、頁 234。

汽車其為緣起，如何去建立此命題，直言汽車中有諸多零件，這些零件依照設計組合起來，此為自立派直接論證法。這近於西方哲學的三段推理、定言論式。在否定式方面，是命題的否定，不是名詞的否定。歸謬派則採取曲折的方式來說，鬆弛地說，要論證一切東西是緣起，首先假定一切東西若非緣起會引起哪些矛盾，因此一切東西非緣起的命題不能成立，那麼一切東西均是緣起的命題便得以成立。這種論證也涉及兩難（dilemma）的運用來證立某種觀點。例如要證立自我超越身心，則可以提出：若身心是自我，則自我有生滅；若身心不是自我，則自我與原來的身心可以互相不交集。這兩點都有困難。結果是證立了自我是超越身心的。中觀學發展到中期的情況，自立派以清辨（Bhāvaviveka）為代表，歸謬派以月稱（Candrakīrti）為代表，到了後期，中觀學已經與唯識學合流，其中最具代表性的人物便是寂護、智藏、蓮華戒、自在軍。基本上中觀學可以分為三個發展階段，中港臺佛教學者較為關注初期中觀學的發展，鮮少關注中期中觀學，因為中期中觀學缺乏漢文譯本研究材料，多為梵文原典與藏文翻譯。中期以月稱《明句論》（*Prasannapadā*）、《入中論頌》（*Madhyamakāvatāra*）為代表，以研究西藏佛學為主的大陸僧人法尊經由藏文譯本《入中論頌》譯為漢文，而演培（印順的弟子）則據其漢文譯本撰有《入中論頌講記》。中觀學文獻的情況大致如上所述。和月稱持異見的清辨則有《般若燈論》。

　　另外，清辨又與瑜伽行中觀說有爭論。[16]瑜伽行派的三性論，

16　這是所謂的「空有之諍」。清辨不同意瑜伽行派說唯識無境，而主張俗有真空說。即是，前者的三性說在世俗諦為有，在勝義諦為無。

所持的三性為遍計所執性、依他起性、圓成實性，在唯識學中是相當重要的思想。所謂「遍計所執性」可說是一種妄心的表現，即普遍計較種種法，以為它們都有自性，都是實在，這便成為一種執著。再者，「依他起性」即從緣起的角度言一切法都是依他而起。「圓成實性」即對依他起的事物、諸法不產生遍計所執，無虛妄執著，亦即就其為依他起而瞭解其性格唯依他起、是緣起，無執著，此種實踐便能成就「圓成實性」，一種圓滿證成真理的思想、實踐。因此一般而言，「遍計所執性」是虛妄的，「圓成實性」是清淨的，「依他起性」是中性的。即在依他起的性格若對諸法執著，以為有自性，便是「遍計所執性」，而在依他起的性格上若對諸法不執著，瞭解為依他起，認為沒有自性，便能證成真理方面的瞭解，便是「圓成實性」。依他起其實即是緣起，具有很濃厚的世俗意思。這是我們所生於斯、長於斯的世界。臺灣佛教朝向多元發展，且向世俗開展，如提出所謂「人間佛教」，即重視實踐，實踐的對象即為世間的眾生，關懷生活在現實世界的眾生，不光是談義理，而是講實踐，即真正瞭解真理，禪益眾生，進一步創辦對眾生生活有所幫助的機構，如建立醫院、療養院，使病人、老年人都能得到妥善的照顧。更而成立學校、教育機構，此種情況愈來愈普遍，佛教大學大約有六家，佛光、玄奘、南華、法鼓、華梵、慈濟等。然而臺灣佛教界都是各自發展，團結向心力不足。我認為應該統合各個佛教派系、大學，如香港有佛教聯合會，臺灣亦能依循此種做法，將各個佛教門派聚合起來。因為其所關注的問題相同，若各自發展則力量分散，聯合發展力量便更加強大。

洪楷萱：就瑜伽行中觀派的觀點而言，人的思想歷程是由經驗的存在層面上提而為唯識所現的真理層面，同時也在實踐上消除我執。寂護通過對這些思想的排比，表示存在雖然有數目上的由一至多的不同，但就勝義的角度言，都是無自性的，都是空。因此，中觀學把瑜伽行或唯識學引進自己的系統中，而成為空（中觀學）有（瑜伽行、唯識學）互融，最後仍謹守著龍樹空的立場。[17]

吳汝鈞：唯識所現的真理用一個特別的名相來講，即所謂「真如」：對對象的本性有一種徹底的瞭解，瞭解它的本性是緣起，是沒有自性，是空。能如此便能達致真如的境界，達到此種境界，便能成就覺悟、解脫。因此般若思想與中觀學的真如，是空，即為緣起，不過中觀學強調「空」，唯識學則強調「緣起」，因而便成了有宗（唯識學）、空宗（般若思想、中觀學）。

洪楷萱：這裏說一下所謂「自己認識」問題。對象由「識」所變現，寂護將此觀點歸結到「無我」。依照唯識學，外界的東西是不存在的，一切對象都沒有自性，均為識所變現，而唯識學的識也沒有自體、自性、自我，它只是「相較」於它所變現出來的對象具實在性而已。就終極層次言，唯識亦是無我的，「我」所指的是實體性的自我。寂護的這種觀點否定了清辨的中觀思想中所含的外境說，也否定了「堅持唯識的立場的說法」，回歸到龍樹空的哲學。[18]

17　吳汝鈞：《佛教的當代判釋》，頁383。
18　吳汝鈞：《佛教的當代判釋》，頁383。

吳汝鈞：依唯識學，外界的東西是不存在的。若從唯識的脈絡觀之，即是我們當前所面對的大環境，包括種種不同的事物，有花草樹木、山河大地、金銀珠寶等，全都是心識所變現。離開心識便不能說在我們心靈以外有一個世界，這個世界有花草樹木、山河大地、金銀珠寶等。這些東西必須在心識的變現的情況下才能講，才有其暫時的存在性，所以唯識主要在反映外界種種東西都沒有自性，都是心識所變現，唯即「只有」，只有識是真實，真實是相對於外界種種事物而言。若由真如、終極真理而言，心識亦非真實，亦是緣起，由種子依緣而生起。

洪楷萱：日本學者梶山雄一認為寂護把不同的哲學系統分為兩種：(1)二元論（dvaya-naya）者，二元的認識活動和認識的對象都是實在的，包括說一切有部與經量部的教法。(2)非二元論者（advaya-naya），只承認心靈或觀念具有存在性，包括唯識學（Vijñaptimātratā）或瑜伽行學（Yogācāra）。爾後，寂護又將二元論再細分為有形象知識論與無形象知識論，經量部（Sautrāntika）與說一切有部（Sarvāsti-vāda）對應於這兩種教法。據上，可延伸兩個問題說明寂護在哲學高度上的開展，這即是：

1.二元論與因果效應[19]關聯的建立

19　法稱的實在、存在性、存有性的判準「因果效應」，為印度佛學界後期的共識。說一切有部認為「通過知識活動而達致的定止狀態」（pratisaṃkhyānirodha），或涅槃（nirvāṇa）境界，是一種沒有條件制約的、整一的實在（Realität）。這種實在能夠恆常地、獨立地存在，非一般人所能接觸與理解，然瑜伽行者（yogin）透過禪定的工

　　二元的「認識活動」與「被認識的對象」都具有**存在性**，主要的理由是被認識對象的認識活動可以產生被認識對象的知識，**具有因果效應**，所以使認識活動與認識對象的存在性得以成立。寂護的觀念相較於早期的保守的中觀派學者，已經開放許多，他提出世間許多東西，不外是**觀念上的構想而已，不具實在性**。[20]

吳汝鈞：因果效應在佛教中較少人論及，因為因果效應從效應可以通到實用主義，即言此種因果效應或實用主義，需在生活中產生正面效果，才能言因果效應，若沒有產生正面結果，則不能談因果效應。此點讓人聯想到西方哲學家杜威（J. Dewey），他便是實用主義（Pragmatism）的大宗師，美國人一向都強調實用或實際，現實感較強，較不重視觀念或心靈的思考，因此實用主義可以從哲學推廣開去，成為人的生活規準。美國人的生活相較於其他西方人現實，實用意識很強，例如他們買東西，首要考慮東西的實用性，金銀珠寶沒有實用性，而牛肉、稻米、衣服等生活所需品則具有實用性，亦為他們所重視。此種實用主義思想原來在佛教中並沒有太多人重視，但後期唯識學宗師法稱的想法便有點像杜威，比較強調實用的效應，例如有病痛需要吃藥，在此方面最能顯現實用主義者要

　　夫可以直覺到它。此種直覺的確定，法稱認為事物存在性的判準在於它是否存在**因果效應**。換言之，事物若能展現其因果性格者，便可說有存在性；而不能活動，不能以自身為原因而產生結果者，便沒有因果效應，便沒有存在性。法稱以因果效應來解讀存在性，在後期印度佛學界已成一種共識，此種因果效應具有動感意義，但屬於**經驗層面，具有時空性**。吳汝鈞：《佛教的當代判釋》，頁384。

20　吳汝鈞：《佛教的當代判釋》，頁385。

挑選有效的藥，才符合實用主義的標準。另外，如進大學選科系，若以實用主義的角度立場來選擇，通常選擇理工等科系，而不會選擇宗教、哲學科系。法稱即是一位實用意識較為強烈的人。

2.心靈或觀念具存在性的判準

　　說一切有部認為，一位瑜伽行者能夠以禪定的工夫所帶來的直覺去接觸實在，所涉及的直接機能，並非一般的感性的直覺（sinnliche Anschauung），而是一種神祕的直覺，或康德提及的睿智的直覺（intellektuelle Anschauung）。這種直覺使我們建立對對象的認識，但此知識並非現象義、經驗義的知識，而是對象的**本質的、在其自身**（Ding an sich）**的知識。這種知識的建立，展示著神祕直覺的認識活動具有存在性或實在性**，對於事物的本質具有因果效應，能對它們建立物自身層、非現象界層的本質方面的知識。[21]

吳汝鈞：物的在其自身即 Ding an sich。物自身的觀念從來未曾是科學家所關心的議題，科學家所關心的是現象，即有形、有相、有作用的現象，物自身若如康德的講法，我們無法以感官接觸，因此哲學家所提出物自身的性質，在科學家眼中並無理論效力，因為物自身並非人所能接觸，只有上帝才有接觸的能力。因此物自身是宗教學、神學，或哲學的對象，並非科學的對象。這便顯出物自身與科學並無交集，但某些傑出的科學家具有宗教信仰，這便出現一個問題：科學家仰賴理性，但物自身、教徒所講的信仰，如何調節理

21　吳汝鈞：《佛教的當代判釋》，頁 385。

性與信仰之間的矛盾不一致情況呢？這一直都是一個問題。表面兩者看似矛盾不相融，然這兩種東西經常為人所不能缺少的，人一方面需要仰賴科學解決生活上所需，因此需發展理性能力，而另一方面心靈精神又有無限的追求，要超越、克服有限，達致無限，此便不屬於科學問題，而屬於宗教、神學或哲學問題。因此兩方面應如何處理、調和，才能使人有一種在精神、信仰與物質達到善巧的平衡，使生活過得好，過得有意義有價值，便成為重要的問題。若將此問題深化，兩邊處於深邃的矛盾，如何處理調和一直以來都是宗教、哲學所關注的議題。許多傑出的科學家亦需要信仰，因為人的心靈有無限的要求，不願受圍於有限，需超越到絕對、終極、無限的境界，因此需要有宗教信仰。但科學強調理性，兩邊發生拉鋸拔河的難題。信仰與理性之間的矛盾目前並無得到一種大多數人都可以接受的答案。

關啓匡：我認為信仰比理性重要，因為每個人的智能並不相同，並非每個人都可以成就理性、科學方面的成果，但人類的特色是群居的，即使我自身無法解決科學的問題，但卻可仰賴人類社會中的共同成果解決自己的問題。但宗教要解決的是個人的生命的質感問題，我認為此屬於個人的事，只能依靠自己設法解決，因此我認為信仰比理性重要。而我本身並無宗教信仰，但無宗教信仰並不代表沒有困擾，也可能有很深的困擾、失落或無助，僅是還沒有選擇。

吳汝鈞：你是否認為理性所成就的成果都是有限的，但人心靈並不滿足於此有限的成果，需超越有限去追求無限性的理想，那麼哲學、宗教、神學便變得重要？但仍需先解決吃飯的問題，才能進一

步追求無限性，因而管仲有言「衣食足然後知榮辱」。衣食屬科學
的問題，榮辱則屬於宗教的問題。此中便提出一解決方式，需有次
序，先解決衣食，再向榮辱尋求開拓，便打破兩種矛盾衝突對立，安
頓內心。先解決生活問題，才繼續開拓生活的空間，永恆的吸引力便
會變得強烈。科學與信仰並非處於同一平面，應從垂直眼光觀之，
有其次序先後，由基本有限性出發，此問題解決後，再向上開拓，走
向超越有限性，追求絕對永恆性格的目標。如釣魚臺問題，解決最
快的方式便是戰爭，但其中有兩難，一方面涉及中國與日本的國家
主權，不能讓步，另一方面又不希望發生戰爭，影響人民生活，最好
的方式便是擱置。擱置只是一種權宜之計，等待下一代想出更好的
方式解決。從現實面來說，暫時擱置，共同開發附近資源，又能避
免戰爭，亦是符合實用主義的主張，雖不能真正解決問題，但卻是
目前最好的方式。實用主義在佛教中並沒有受到重視，只有少數論
者強調效應，即實際結果。因為一般而言，種種信仰、宗教，均有
一個共同歸趨，即理想主義的要求，但理想主義之所以得以實現，
則須解決種種現實問題，才可以說可以堅持理想。但實際應該如何
進行則多變數，因此法稱強調因果效應，在佛教發展中誠屬難得。

洪楷萱：寂護對於印度佛學的理解與處理，具有濃厚的判教意味，
由說一切有部小乘的實在論開始，依照此理論所持諸法實在性的減
殺，而趨向無自性、無實在性的空，以及對世間的關切與救渡，將
當時印度流行的佛教區分為說一切有部、經量部、有形象唯識派、
無形象唯識派、中觀學，進而最後綜合唯識學與中觀學，成為瑜伽
行中觀派。寂護認為瑜伽行中觀派是印度佛教所發展的最圓滿的學

說，因為它結合了中觀學與唯識學的優點。[22]

吳汝鈞： 於此，可以看到寂護的思想漸進發展的過程，首先提說一切有部，即實在論。轉到經量部，即逐漸遠離實在論，向觀念論靠攏。再走向唯識學，即有形象唯識學及無形象唯識學。最後匯合前面不同的思想於其自身的中觀學中，結合唯識學與中觀學，成為瑜伽行中觀派，因此在印度佛教發展的脈絡下可以稱之為最圓滿的學說。在這裏我們可以再提出一個問題：佛教經過不同階段的發展，直到寂護融合中觀、唯識，是否就此終止呢？並非如此，後來在印度，佛教的地位逐漸被婆羅門教所取代，佛教便離開了印度，傳入西藏及中國，故而發展出了西藏佛學與中國佛學。在中國佛學中繼續發展，前階段著重在吸收、延續印度佛教哲學的義理，尚未顯現出中國人的思維與價值觀。後階段則著重在與中國文化的思維、價值觀作融合，發展而成天台宗、華嚴宗、禪宗等，這都是具中國特色的佛教哲學。而宋代中國佛教衰微，儒學興起，佛教又傳入日本，發展出日本佛教。又經過日本，佛教又傳入歐美，這條路迄今仍持續不已。

關於信仰問題，有信仰固然很好，沒有信仰也沒有關係，因為人的理想可以在信仰外發展出來。如中國哲學有儒家、道家，每一個教派都有其支持者，但仍有人在這幾個宗教中找不到其終極信仰，因此這些人便需要在儒釋道三家之外尋求其終極理想，只要人類文化能夠繼續發展，宗教哲學便會像不息的川流，繼續開拓、發展下去。

22　吳汝鈞：《佛教的當代判釋》，頁 386。

第十章　空有互融的相關問題

李唯嘉：楷萱同學在上次的報告中已經討論過有形象知識論與無形象知識論，以及寂護（Śāntarakṣita）有融合各派印度佛學的傾向。我的報告就接續著討論寂護空有互融說的關聯點以及他的一些思想。在報告一開始的部分，我先稍微提及空宗與有宗的主要論點，之後再往下談寂護空有互融說的根據與關連點。在中觀派思想中，龍樹的《中論》（*Madhyamaka-kārikā*）說：「眾因緣生法，我說即是空。」這句已經揭示出中觀思想的要旨。龍樹認為體證空義不是在一一析離、破壞諸法之後，才說是「空」。而是要能當下體證到，一切事物都是依因待緣而起的，所以萬法無自性，都是空，這樣才能化解對這些事物的執著，當體證空。中觀的說法，是即就諸法當下的如如不動，去體證萬法的本質。認為空義不在諸法之外，我們不能往外面體證涅槃。不過，這樣的空義只是揭露、揭示了萬法存在的一種狀態、一種本質而已，對於諸法如何生成變化，沒有提供一套存有論的，特別是宇宙論的說明。

吳汝鈞：嗯，這裏首先要注意的一點就是，對於空這種真理，我們可以有兩種方式來講，就是空宗與有宗。空宗主要講性空，有宗則強調緣起。

我們先說明一下空宗所講的這個空。它所提出的體證空的這種真理，是以一種體法的方式來體證。在中觀思想的說法出現之前，是有部的空論。有部提出的是另一種體證空的方法，就是所謂「析」，把諸法析離。把種種的事物所構成的部分都析離，都拿掉，然後才體證空。也就是說，你把構成它的因素、成分，都拿走了，然後甚麼都沒有，這樣就證明了是空。

這種體證空的方法，當然是比較容易了解，可是它的層次是比較低的。為甚麼比較低呢？因為他的背景是一種構造論，我們一般常識的眼光就是這樣看。比如說，這個錄音機擺在眼前，我們把它視為一個具體的物體，把構成這個物體的零件，一件一件抽出來，最後甚麼都沒有了。這種體證空的方式，基礎在唯物論，講來講去，它的著眼點都在物上面。因為這個錄音的器材，本來就是一個物體。這個物體的存在，不是唯識宗所說的，一切唯識所現。在唯識宗，沒有「析」這個問題。

一個物體，把構成這個物體的條件，一件一件拿掉。那一件件的零件，也是物質。把這些東西都拿走，最後甚麼都不存在，便是空。有部這種以析法來證空，層次很低，只是限於唯物的層次。談的都是物質性的，連最後證空，甚麼都不見了，這樣講還是從一種唯物主義的觀點來講空。因為所謂甚麼都不見，空就是沒有了，這是從沒有任何物質性的零件這一點來看。這不需要嚴格的思考，也不需要對事物有本質的智慧。甚麼都沒有的空，是一種常識的了解，並且是立基在唯物論的思考方式上，只是在感官上的一種了解。你用眼睛去看，首先看到這個物體，然後把構成的零件一件一件拿走，最後這個事物就消失。這個事物消失，純粹是從空間跟物

質這兩個概念來了解。就是說，這個事物本來佔有一個空間，你把這個事物成分一樣一樣拿走，原來空間的事物就不見了。它所了解的空，根本說不上是沒有獨立實在性的意味，而是一種空間的空。從本來佔有空間的物體的解構，致空間上看不見物體，這樣的析法空，所說的不是性空的空，而是在空間中消失不見的意味。這種思考、體證的方法是非常原始的，只是用感官，用眼的視覺，就可以看出來。

　　這與緣起性空的道理不一樣。因為緣起性空的空是無自性的意思，沒有獨立存在性，這個意味跟空間拉不上關係。我們說這個杯佔有它的空間，然後我現在看到的時間是兩點四十五分，在這個空間、時間裏面，這個物體出現在這裏，這是它的時空性。然後把構成它的成分拿走，在這個空間中的東西就沒有了。這樣體證的空，只是空間意味，談不上比較深入的思想的層次。跟我們所說的智慧，也沒有交集，純然是一種在空間中某種物體的消失的意思，得不出洞見。所以天台的智者大師批評析法證空的方法是笨拙。說「笨」，就是因為它只是從物體、現象、事物這些相對的層次來講它是空，這個空就只是空間。這樣很麻煩，為了要了解某東西的真實情況，你要把零件一塊塊拿走。一臺車你把零件都拿走，然後甚麼都沒有了，這種方式你要犧牲轎車才能看到它的空性。這種空性不是緣起性空、沒有獨立實在性的空，只是在空間上的物體消失而已。你要把物體折掉才能證空，這種空也不見得有甚麼智慧在裏面，這樣不是很笨嗎？如果這個物體不是一臺轎車而是一個有生命、有血有肉的人，用這種方式去體證人的空性，會鬧起人命的問題哩。你要把人裏面一切的構成成分，從頭髮一直到腳板，一件一

件拿走，然後證空。要殺死一個人才能講證空，這不但很笨而且很殘酷麼？

天台宗把這種析法的方式說成笨拙，另外一種體證空的真理，則是所謂體法。不是要破壞、析離那個物體，不走這條路，而是從物體本身有沒有一種獨立存在性來參究。其實這也不是很難懂，例如一個錄音機，它由不同的部分組成，如果這些部分被拿走，這個東西究就不是原來的東西，變成另一個東西，或者它根本就不在了。這種空性就是沒有獨立自在性，從你的思想、智慧就可以明白，不用動手動腳來解構這個東西。所謂體法，就是擁抱它，不是要析離它，當下就能夠體證本性是空，沒有獨立的自性的空。

析法空的觀點是唯物論的觀點，體法空是從本質、從現象這個層次一直滲透到本質，可以說是一種本質主義。本質跟時間、空間沒有關係，而是指它的基本的性格，就是空的性格，沒有獨立存在性的性格。這種體證空的方式不需要把東西弄壞、弄掉才可以知道它的本質。所以智者大師說這種體證的方法是善巧。所以這裏有兩種觀點：笨拙的觀點與善巧的觀點。有部的就是笨拙的觀點，而空宗或者般若思想則是善巧的方式。所謂善巧，指的是不用破壞物體，把物體看成一個整體，保持它原來的樣子，就可以體證它的本性。以前是不是聽過笨拙跟善巧？

顏銘俊：好像有聽過，印象中是有。

吳汝鈞：聽過就聽過，怎麼好像呀！

顏銘俊：有，有聽過。

吳汝鈞：有聽過？對呀！有沒有問題呀？李唯嘉，妳是不是覺得這裏涉及兩種不同的思考的智慧，或者說，有兩種觀點，一種觀點是能夠保持它的原狀，而知道它的本性，另外一種是要破壞它的結構，最後才了解到這個東西是空的。

李唯嘉：如果就寂護講空的思想來說，我認為他是要強調保住原來世俗的那一面。所以這個部分，我先談龍樹中觀的空義，後面再談他如何把「唯識」的思想融合進來。

吳汝鈞：你可以說析法空是一種常識，體法空是一種洞見本質的智慧。智慧就可以從常識裏面解放出來，超越這個常識。好的，繼續報告。

李唯嘉：剛剛提到的是中觀學從一切事物都是依因待緣而起的，所以萬法「無自性」，沒有獨立的存在性，從這裏揭示出萬法的本質是「空」。而唯識學則從緣起來說「有」。一切事物依因待緣而起，在這緣起之中生起，因此是有。因此，在緣起的觀點下，中觀學「空宗」比較關心的是直接從法性與事物的本質來談性「空」；而唯識學「有宗」則是講諸法的緣起，亦即是「有」。另一方面，在唯識學來說，一切事物、諸法都是心識的變現。心識相對於諸法的存在來說似乎是比較實在的存在，但其實心識也是依因待緣而生起的。

　　也就是說，空宗直指事物的本質是空，直指法性。而唯識學則是由法相入法性，因此唯識學必須有一套存有論的說明，來說明存在世界的生成變化。寂護就是把唯識學心識變現一切法的說法來融

入他的中觀學的思想中，而成為瑜伽行中觀派（Yogācāra-Mādhyamika）。

不過，最後寂護仍然是守著龍樹中觀學的空義，並沒有越出這個空義的範圍，但是納入了唯識以及修行、修習的說法。因此日本學者梶山雄一談到寂護就說：「（彼）欲將瑜伽行派之學說吸收於中觀體系中，後期中觀派乃成為可謂是『瑜伽行中觀派』的一種綜合學派，此為其特色。」[1] 以下從智藏、蓮華戒到寶作寂的思路，討論寂護的空有互融說。

吳汝鈞：我們這裏要注意一點，寂護的空有互融的做法在義理上可能的根據在甚麼地方？為甚麼空有可以相融通？從字眼上看，空跟有好像是相對反，相排斥的觀念。是有就不是空，是空就不是有。一般人都是把「空」扯到「無」這邊來講，因此變成「空」跟「無」的問題。有、無是相對的、對反的。是有就不能是無，是無就不能是有。但問題並不是這樣簡單，這要從命題講起。

我們通常說的命題有兩種，一是分析的（analytic），另一是綜合的（synthetic）。分析性是說，一個命題的謂詞（或賓詞）已經包括在主詞裏面，這就是分析命題。例如，「這支紅筆是紅的」，或者，「這支紅筆是一支筆」，就是分析命題。這兩個命題的謂詞（賓詞）都包括在主詞裏面，主詞是紅筆，謂詞是紅色、筆。不管你說它是「紅色」，或者它是「一支筆」，都包括在主詞

---

[1]　梶山雄一著，李世傑譯：〈中觀思想的歷史文獻〉，收於《中觀思想》（臺北：華宇出版社，1985 年），頁 24-25。

「紅筆」裏面。換句話說，謂詞的意味可以從主詞裏面分析出來，只要分析就可以了。很明顯的，「紅筆」是「紅」的，「紅」的意思就包括在「紅筆」裏面；同樣的「一支筆」的意思也包括在主詞「紅筆」裏面。

至於綜合命題指的是，謂詞不是可以在主詞找到，不能從主詞分析出來，要看實際的情況，這要看經驗方面的情況。所以，分析命題是有必然性的，紅筆永遠是紅的，紅筆永遠是一支筆，這兩個意思你在地球講沒有問題，跑到月球講也是一樣沒有問題。即便月球上沒有筆存在，也可成立。綜合命題則不同，主詞是一個意思，謂詞是另一個意思，謂詞的意思不能從主詞分析出來。我們可以舉一個例子來說明，當我說「月球上面沒有水」時，月球上面有水，或者沒有水，都是綜合命題。月球這個概念不一定包括有水或者是無水，要從經驗探究才可以知道。比如當太空人登上月球，從太空艙走出來，在月球上漫步觀察周圍有沒有水，起碼你可以從實際看月球的表面有水還是沒有水。所以月球有沒有水，是一個綜合的命題。進一步看你還要分月球的表面與月球的裏面，因為表面的情況不一定就是裏面的情況。決定是否綜合，你要做一種實地的觀察，從對象、事物本身去觀察才行。例如地球的陸地，不包括海洋與河流，光是從陸地來看，它是乾的，沒有水。但這只是表面而已，它裏面有水的，你去挖井，一直挖到大概二十米，這水就看到了。所以，綜合命題的意思就是，主詞跟謂詞的關係到底能不能連起來，要看實際的情況。

我們說空有互融之所以可以成立，是因為空有是互相貫通。比如說「空」就是沒有自性，說「有」就是緣起。事物雖然沒有自性

但是它有緣起的性格，事物是由不同的緣結合而成。在這空裏面就可以分析出緣起的意思出來。就是說事物沒有獨立自在性就是空，事物沒有自性在邏輯上就必然涵蓋緣起的內容。如果這個事物不是緣起，那空性就不能成立。空之所以能夠成立，是基於緣起。空這個觀念包括緣起這個觀念，倒過來說，緣起就是空，因為事物的緣起性才可以成立事物的沒有獨立自在性。如果沒有緣起這種現象，空的性格就不能講。你懂不懂？

顏銘俊：懂。

吳汝鈞：你說懂，那我要你說一遍。我問你，這個空跟有它們相互間的關係是怎麼樣的？

顏銘俊：老師是說空宗的空跟有宗的有的關係。老師，這個就是我的問題。我自己在看空有互融，唯識宗說一切的現象都是識現，識現跟空我覺得可以結合。但是空宗不是講，空是由緣起來證成麼？因為現象世界是緣起，所以是空，是依因待緣，是一切條件的集合，所以它沒有自性。但是，原本的空宗就是講緣起，它如果納入唯識學的識現中，識現跟緣起之間要怎麼融合？或者是說，一切的緣也變成是識所現。因為我們這組做空有互融，主要是講寂護跟蓮華戒，但是我看不懂那些藏文跟梵語的文獻，沒辦法直接去看寂護跟蓮華戒它們自己在講空有互融的時候，除了講空、講唯識以外，還有沒有去談到緣起這個部分。或者他們其實就不講緣起了，他們在講現象界的時候，就只講唯識。

吳汝鈞：他們也不是完全不講。只是空宗學說的焦點聚在空這一方

面，也就是沒有獨立自在性這一方面。而唯識宗也不是不講空，只是把重點集中在緣起這一方面。其實，這兩派都同時接受空跟緣起兩個觀點。不過，空宗把探討的焦點放在空上面，有宗就放在緣起方面。

　　空就是沒有自性，緣起就是從種種因素而生起。為甚麼沒有自性，因為是緣起；也同時因為是緣起的，是由不同的因素生起，所以就沒有自性。自性跟緣起是矛盾的，空跟緣起沒有矛盾。由於事物是緣起，所以不可能有獨立實在性，這就是空。所以，你說性空是緣起，或者緣起是性空，這是一個分析命題，因為緣起跟性空的意味，可以在各自的概念中分析出來。是空的東西一定是緣起的，緣起的對反面就是自性，空就是無自性。空就是無自性，無自性就是緣起，它非要緣起不可。如果它不是緣起，它就不能是空了；所謂緣起就是沒有自性。空宗一定承認緣起，一定接受緣起的觀念。倒過來說，緣起這個觀點就包含空的意味在裏面，緣起非要空不可，不然這個義理就不能成立。吳嘉明，你跟我同姓，應該是心心相印，我們五百年前是一家。那我講的東西你應該能夠相印，你將我講的意思用你的話來講一次。

吳嘉明：對一個空概念來談的話，因為所謂的緣起是無自性，我們必須要有一個空概念來維持緣起的可能性。空本身必須要有緣起的意涵，才可能成立（tenable）。

吳汝鈞：這是說一種事物是空的話，它一定是緣起，不能有自性。倒過來講，一個東西如果是緣起的話，那它一定是空的。如果不是空，它就是有自性。如果弄懂這點，對空有互融的可能性，就可以

了解。通常我們說，空有，或者有無，是相對的，有不是無，無不是有。這是一種世間層面的了解，這裏面沒有涉及到超越經驗的智慧。如果抓到空有之間的分析關係，即性空跟緣起有一種分析性的關係，緣起就包括在性空裏面，倒過來說，性空的意味也包括在緣起裏面，在內容上互相包容。空有兩個觀念的關連非常密切，是互相包容。只有這種關係，能夠作為空有互融的義理的基礎。否則空有互融無從說起。

李唯嘉： 下面要談寂護空有互融說的關聯點。寂護對於世俗或者世間的看法，應該是空有是世俗的一體兩面。就是說，若就緣起來說的話，世間萬法無自性，所以是空；但也因為是緣起，所以萬法無自性，一切事物能夠如如顯現。所以寂護空有互融的要旨就在這裏。他認為所謂外界實在是沒有的，是空的，但在這空之中，事物仍能如如顯現，這顯現即是存在，即是有。[2]對於空有是世俗的一體兩面的討論，我們先由智藏（Jñānagarbha）開始談起。智藏區分世俗為兩種。這個區分當然不是意味著有兩種不同的世間，而是從兩種不同的方式來看世俗，一是實在世俗，一是邪歪世俗。智藏認為，實在的世俗的東西是在我們面前如實地顯現的東西，它們不具有自性。實在世俗與邪歪世俗，區別的方式有兩種。

吳汝鈞： 這裏有一點，就是妳剛才提到的一體兩面。這一體兩面，跟我剛才講的性空跟緣起的關係，其實也是一體兩面。同樣東西，

2　吳汝鈞著《佛教的當代判釋》（臺北：臺灣學生書局，2011 年），頁 386。

有兩個面相。比如，一個十塊的硬幣，它有兩面，一面是拾元，另一面是老蔣，一體兩面，所以就結合起來。緣起性空也是這樣，一體兩面。我們再講深入一點，宋明理學有一種說法心即理，陸象山、王陽明所提的，這也是一體兩面。終極的存在，它有兩個面相，一個是心，就是我們的主體性，另外一面就是理，就是客體性。這個主體性跟客體性不是分開、分離的，而是一體兩面。一定要有這一體兩面的性格，它們這種結合，所謂「即」才能說。再舉一個例子，天人合一，怎麼樣才能達到天人合一的境界？就是天代表客體性，人，也就是我們的心靈、心，就是主體性。客體性跟主體性一定要是同體才能講合一，如果不是同體，就不能講天人合一。

李唯嘉：剛剛提到智藏如何區別實在世俗與邪歪世俗。第一點，凡是有遍計執在內的便是邪歪世俗，沒有便是實在世俗。因為唯識宗把一切法分為三種性質，就是遍計所執性、依他起性、圓成實性。遍計所執性（parikalpita-svabhāva）就是去周遍計度、去計量諸法的自性。為甚麼會有這種對一切法有計度、計量的心呢？就在於他視一切法為實有，所以才會產生了這樣的偏執，這樣的虛妄分別心。第二依他起性（paratantra-svabhāva）指的是萬法無自性，萬法都是依因待緣而起，所以無自性，都是依他起的。如果我們都能了解萬法都是依他起性，那就不會有遍計所執的執著，而能夠成就圓滿的真實自性（pariniṣpanna-svabhāva）。所以智藏區別的實在世俗與邪歪世俗就在於我們能不能化解這種遍計的執著，能夠的話就是實在世俗。第二點，是看是否有「引致效果」的作用，具有便是實在世俗，不具有便是邪歪世俗。這裏想請問老師，所謂引致效

果的作用指的是甚麼？

吳汝鈞：所謂引致效果就是指一種效應，唯識宗有一種說法，認為甚麼東西真不真，或者存在不存在，怎麼確定，要看它的效果。上一次我提到杜威（J. Dewey）的實用主義（Pragmatism），就是要從它的效應、效果來看，比如現在很多人患感冒，一種好的藥，對於治療感冒有效果，我們就把這種藥稱為感冒藥，是真正可以治療感冒這種病的藥。如果你拿一些藥給我吃，可我是有感冒，你的藥都不是治療感冒的藥，我吃了就沒有效應，甚至更嚴重。效果就是很重視在歷程上所顯現的作用。有一個例子很有趣，就是當年鄧小平曾經說過貓不管是黑貓還是白貓，能夠抓老鼠的就是好貓。抓老鼠就是一種效應。貓有沒有效應，有沒有價值，是不是一種好的工具，這當然是針對抓老鼠來講，所以能抓老鼠的就是好貓。這裏就有效果的意味，抓老鼠是一種效果。

我們可以看到唯識宗有這種觀點，注重在經驗上、世間上，能不能產生一種有用的效果。當然還沒有到杜威所講的 Pragmatism 的程度。因為這種思想不只是在唯識學裏面發展出來，它是有一種效應的意識。看到世間種種不同的事物各有各的效應，對於某一個特別的目標來講，有些是對這個目標有貢獻，有些對目標的達致沒有貢獻。這種思想是比較接近實用主義或者經驗主義，跟理想主義距離比較遠。當年英國的羅素（B. Russell）跟杜威是同時代的人，但是羅素看不起杜威，認為他思想很貧乏，怎麼會有那麼大的影響，怎麼能做一個宗派的祖師呢？因為杜威的東西跟常識比較接近，一般人都能懂，實在論、經驗主義這方面的思想比較接近一般

的了解，杜威就是強調這方面，尤其是實用性這方面，這一點一般人比較容易了解。如果你要談精神境界，或者天跟人的一種感通，這比較難了解。羅素是分析哲學家，也是數學家。這方面的學問跟我們的常識距離也沒有那麼近，實用主義就比較容易了解。所以胡適當年去美國留學，博士學位的指導教授就是杜威，胡適很快就拿到博士，因為杜威那套東西比較容易了解，而且也沒有語言的問題，杜威寫的書都是英文，不像康德、黑格爾、胡賽爾，他們用德文來寫，你要懂這種語文才行。當然歐陸這一套現象學跟美國的實用主義，距離很大。現象學是由觀念論方面發展下來，杜威則比較接近實在論、經驗論。

效果就是唯識學裏面能夠發展出一種效果的思想，這是比較少見的。上次講到的法稱（Dharmakīrti）就是重視效果，他是受了經量部的影響。經量部、有部都有實在論的成素，這跟唯識學不同。經量部好像是介於說一切有部跟唯識學之間。比如說這張椅子，存在於我的感官面前，所以我說這張椅子在我的感官所能接觸的範圍以內，是有存在性，這不難懂。若問，在這椅子背後有沒有不變的、實在性的東西支撐它，成為顯現於我們眼前的這個樣子呢？有部認為有，背後有實在性的東西在支撐它。唯識學就說沒有，這一切都是心識的展現。經量部是介乎兩者之間，法稱受了經量部的影響，所以他強調效果，是不是有用。例如，一張椅子是不是有用，在於它坐起來是不是舒服，可以轉來轉去。效果不能講終極性。終極性是目的，跟我們所說的手段、達致目標的方法要分開看。實用主義很強調方法，對於目標的實現有沒有效果。抓老鼠是目標，你用甚麼能力去抓是方法。哪一種東西去抓是無所謂的，通常是貓，

但貓有很多種，這都不重要，能夠抓老鼠才是重要。

李唯嘉：總結剛剛的第一、二點，世俗、邪歪的區別就在於「實在的世俗遠離遍計與虛妄分別，依因待緣而生起，具有帶來實效的作用，和能夠同時展示於智慧者與愚癡者的所知中。邪歪的世俗則與這些剛好相反。」[3]也就是說，世俗實在面同時包融空義（世俗無自性的本質）與有義（因緣而生起，並且具有一種實質效用的表現），所以空、有是世俗的一體兩面。若只執著其一，只能是一種邊見，體證不到中道。

吳汝鈞：所以妳在這裏也提出了空有是世俗的一體兩面。就是因為它有這種一體兩面的關係，所以空有互融在思想上的發展才可能，開出一條新的出路。

李唯嘉：而寂護與蓮華戒（Kamalaśīla）都認同智藏的說法，他們所說的實在世俗，不是不同於一般我們所熟知的依慣習、約定一類東西被處理的世俗。他們所說的實在世俗，就是在內容中有生滅性格，具有生起效果、功效的作用、能力的世間，能夠被經驗、被認證為存在的東西。蓮華戒更強調表現一點，強調實在世俗是指能夠被經驗到的、能夠表現出來的，就是說「實在的世俗是在世間、經驗的層面無掩飾、加工地表現的東西。而不能在世間的、經驗的層面表現出來，要越過實在的世俗的東西而存在的，如自在天

3　吳汝鈞：《佛教的當代判釋》，頁 387。

（Iśvara）這樣的神明，則是邪歪的世俗。」[4]

吳汝鈞：所以妳在寂護這方面，提到他很重視那種具有生起效果的作用，他這種觀點是受了法稱的影響。法稱從歷史來說是介乎佛教的中期跟後期之間，寂護、蓮華戒、寶作寂是屬於後期。法稱比較早，對唯識學又有很大的影響，他這種效用、功效的觀點就被寂護等人吸收。

李唯嘉：前面談到實在世俗是即空即有，而且可以被經驗到，瑜伽行中觀派的殿軍寶作寂（Ratnākaraśānti）就是沿著蓮華戒的這種思想發展，也強調表現的思路，同時涉及「自己認識」（svasaṃvedana）的問題。寶作寂認為：「種種存在是通過自己的顯現的被知覺、被發現而得以成立。這種顯現是光輝的，具有照明的作用。」[5]在這裏寶作寂已經涉及所謂明覺這樣的般若智或者說是如來藏的思想在其中。就是說這樣子的被顯現出來的東西，他不是一種物質性的呈顯而已，它是一種直截的、全面的呈顯。「倘若這種顯現不能成立，則便沒有任何存在能夠展示自身了。相反的，倘若這種顯現能成立，則它即此即是知識，一切存在變得以知識作為其自性或本性而成立了。」[6]也就是說，能夠顯現的就是知識，即顯現的就是知識，這樣的存在就是以它的自性或本性的存在才能成立。

4　吳汝鈞：《佛教的當代判釋》，頁 387。
5　同上。
6　同上。

　　但是這種知識並不是像康德所說的，從現象的範疇化（categorization）而得以成為對象的主客對立的知識。寶作寂強調般若思想或如來藏思想所開拓出來的清淨光輝的心靈的無形象的知識。意即，真正的知識不是一種被認識的對象（客體）的建立，不是一種對象化、客體化的建立，不是在這樣的一種主客對立下建立的外在的實在的知識。真正的知識要在一種真實的明覺中尋找。在般若明覺看來，形象都是心識的變現，也就是說，不管投射出來的形象無論如何紛紜萬化，其實就是心識的變現，所以認識這個形象就是對自己心識的認識，這樣形象的千變萬化，它的本質其實是空。

　　所以般若智成就的知識，能穿透這種紛紜的存在的表層，而直探其本質。因為它有一清淨的、光明的智慧去映照，所以一切存在在這種智慧的照耀之下，就是清淨的知識。由於這種顯現有照明、明覺的作用，因此所顯現的就不是現象而是物自身。吳老師認為這樣的說法可以通到海德格所說的「實有的本質是呈顯」（Sein west als Erscheinen），就是只能就顯現來說存在，在顯現之外的客觀外境的存在，是不能說的。這也是胡塞爾（E. Husserl）所說的明證性（Evidenz）。就是說我們不能證明在經驗之外的事物是不是確實存在，所以只能暫時擱置。

　　而蓮華戒更強調知識只是自己的認識，因為形象都是心識的變現，這便是唯識的性格。寂護與蓮華戒都支持「自己認識」這樣的唯識觀點，形成了一種融合中觀學與唯識學觀點的瑜伽行中觀派。

吳汝鈞：這裏有兩點我們要注意。第一點是「自己認識」，這個觀

點是唯識宗發展到後期在知識論方面很強調的觀點。在所謂認識論或者是知識論（epistemology）中，我們通常講「認識」，就是說我們對這個茶壺有視覺上的印象。看到它是紅色，印有一些字，這是一個形象，是一個認知的對象。然我跟這個對象有一種主客的關係。我是認知的主體，茶壺是認知的客體。所以這個主客關係很明顯，一般來講，知識論就是從這邊開始。要有一種主客的關係作為基礎，這樣認知活動才能建立，才可以成立對對象的那種知識。所以，在這種 pattern 方式來講知識論就是我們對外物的認知。我們是主體，外物是客體，通過這種主客關係，我們對外物可以認知，對它建立一種知識。在知識論裏面大家都這樣了解。

但是唯識宗有不同的講法。根據他們的講法，這個茶壺就是我們所謂認識的形象，他們不把它講成一種對象或是一種外界實在。在唯識學裏面他們說到我們對這個形象的認知，因為這個形象是我們心識所變現出來，所以在存有論上面這個形象的根源在我們的心識。也可以說，它的存在性就是基於我們心識的一種變現的作用。至於作為現象或形象背後有沒有自己的對象或自己的實在性，就唯識學來說，我們無從說起。我們對它的形象背後有沒有一種不變的自己在裏面？他們說，無從說起。你說有，他們就問你，有沒有明證性？就像胡塞爾所強調的 Evidenz，明證性。就是我們對它沒有明證性。因為我們不能認知這個形象背後的外界的實在的東西。我們沒有那種能力。所以在胡塞爾來講，他就把這個問題擱置。不談這個問題。在唯識學裏面，有關形象背後實在不變的東西，我們無從說起。

我們所認知的物體的形象是我們的心識所變現出來。所以，在

存有論這方面它們是屬於我們的心識。既然是屬於我們的心識，就是說，我們的心識去認識我們心識所變現出來的形象。這就是「自己認識」。這有知識論這種觀點，唯識學提出來。別的很少這樣提。只有英國經驗論的哲學家 G. Berkeley 提出一名句："To exist is to be perceived."（存在就是被知）。我們說某一東西存在，是基於我們對它的知覺。所以，他是有一種懷疑的精神。我們沒有器官可以瞭知的東西，我們不能說是存在。因為他們沒有被知，唯有被知的東西才能說是存在。這個意味就有點像唯識學。但是唯識學比他講得更徹底。唯識學說，這個形象是我們變現出來。如果你要 Berkeley 在這方面表達他的意見，他大概會說這個茶壺是上帝創造的。在唯識學裏面，它就提自己認識自己所變現出來的形象。

第二點，就「存在是就顯現」來說，這個意思跟我們剛所提的 Berkeley 所講的有對話的空間。這顯現是顯現在我們的感官面前，我們就說它存在。如果沒有這個顯現就很難講它存在。不過他這邊不能正面回應存不存在的問題，因為即便你沒有看到、知覺某種物體存在，也可以這樣說，雖然沒有知覺它的存在，但是它是上帝所做，所以上帝可以知覺它的存在。這是把它推到宗教那方面來處理。因為西方哲學跟宗教有很深的關係，所以很多哲學的問題都會牽扯到宗教方面。這意味我們要注意「顯現」這個字眼。到底是顯現甚麼東西。這個問題到了海德格（M. Heidegger）有了比較確定的說法：實有的本質是呈顯。這個有文獻學的根據。

在海德格的著作上可以找到這句話。他是從另外一種角度講存在。Sein west als Erscheinen. Sein 是存在，west 是從德文 Wesen 轉過來，本質之意。那本質如果用在動詞上，就是實現，實現自己的

本質，就是對本質的一種實現。本質不是作為一種對象，讓你去做形而上學的思考或研究，而是實現它，才有意義。動感的意味也就出來了。west 就是對本質的實現，或者說是證成它的本質。讓它的本質能夠實現，被證成被見到了。Als 就是 as，Erscheinen 就是顯現。所以海德格這裏說的是，我們講的終極的存在一定要通過顯現的狀態來證成它的本質。這種存在就是真的存在，有它的普遍性。所以他提本質的觀念是在一種實現的 context 下面提出來，是 actualize，realize，要呈現、顯現，本質才能證立。光是想而不關心顯現的問題，存在的本質就無從說起。所以一講存在，就要在存在呈顯的脈絡下面。只能在這個 context 下面講本質才能講得過去。如果沒有這種實現的步驟，講本質永遠都只是概念性的本質。像柏拉圖講的 Idea 一樣，沒有實現出來來，只是我們思想的對象。所以這不是他講的終極性的存在。海德格提 Dasein，具體來講，就是一個東西存在在這個時點跟空點，就是 Dasein。Sein 就是 Dasein 的基礎，所以他所注意的，就是說 Sein 如果要呈顯，就是要透過一種顯現，透過一些有具體存在性的東西呈現。這就是他講的 Dasein。Sein 是 Dasein 的基礎。所以他在這裏所講的顯現，跟唯識學講的心識的詐現，在哲學上有一種對話的空間。

李唯嘉：前面已經談到寂護空有互融的依據是性空緣起是一分析命題，寂護在這裏很強調中觀學的空與唯識學的有是大乘佛學的雙軌。艾些依迪（Ye śes sde，或 Ye-śes sde）曾寫有《種種看法的特徵》（*lTa-baḥi khyad-par*），其中提到寂護依據無著的《瑜伽行論》而寫出《中觀莊嚴論》一書，提到的「世俗」這一概念，與無

著的意思相同，視之為一唯識學的概念，或者就是唯識的意思。而在世俗之外的勝義，則以識仍是沒有自性的。這與中觀學的意思不同。不過，寂護說到蓮華戒的《中觀明》，認為此書所說的世俗概念與中觀學的說法不一致，但從勝義來說，外境與內心或內識等一切現象都是空的、沒有的。事實上印度佛學各派對於世俗的看法，一向都不是完全一致的。唯識學在某一程度上承認世俗的存在性。比如老師提到的法稱就是以世俗的達致的效應來看存在不存在、真不真的問題。中觀學對世俗雖在存有論上持保留態度，但在工夫論方面，則持正面的肯定態度，認為勝義要在世俗的基礎上才能證成。龍樹《中論》就表示我們若不依賴日常的一般行為、相對的真理，不能說勝義諦、絕對的真理。我們若不皈往絕對的真理，不能證成涅槃。

寂護的《中觀莊嚴論》（*Madhyamakālaṃkāra*）視中觀學與唯識學有如馬車的兩條疆繩或車軌。要總持、真正滲透到大乘佛教，便要概括空、有這兩種思想。這明顯地預示中觀學的空與唯識學的有（緣起、心識所變現的境）的融合訊息。他在《中觀莊嚴論註》中便提到「大車軌」，表示乘坐在走大車軌的馬車中的人，宛如手執著馬的疆繩那樣，能夠獲致、證取大乘的真實義。寂護所說的兩條車軌，正是指中觀學與唯識學而言，這正符合空（中觀學）有（唯識學）互融的旨趣。

蓮華戒也深受寂護這種觀點的影響，他在《修習次第》（*Bhāvanākrama*）中，以寂護說法為依據，以空為勝義，瑜伽為世俗。但是這樣的分別應該不是存有論上的說法，前面講到實在世俗是即空即有，這個分別是工夫論的說法。我們很難就存在性

來說空，說空是一種存在。但在實踐義來說，就意味著勝義的空
必須落在世俗中才能體現，不可能離開世俗的有去談空的證悟。
而寂護所倡議的空有互融主張，在智藏的《二諦分別論》
（Satyadvayavibhaṅga）中已有提及。他認為若能沉澱於依佛所說
而分別二諦這樣的大車軌中，便不需再理會其他說法了。之後蓮華
戒在他的《修習次第》中說空有兼涵，便是根據寂護的說法而來。
不過他強調中觀是勝義面，唯識是世俗面。

吳汝鈞：強調中觀是勝義面，唯識是世俗面，這是表示一種判教，
不過他是站在中觀學的立場來判。應該除了中觀、唯識以外，還有
在他們出現以前的有部、經量部的教理在裏面。這裏是強調中觀跟
唯識的義理我們怎麼處理，安排在有義理的依據、有邏輯上的依據
這種位置。不過從這兩句來講，以中觀是勝義諦，唯識是世俗諦，
他是站在中觀學的立場講。這種講法唯識學也不見得一定接受。唯
識學覺得自己那套學問才是勝義。這裏有一種教派上的爭論。這種
情況在佛教裏面是常常出現的。有關這方面的思想，在印度和西藏
很多人都講。但是在中國很少人講，因為沒有漢譯。中觀唯識重要
的作品主要就是由玄奘、鳩摩羅什他們翻成漢文。玄奘是在唐代，
鳩摩羅什比他還要早。玄奘以後，在印度方面，特別是在印度佛學
後期發展出來的義理，因為沒有漢譯，只有梵文的原典跟藏文的翻
譯，所以中國佛學界談的很少。至於那些名稱，如「中觀莊嚴
論」、「修習次第」、「二諦分別論」，是日本人的翻譯。

李唯嘉：寂護有一偈語，以空與有為真理的兩種旨趣，或兩個面
相，這旨趣與面相有車軌的作用，能提供駕車者路軌，讓他沿著路

軌馭車前進，就可以達致真理本身，認悟到大乘修行者的目標，或大乘佛教的真實義。寂護就這首偈頌作註釋，表示《入楞伽經》把空與有兩面旨趣綜結起來，以展示大乘佛教的真理。所綜結的大乘項目為：五法、三自性、八識和二無我的正理。寂護認為一切大乘佛教的正理基本上都可在這些項目（中觀學與唯識學）中被統合起來。

吳汝鈞：我們先提一點。就是，他提出空跟有，像車要有路軌才能前進，就是我們如果要徹底了解現象世界真正的性格、本質，要有兩個條件：對現象世界的了解要從空跟有兩方面來看。空就是沒有自性，有就是緣起。他以路軌來比喻空跟有。要一起作用，才讓我們達到正確了解真理的目標，才可以講覺悟跟解脫。所以這裏他是把空跟有並排來處理，光是空不行，光是有不夠，要兩方面都能照顧，才能看到事物真正的本性。所以這跟我們上一次談到分析命題那一點有關係。就是說，空是無自性，有是緣起。空是緣起，或緣起是空。這兩種說法都對。因為空跟有本來就是在一種一體的狀態，只是從不同的面相來看。一般事物有兩面，一面是空，一面是有。空是沒有自性，有是緣起性。我們要兩個都兼顧，才可以對事物有周延的了解。就是內外都能夠看到。我們說它是緣起的，那是它內在的性格。就整個事物來看，它是沒有自性。它的存在性的基礎在緣起。空跟有不是對反，而是互相補充的。所以在這裏他就提出一種認識論的進路，就是我們要認識事物，不能單從空這方面來看，說他沒有自性就完了，這不夠。要看那沒有自性的背後，它就是緣起，如果它不是緣起，就有自性，就不能說空。後來天台宗智

者大師在一本很重要的著作《摩訶止觀》，有相似的說法。摩訶就是大的意思；止就是禪定，集中精神的活動；觀就是觀照，比較重視動感，觀照到事物的核心本質。所以這個止跟觀所扮演的角色不是一樣。先有止，把心意集中起來，透過禪定功夫讓自己的心念專一起來，不會心猿意馬，才能觀照到事物的整體，內跟外兩方面的性格。他就做一個比喻。止跟觀就像鳥的兩翼，只有一翼就飛不起來。所以他這邊講空跟有，就跟《摩訶止觀》裏面講止觀一樣，都是相輔相成。

李唯嘉：關於此點蓮華戒也同樣認同。不過，在這裏可注意到一個問題：寂護所說的大乘佛教的旨趣，只有中觀學跟唯識學，並沒有涉及如來藏（tathāgatagarbha）或佛性（Buddhatā）思想。如來藏自性清淨心思想要到寶作寂才受到重視，但到了這個階段，印度佛教已步入衰亡期。

吳汝鈞：所以這裏就很可惜。中觀學經過很長一段時間的發展，最後把重視有唯識學那套理論跟實踐的方法都吸收進來，這是在義理跟實踐裏面的一個進步。而且這個進步是合理的。可是中觀學跟唯識學所講的義理，如果從佛性，從如來藏自性清淨心來看，還是要有一個程序把它們兩方面的義理跟實踐結合起來，還有這一步。要如何達到這一步，就是要建立如來藏自性清淨心來統合這兩方面。很可惜，當時佛教好像氣數已盡。在這個時候，如來藏思想才開始發展，但是可說是時不我與，機會已經沒有了。另外，印度本來的婆羅門思想，強調大梵（Brahman）的思想興起。因為佛教本來就是繼婆羅門教而興起的。佛教流行了一千年以上，內部活力愈來愈

弱，婆羅門教就有機可乘。佛教怎麼來處理這個問題，抵抗婆羅門教呢？當時這個婆羅門教不叫婆羅門教，叫印度教。婆羅門教跟印度教都是同一教派。在佛教出現以前叫婆羅門教，在佛教衰亡，他們再復興，我們一般就把它說成是印度教。

這種情況跟中國佛學、儒學也有一些相像的地方。譬如說儒家在孔孟時代建立起來，經過兩漢，兩漢所講的，雖然表面上是標榜儒家，像董仲舒的《春秋繁露》，可是它的精神已經改變了，不再講仁心仁德，不講道德理性，而講讖緯之學。跟孔孟原始精神隔得愈來愈遠。又講氣化，用氣的轉化來建構一套宇宙論。他說氣就是一切存在最根本的要素。一切存在都是從氣不斷的發展分化而形成的。所以儒家在漢代可以說已經沒有甚麼發展。到了魏晉，那個時候道家上來了，趁著儒家沒有生命力的情況下就冒起來。就是道家老莊的復興，就是王弼、郭象這些人。再下來，經過南北朝隋唐，是佛教發展很旺盛的朝代。儒家跟道家漸漸沒落，佛教趁這個機會大展身手。佛教在唐代可說是獨領風騷，沒有其他對手。佛教發展了一段很長的時間，大約三、四百年。到了五代，很亂，又到了宋代。宋代那個年代就是儒家興旺的一段時間。那個時候，道家沒甚麼勢力，佛教也沒有一些創新的講法。宋明儒學就趁這個機會興起。思想史發展常常有這種情況發生。在印度方面，在婆羅門教發展到快要沒落的時候，就有佛教興起。然後佛教發展到生命力開始衰退的時候，婆羅門教又再起來。

對應於這個趨勢，佛教要有一種自我內部在義理上跟實踐上一種反思，提出一種新的宗教型態。所以那個時候，密教就起來了。密教起來的外緣就是婆羅門教興起。佛教就以一種變形的狀態，以

密宗立教這種方式繼續發展。但密教如果從義理跟實踐方面來講，都可以說是倒退。因為他們講的那些觀想曼陀羅（maṇḍala），還有以為聲音就可以代表宇宙的真相，因而流行阿字觀。因為這密教的條件太弱，不能繼承後期佛教繼續發展。所以佛教在印度的地盤都沒有了，就傳到西藏，傳到中國，再到日本。所以這裏很可惜，本來空有互融是一條很有建設性的路向。可是那個時候，傳統的婆羅門教要起來，它抵抗不住，即使是有寶作寂出來講如來藏自性清淨心也沒有用。他擋不住婆羅門教宗教的潮流。宋明儒學不是像這種情況復興的嗎？如果當時佛教很盛，道家也很流行，那可能儒學發展就沒有那麼順利。你看宋代最傑出的哲學家都是儒家，唐代最傑出的哲學家都是佛家，魏晉最傑出的哲學家都是道家，是不是呢？

李唯嘉：中觀學的性空（空）與唯識學的緣起（有）為兩條車軌，在《入楞伽經》（*Laṅkāvatāra-sūtra*）已經有融合中觀學與唯識學的說法。日本學者芳村修基表示，寂護採納了《入楞伽經》的境識俱泯，開拓出無相瑜伽中道觀，確定這個大乘佛教的根本立場。寂護深受《入楞伽經》的影響，此經典到處都提到境由心識所變現，但心識也是空，所以一切是空。我們不起分別心，就能深切體會境與心識的分別只是在俗諦中說，在真實義來說，境源於心識，而心識自身也是空的、無自性的。此處所說的心識包括八識：五感識（眼耳鼻舌身）、意識、末那識與阿賴耶識。在《入楞伽經》中，我們可以在多處見到非有非無、諸相空無的說法，這非有非無正是龍樹與中觀學者用以說空的。空是無，但非一無所有。空也是有，

因緣起在其中，一切都在因緣和合的變化中。雖然是有，但又是空，不是實有。至於境由心識所變現、生起，則無疑是唯識學的說法。

吳汝鈞：《入楞伽經》在譜系上屬於如來藏心這一系。我們講印度大乘佛學有三個系統。一是空宗，一是有宗，一是如來藏心，就是佛性這一系。《入楞伽經》裏面有唯識宗的思想，也有中觀學的思想。可是它還是一本經，因為通常說經是指早期的文獻，尤其是跟佛祖關係比較密切的文獻。可是《入楞伽經》含有空有兩方面的思想，所以應該是比較後期的作品。就是，可能是有人以佛性、如來藏心作為基礎來發展一種思想，就是把空跟有跟如來藏思想的路向綜合起來。所以這本經跟其他經不一樣，可能很後期才發展出來。跟《金剛經》、《心經》、《般若波羅蜜多經》不一樣。《入楞伽經》也是禪宗提倡的佛經。雖然菩提達摩有四句話，用來綜合禪宗整個思想跟實踐：「教外別傳，不立文字。直指本心，見性成佛」，你說不立文字，但是你還是講《入楞伽經》，後來六祖也有《六祖壇經》，再後來出現很多公案。我們算一下，禪宗的公案跟語錄的文獻比其他所有宗派多很多，不是很荒謬嗎？說不立文字，可是文字最多。

李唯嘉：在義理上，唯識思想與《入楞伽經》有很密切的關係。《入楞伽經》中涵有濃厚的中觀與唯識的思想痕跡，實可初步確定《入楞伽經》的思想有涵攝中觀學與唯識學或空有相融的旨趣，寂護更是在這問題上做進一步的開拓。至於所謂「無相瑜伽」，那是強調唯識學方面，但需以無相這種般若思想與中觀學的觀點為基

礎。而無相的字眼或意涵正多處出現於《入楞伽經》之中。至於寂護所留意及的《入楞伽經》的五法、三自性、八識和二無我說法，《入楞伽經》的確不只一次提到。就中，五法指五蘊。五蘊自是色、受、想、行、識，或作名、相、妄想、正智、如如。三自性是無著、世親所提的存在物的三種狀態：遍既所執性、依他起性、圓成實性。八識則是前五感識、第六意識、第七末那識、第八阿賴耶識。二無我則是人無我、法無我。這是一般佛教的法數、名相。寂護的空有互融思想大致上是如此。

吳汝鈞：這裏提到有一些所謂法數，指的是以數目來歸納他們所關心的問題。譬如說，五法三自性八識二無我，五三八二都是法數。在佛學裏面很流行法數的講法。十二因緣、四聖諦、八正道、二諦等等便是。所以最後的情況是，如來藏思想在印度要冒出來的時候，可以說是生不逢時。在時間不適合的時候才出現，要發展就不順利。天時這一邊沒有，光是講人和沒有用。如來藏心或佛性在印度雖然沒有甚麼發展，到了中國以後發展卻非常旺盛，可以代表中國佛學的天台、華嚴、禪等思想的導向都是如來藏或佛性的觀念。

第十一章　蓮華戒《修習次第》的漸教綱領與瑜伽行中觀派的教相判釋

顏銘俊：老師、同學，今天我所進行的這個報告，主要是想在先前同學已經處理過的、關於「瑜伽行中觀派」（Yogācāra-Mādhyamika）的整個思考取向的基礎上，繼續就寂護的弟子——蓮華戒的思想，進行一點補充說明，希望通過這個工作，能幫助大家更了解「瑜伽行中觀派」在義理建構上的特色。

　　先前同學已經報告過，在印度後期中觀學（Mādhyamika）的發展中，「瑜伽行中觀派」展現了一種把中觀學側重的「空」（世間諸法，皆為緣起性空之存在），和唯識學所側重的「有」（萬法唯心，境為識現）兩種比較殊異的義理規模架接、融合的取向。我覺得，這或許是因為「瑜伽行中觀派」的代表學者——像寂護、蓮華戒，他們雖然都是服膺中觀學的佛教學者，基本上是以緣起諸法的本性皆「空」，做為一種最勝義的「存有論」解釋，並且把它作為具體修行上的體證標的，希望就此獲得究竟的覺悟和解脫。但「瑜伽行中觀派」之所以積極向「唯識學」取經，目的應該是彌補

前此「中觀學」在宇宙論、知識論以及修養論的建構上，可能比較不足的思想工作。就像老師您提到的：

> 覺悟、解脫這些宗教行為畢竟要在這個現實的世界中成立，同時，這些宗教行為也必涵融著對這個現實的世界的正確的、如實的理解。知識論的工夫，正是對準這種理解而被提出來的。難道我們能遠離這個現實的世界，到一個清淨無染的虛無縹緲的、不食人間煙火的境界去修行，以達致覺悟、解脫的宗教理想麼？知識論的講求，對於我們生於斯、長於斯的世間建立正確的認知，絕對是必要的。[1]

如果我們稍稍對照一下印度佛學的整個發展譜系，就會發現，在唯識學裏面，像陳那（Dignāga）、法稱（Dharmakīrti）這些學者，都很著重建構「知識論」這方面的理論；稍晚的「瑜伽行中觀派」也積極吸納唯識學的長處，強化自身教理對緣起世間的、比較系統化和理論化的說明。我覺得，這都和老師您的這種理解是相應的，也就是說，大凡比較有見地的佛教學者，一般都會注意到，在實踐接引眾生和渡化的慈悲事業時，也應該要直接面對世間諸法的存在，進一步對現象界的構成與世俗知識的成立有所解釋，這樣就能幫助他們所欲接引的眾生，能夠比較好地了解現前所處的這個世界，也就是佛教所說的世俗世界，從而幫助眾生能夠在世俗世界

1　吳汝鈞：《佛教的當代判釋》（臺北：臺灣學生書局，2011 年 3 月），頁 379。

中，改善自己的生活，提升自己的生命品質。

但我們也必須進一步認識到：「瑜伽行中觀派」對唯識學的吸納，是在堅持中觀「空」義作為最勝義的基礎上進行的，在融攝唯識教說，以對世間諸法的成立進行解釋時，是貫穿了一種「批判」精神的。像日本學者梶山雄一便對「瑜伽行中觀派」的這種批判性思路特別強調——特別是對於針對這種批派性思路進行過創發性構作的、寂護的思考，梶山雄一就總論到：

> 後期中觀派以批判的精神為基軸，要同時追求慈悲、方便與智慧的理想。這學派以為，中觀是最高的立場；要達致這一立場，其方法是以一定的次序，把在歷史上出現過的佛教的主要學派的哲學，如說一切有部、經量部、唯識派，配列開來，一一加以學習；並且，要批判先列舉出來的學派，而次第進於後列舉的學派。……在初期、中期中觀派之後，經量部與唯識派的哲學，有巨大發展；後期中觀派與它們相抗爭，而亦超越了它們。必須表示的是，在中觀哲學中，存在著一個原理，把經量部與唯識派的知識論吸收到自己系統中，而亦超越之。換言之，中觀的真理，是要先學習和批判了其他三學派的教義，才能理解到的。[2]

2　〔日〕梶山雄一著，吳汝鈞譯：《龍樹與中後期中觀學》（臺北：文津出版社，2012 年 1 月初版 2 刷），頁 147。按：該書日文原書名為《空の哲學》，乃日本「角川書店」發行的佛教思想叢書中之一。臺

這裏面，梶山雄一所謂後期中觀派在體證中觀真理時，必需先一一學習，並進一步予以批判、超越三派思想，就是指：「說一切有部」、「經量部」和「唯識學」三派的思想；而正是因為這種思路的具現，「瑜伽行中觀派」的代表人物——寂護和蓮華戒，在他們的代表著作裏面，都展現了一種接近於教相判釋的精神，對包含上述三派和中觀學在內的四派思想，都進行了一種簡別和批判性的評價——特別是在知識論的問題上。而進一步的，在比較具體的實踐（修行）問題上，就是以這種對知識論問題的定位，要求佛教修行者在具體的修證過程中，以一種相應的次第，逐層超越前此應當一一加以造臻，然後隨即予以洞澈、超越的觀想境地；而正是因為如此，就成就了「瑜伽行中觀派」在「瑜伽行」實踐上的極為鮮明的「瑜伽梯級」。

吳汝鈞：依據你剛剛報告的內容，我想可以先補充一下。寂護這個人，是印度中觀學後期的代表人物，他和其他中觀學者有很大的不同，首先就是他具有一種很明顯的「批判」精神。其次他強調，一個佛教的修行者在修行過程中，要學習和吸收許多相關的學問，包含義理方面的，也包含實踐方面的。而且這些學問，必須對現實的存在界——你也可以說就是現實社會——能夠起現實的作用，做出具體的貢獻，而不是只專注在經典、論典的研修上，然後在個人的修行上依照經典、論典的指示去做，以為這樣就是功德圓滿。這是

灣中譯本由吳汝鈞先生翻譯，另有一同內容譯本，譯名為：《印度中觀哲學》。

不夠的。寂護認為，佛教修行者的實踐，還應該要面向現實世界有所開拓，對世間眾生的世俗生活有正面的引導，提高自己整體的生活素質。我想，寂護之所以積極吸收唯識學的思想，這是一個重要的動機。「中觀學」的思想側重「性空」的一面，這是大家都知道的。「性空」就是強調世間諸法沒有獨立的自性，但立足在這個思考上繼續鑽研，在整個思想工作上就很容易只流於理論上的──或者說：觀念上的──建構，這樣一來，對世間存在的現實面，也就是佛教所謂的「緣起」的那一面，就容易忽略掉了！例如：唯識學派講萬法唯識，他們的思想工作就是和現實世間有比較密切的關係。而寂護就和傳統的中觀學者不同，他認為，中觀學者從事的思想工作，不應該遠離現實世間，除了必須對現實世間有所解釋以外，在整體思想的建構上，還應該對現實大眾發揮正面的指引。所以在寂護那裏，就不把自己的思想工作，僅僅聚焦在對「空」義的探討和體證上；換句話說，就是不只關注對「空」這個終極真理的探究，對於屬於世間諸法的「有」的一層，寂護也要加以觀照，而不是只把這個層面的工作，單單留給「有宗」的佛教修行者去處理。所以，以寂護為代表的「瑜伽行中觀派」，一方面以中觀學的立場為基礎發展思想，另一方面又不遠離世間，侷限在自家中觀教理的研究、深化和實踐上。可以說，在寂護那裏，「空」、「有」是不能分離，也不應分離的。我想，要理解寂護和整個瑜伽行中觀派的思想特點，這一點是必須把握的。

　　我們也必須認識一點，「空宗」作為大乘佛教的一大支流，它在整個歷史發展上有一個弱點，也就是太遠離經驗世界，走上一種純粹探討存在真相的路子。這種發展如果在整個佛教的發展歷史上

從來沒有人加以修正，那就可能變成鑽牛角尖，也就是：當作為「空宗」的學者們越是汲汲於對「空」性的探求，他們就和現實社會距離得越遠，彷彿到了一種不食人間煙火的境界去。這種境界自然是很清高，但光是作為佛教修行者自己享受的清高有甚麼用呢？芸芸眾生不是還流連、沉淪在生死苦痛的世間裏面嗎？作為佛教修行者難道應該對這種狀況掉頭不顧？而且，真這樣的話，算是展現了佛陀創教以來就秉持的理想嗎？答案顯然是否定的。佛陀二十九歲出家，三十五歲得道，一直到八十歲入滅，這一段從悟道到圓寂的歷程，前後四、五十年的時間，佛陀都在說法，希望通過對世間真理的宣說，讓世間大眾都能夠理解、領悟，使得世間大眾的生活素質能夠有所改善。所以佛陀的實踐，絕不是遠離世間的。但中觀學的整體發展，就是有一種遠離世間的趨向，這與佛教經典中對「空」義的界定——特別是對如何體證「空」義的指點，也是相違背的。我們就舉《心經》（Hṛdaya-sūtra）裏面的名句來看就好了！《心經》裏面的這四句話，我想大家是耳熟能詳的，也就是：「色即是空，空即是色；色不異空，空不異色。」這四句話的思想很明確，就是把「空」的真理，和現實世界溝通起來。我們要注意到，《心經》先說「色即是空」，這裏面「色」自然就是指緣起的、物質的世界，「空」是指緣起世界的無自性，所以緣起的世界當體就是「空」，就是無自性；但《心經》回頭又說「空即是色」，這就是強調，想要真切地體證到「空」這種真理，就必須在緣起的世界裏體悟，不能離開緣起的世界。因為「空」這種真理，只存在於緣起的事物上，你想體悟它，就必須緊緊依靠在緣起的事物——也就是「色」所代表的現實世界中去體悟。這種精神，在大

乘佛教和原始佛教裏面，我想都是一致的。但是在中觀學發展的歷史上，從創始者龍樹開始，一直到寂護之間，曾經出現過的中觀派論師不計其數。他們都越來越遠離原始佛教和大乘佛教對「空」義的體證的指點，越來越走向鑽牛角尖的路子，只講究理論的、觀念的鑽研，在修行的實踐上便顯得孤獨。這樣就無法和現實世界建立一種比較親和的關係，對世間眾生的生活，很難生起比較正面的作用，沒辦法使世間眾生的整體生活有所轉化，達到一種比較接近胡賽爾所說的「生活世界」（Lebenswelt）的內容。而到了寂護那裏，就是感受到前此中觀學在整體發展上的偏差，或者說是一種危機，所以他選擇吸收了「有宗」——特別是唯識學在義理和實踐理論上的精華。因為唯識學有比較具體的、對世間知識成立的解說，而且也提出一種具體的修行方法，也就是「五位修行，入住唯識」，區分出五種修行的階段。所以寂護就是吸收了唯識學的這種優點，希望對現實社會能夠起到一種比較直接的作用，而這也奠定了「瑜伽行中觀派」整體的思想特色。

　　另外我在這邊也要補充一下，其實不只是作為「空宗」的中觀學在整體發展上有這種趨向——也就是最初走的是一種比較著重理論建構的路子，但漸漸地注意到必須對現實世間有所關注、有所影響，作為「有宗」的唯識學其實也有這種情況。唯識學在創始的初期，也就是在無著（Asaṅga）、世親（Vasubandhu）的年代，他們雖然已經很關注緣起的世界，但也只是停留在理論的建構層面，在理論上要對緣起世間的成立有所說明，但越是到了後期，就越注意到唯識學的理論有沒有辦法在實踐層面上對現實世界做出貢獻、起到作用的問題，所以一直發展到法稱那裏，就特別提出「效應」的

觀念，強調理論的建構，必須對現實世間有實際作用，能夠產生效果。而寂護就是在法稱之後，直接受到法稱的影響。……好，我這部分的補充到這裏，請繼續。

顏銘俊：好，那我以下就先以蓮華戒的《修習次第》為主，報告一下「瑜伽行中觀派」在修證思想上的主張。蓮華戒（Kamalaśīla，740-795）這個人，是寂護（Śāntarakṣita，705-762）的入門弟子，也是在寂護以後，比較能在義理方面繼承寂護，並且在實踐理論的開拓上對「瑜伽行中觀派」的整體教說有所貢獻的學者。依照日本學者御牧克己的研究，在現行西藏大藏經裏面，蓮華戒的著作就有十幾種，但比較重要的是以下四種：（一）《真理綱要註》；（二）《中觀莊嚴論註》；（三）《修習次第》初、中、後三篇；（四）《中觀光明論》（按：又稱《中觀明》）。[3]其中《真理綱要註》和《中觀莊嚴論註》這兩本著作，應該要特別注意，因為不只是研究蓮華戒，就是在研究寂護上，這兩本著作都有關鍵性的作用。因為這兩本著作是蓮華戒對寂護所撰寫的《真理綱要》（*Tattvasaṃgraha*）和《中觀莊嚴論》（*Madhyamakālaṃkāra*）的註解，在現行的某些西藏本子裏面，《真理綱要註》和《中觀莊嚴論註》就同時保留了寂護和蓮華戒兩個人的意見。可以說，他們師徒二個人在「空」、「有」互融思考上的承繼和異同的線索，就可以直接根據這兩本著作，看到其中的大概。而《修習次第》（*Bhāvanākrama*）三篇和

3　〔日〕御牧克己：〈頓悟與漸悟──蓮華戒的「修習次第」〉，收入〔日〕梶山雄一等著，李世傑譯：《中觀思想》（臺北：華宇出版社，1985 年 12 月初版），頁 301。

《中觀光明論》，則是蓮華戒為了回應當時的西藏王——乞㗚雙提
贊王（khri-sroṅ-lde-bstan，742-797）——對教義和修行問題的提
問，所以是分次撰寫的，有初、中、後三篇。[4]也因為這樣，蓮華
戒在《修習次第》三篇與《中觀光明論》中，針對佛教修行者的修
證問題有較多的論述，而這也決定了蓮華戒在繼承寂護的空、有互
融思維後，又朝著實踐思想的面向上，比較有具體的開拓，為「瑜
伽行中觀派」的修證理論，確立出一個比較明確的義理規模。老師
您針對蓮華戒和寂護二人之間的師承和異同問題，就有過以下的說
明：

> 寂護與蓮華戒雖然同宗中觀學，亦同吸納唯識學，二人終究
> 不同。寂護的思想較有原創性，因此能中興中觀學。蓮華戒
> 則重視實踐，在這方面，中觀學說得比較簡單，因此要取法
> 唯識學，後者說到修菩提之路，是一步一步上的。……蓮華
> 戒一方面承受寂護所開拓出來的瑜伽行中觀說，同時也構作
> 出自己的漸門的修行法。[5]

老師您的意思是，蓮華戒除了比起寂護，在實踐問題上比較具原創
性的建樹之外，蓮華戒所開拓的修證路數，則是屬於「漸教」法

4　關於《修習次第》與《中觀光明論》的撰寫因由，詳情可參〔日〕御
　　牧克己：〈頓悟與漸悟——蓮華戒的「修習次第」〉，收入〔日〕梶
　　山雄一等著，李世傑譯：《中觀思想》，頁298-299。

5　吳汝鈞：《佛教的當代判釋》，頁393-394。

門；老師您還進一步解釋道：

> 頓門與漸門的實踐方法，並不是絕對性格，而是相對性格
> 的。即是，倘若以禪宗與中觀學相比，則禪宗是頓門，中觀
> 學是漸門。倘若以中觀學與唯識學相比，則中觀學是頓門，
> 唯識學是漸門。6

依照我參考到的資料，老師您把蓮華戒所開拓的修證路數定位為
「漸門」，是很吻合藏傳佛教史述的說法的。在西藏人布頓（Bu-
ston）所撰寫的《佛教史》裏面，記載著乞㗊雙提贊王在位的八世
紀末，為了平息當時在西藏境內迭起頻繁的、由「印度中觀派」和
「中國禪宗」兩派僧侶之間所引發的衝突，所以在「桑耶寺」
（bSam yas）這個地方，舉行了一場由蓮華戒代表「漸門」——也
就是印度中觀派，而中土摩訶衍代表「頓門」——也就是中國禪宗
——的一場御前辯論，史稱「桑耶寺的宗論」（按：或稱之為「拉
薩的宗論」、「西藏的宗論」）。而這場御前辯論的結果，如果是
從西藏和印度方面的文獻來看，是由代表「漸門」的蓮華戒勝出。
西藏從此就接受了以蓮華戒為代表的屬於印度中觀派的「漸門」教
法；而以摩訶衍為代表的中國禪宗，因為這樣，就全面退出了當時
的西藏。7

6　吳汝鈞：《佛教的當代判釋》，頁 394。

7　關於「桑耶寺的宗論」，詳情可參〔日〕梶山雄一著，吳汝鈞譯：
　　《龍樹與中後期中觀學》，頁 143-146；〔日〕御牧克己：〈頓悟與

吳汝鈞：嗯，你這邊提到這場御前辯論的始末。我想，當時的西藏正好處在一種很關鍵的時刻，因為西藏這個地方，它自己在哲學和宗教上的發展，起步得比較晚，特別和它南面的印度以及東面的中國比較起來的話，晚了很多。當時的中國文化和印度文化，不管在哲學方面或宗教方面，都已經發展得很有規模了。但西藏呢，它一直都只是依附在中國底下的，只是具有屬國性質的國家而已，中國古代把它稱作「吐蕃」，它最初甚至沒有完全自己創造出來的文字系統。現行的藏文系統，是藏王松贊干布派遣留學生到印度學習梵文後，再由這些留學生，在參考了梵文字母的基礎上創造出來的。所以我們現在看到的西藏文和梵文，字母是非常相像的。從這裏我們就可以看到，西藏在宗教、哲學方面，比起中國、印度起步得比較晚，也曾經是比較落後的。這就是為甚麼唐代的玄奘前往印度取經，雖然中間經過西域，但並沒有留下一些玄奘曾經在西藏活動的記載，明明西藏就是介於中國和印度之間的一個大高原，但玄奘在他的《大唐西域記》裏面，卻沒有對西藏有甚麼著墨。

當然我們在這裏並不是要說西藏有多落後，只是想說明，西藏因為確實在哲學、宗教起步得晚一些，所以它相對的，就對起步得較早的印度和中國，有比較多的取法。乞㗚雙提贊王那時也是這樣。當時的印度流行的是中觀學，而中國這邊則是禪宗流行，特別是神會的荷澤禪，所以西藏王希望在這兩種不同的佛教立場中選擇

漸悟──蓮華戒的「修習次第」〉，收入〔日〕梶山雄一等著，李世傑譯：《中觀思想》，頁 303-311；吳汝鈞：《佛教的當代判釋》，頁 388-389。

一個做參考，作為日後發展西藏宗教的取法對象。他的做法就是請兩派的代表學者進行辯論，最後西藏是要採取接近印度中觀學的立場還是中國禪宗的立場發展宗教，就看這場辯論的結果誰勝出。印度中觀學方面，是由蓮華戒做代表；中國禪宗方面，則由一個大乘和尚做代表，他的名字沒有在歷史上留下確定的資料，西藏的文獻裏，只給他一個「摩訶衍」作為代表稱號。至於為甚麼用「摩訶衍」來指稱這個大乘和尚呢？因為「摩訶衍」這個詞，就是梵文「Mahāyāna」的音譯，有時也譯作「摩訶衍那」。而「摩訶」是「大」或「偉大」的意思；「衍」就是「乘載」的意思。所以「摩訶衍」的意思其實就是「大乘」，代表的是大乘佛法。然後就像同學所報告的，這場辯論的地點就在西藏的「桑耶寺」，它是西藏佛教一個很重要的聖地；而且，就正好是寂護待在西藏的時候監修的。依照西藏文獻裏面的區分，印度中觀學被認為是「漸門」，中國禪宗被認為是「頓門」。關於這場辯論的結果誰勝誰負，其實也沒有定論。印度那方面的文獻，當然就說是蓮華戒勝出了；而中國方面的文獻，就說是摩訶衍勝出了。但至少在西藏的歷史上，印度的中觀學從此興起了，中國的禪宗卻消失了，所以依照這種歷史現象，我們判斷這場辯論的結果由蓮華戒勝出，可能性是比較大的。由蓮華戒代表的印度中觀學能在這場辯論裏面勝出，然後在西藏流行起來，和印度後期的中觀學受唯識學影響，採取一種「漸悟」的修證方式是有決定性關聯的。「漸悟」和「頓悟」，自然是兩種不同的修證路數，而西藏所接受的就是「漸悟」的路數。

所以學術界多半都肯定，「桑耶寺」的這場辯論，在西藏宗教的歷史上是很重要的，因為西藏在宗教活動的管理上是很嚴格的，

當時印度中觀學和中國禪宗參與了這場辯論，可以說是「不成功便成仁」，辯論勝出的，就獲得西藏政府的全力支持；辯論失敗的，就被全面驅逐，這也是西藏從那次辯論之後，就不再有中國禪宗僧侶傳教的原因。這對後來西藏文化的整體發展也影響很大，因為這決定了西藏文化從此和印度文化比較有密切的交流和接觸，受印度文化的影響自然就比較大。而西藏和中國文化的交集，相對地也就變少了。……好，請繼續。

顏銘俊：嗯，就像老師強調的，這次的御前辯論對西藏的宗教發展影響很大，我們上面提到的，蓮華戒為了回應乞喋雙提贊王的提問，然後撰寫《修習次第》三篇和《中觀光明論》，一般也被認為，就是在這場「桑耶寺的宗論」之後。而《修習次第》三篇裏面，對於佛教修行者修證的階段——也就是瑜伽的梯級，就有明確的主張。而且這部分的主張，和寂護的教相判釋是幾乎相吻合的。所以我們在理解《修習次第》所主張的瑜伽梯級的同時，其實就能看到寂護教相判釋的大概內容，也可以看到蓮華戒對寂護這部分思想的繼承狀況。

吳汝鈞：嗯，《修習次第》三篇，是蓮華戒的主要著作，目的就是要開拓一種「漸教」的實踐法門，所以我們可以看到，它在著作名稱上，就直接以「修習次第」為名，所謂「次第」，所指的當然就是修行的階段；而既然主張修行有一定的階段，這就表示蓮華戒認可的修證方式和「頓門」是完全不同的了！「頓門」主張的是頓悟，是指對真理的體證沒有所謂階段，是一瞬間就當體覺悟，一瞬間就能把捉到真理的意思。蓮華戒自然不是走這個路子。

顏銘俊：嗯，蓮華戒在《修習次第》三篇裏面揭示的「漸教」法門，如果是依照《修習次第》初篇（按：本文以下，簡稱該文為：《修次》初篇）的要點來看，那內容大概是：要以生出「慈悲心」為根本；然後從「慈悲心」發「大菩提心」，最後便是要致力於各種「菩薩行」的實踐。蓮華戒在《修次》初篇的開頭就有這樣的引言：「若欲速得一切智者之地位者，便要致力於慈悲、菩提心、實踐行這三點。」[8]而這裏所謂菩薩行的實踐，具體來說就是：將「般若智」的修習和諸種「方便」的實踐同時進行，這一點在「瑜伽行中觀派」的實踐主張裏面是很重要的。《修次》初篇對這一點就強調：「約要而言，菩薩的實踐行，是般若之知與方便兼具，而不僅是般若之知，也不只是方便。」這可以說就是老師您上面強調的，佛教修行者不應該讓自己的修行過於孤獨，離現實世間太遠。而這裏所謂「方便」，就是指「般若波羅蜜」（prajñāpāramitā）之外的五波羅蜜，以及包含了四攝法為首的一切善巧。而「般若智」，則是指「聞」、「思」、「修」三慧的修習，也就要是修習——「從聽聞所生的般若智」（聞所成慧）、「從思維所生的般若智」（思所成慧）、「從修習所生的波若智」（修所成慧）。[9]

所謂「聞」、「思」、「修」三慧的修習，簡單來說，就是

8　以上所述，參〔日〕御牧克己：〈頓悟與漸悟——蓮華戒的「修習次第」〉，收入〔日〕梶山雄一等著，李世傑譯：《中觀思想》，頁329。

9　以上所述，參〔日〕御牧克己：〈頓悟與漸悟——蓮華戒的「修習次第」〉，收入〔日〕梶山雄一等著，李世傑譯：《中觀思想》，頁330-331。

「學習」、「批判」和「瞑想」三種實踐。所謂「學習」（聞所成慧）的實踐，意思是要學習佛陀的基本教誨和優秀的哲學文獻。所謂「批判」（思所成慧）的實踐，則是意指一方面通過思維的訓練——例如：以邏輯方法研究「不生」的意義，一方面以大乘經典所揭櫫的「空」性——也就是「緣起性空」的立場——為依據，對佛教內部和佛教以外其他派系的思想加以批判，特別是一些比較屬於「實在論」的觀點，不管是佛教以外的「勝論」、「數論」和「正理」諸派的實在論觀點，或者是佛教內部「說一切有部」的「法體」恆常觀。至於「瞑想」的實踐，就是所謂的「瑜伽」（yoga），也就是：要將通過「學習」（聞所成慧）和「批判」（思所成慧）的實踐所獲得的思維成果，用一種明晰的想像（vision）來加以體會、驗證。而這一層實踐，大抵可以分成「止心」和「觀照」二層，並且是要二者兼行，也就是：止觀雙運。[10]在這裏面，「止心」一層的實踐，是把心念連結、專注在一定的對象上，目的是要平息佛教修行者在心念上的動搖或昏沉，使佛教修行者的心念達到一種寂靜的境地。而完成「止心」的瑜伽後，就可進一步從事「觀照」的瑜伽。所謂「觀照」的瑜伽，就是「真理的妙觀察」，也就是要通過瞑想，對真理進行觀照和印證。而這裏所謂真理，當然就是中觀學所肯定的、人法二無我的境地，也就是要契入於「空」——也就是諸法（含：心識）的無實在性——的境地中去。[11]

10　參〔日〕梶山雄一著，吳汝鈞譯：《龍樹與中後期中觀學》，頁163；吳汝鈞：《佛教的當代判釋》，頁395。

11　以上關於「止觀雙運」的簡述，參〔日〕御牧克己：〈頓悟與漸悟

而且必須注意的是，蓮華戒所主張的這種「觀照」（也就是：瞑想）的實踐，具有明確的階段性，也就是：對中觀真理——「空」性——的瞑想，並不是一蹴可幾的，中間必須經過一段層層遞進的歷程。而這也是為甚麼寂護、蓮華戒所代表的「瑜伽行中觀派」，在西藏被定義為「漸門」的理由。

吳汝鈞：我想，在這裏我們可以先對所謂的「瞑想」多做一點解釋。所謂「瞑想」，它很明顯的，比較偏向一種「漸悟」的實踐。因為進行「瞑想」的時候，不是一下子就進入到一種很高的境界去的，而是要先讓自己的心念集中，讓自己的思慮越少越好。這就有點類似《老子》這本書裏面所說的：「為學日益，為道日損」，佛教的「瞑想」就是這樣，也就是，在自己的心念或思慮上，要有所「損」，而且要「損」得越多越好。當然，在「瞑想」的最初階段，是不可能一下子把心念完全集中起來的，因為人的心念是很紛紜、很複雜的，所以俗話才說「心猿意馬」嘛！所以最初就要先借助一些具體的東西，用來幫助自己專注心念，譬如：就面對著我眼前的這個茶壺，然後心裏必須只專心一意地想著這個茶壺，不去想任何其他的東西，不生起其他的雜念。在完成這個階段之後，就進一步剔除掉心念中的這個茶壺，轉為面對著一幅曼陀羅（maṇḍala），在想像中去想像著由曼陀羅所反映的多元世界，但不能對這個曼陀羅所反映的多元世界生起執著的心理。最後，就是

——蓮華戒的「修習次第」〉，收入〔日〕梶山雄一等著，李世傑譯：《中觀思想》，頁 332-335。

連曼陀羅這個對象都不要了，不面對、也不想像任何的對象了，能夠在這種情況下把心念集中起來，這自然是比較難的境界。到了這個階段的「瞑想」修行，可以說是在進行一種沒有想像對象的集中，或者說：在進行一種沒有集中的集中。所以從我以上的舉例就可看出，佛教的「瞑想」修行，無論如何就是必須經過一種歷程的，它和禪宗所說的「頓悟」是有距離的。

當然禪宗內部也有「漸」、「頓」的區別。比較屬於禪宗「漸」門的，就是像北宗神秀那首有名的偈語一樣：「身是菩提樹，心如明鏡臺，時時勤拂拭，莫使惹塵埃。」神秀的這首偈頌，就有把心靈作為一種對象看待的意味在，所謂「菩提樹」、「明鏡臺」都是具體的事物，這就很有對象化的意味了！然後還說要「時時勤拂拭」，這裏面「漸」修的意味就很明顯。而所謂「莫使惹塵埃」，就是指要時時警戒，不能讓心志生起各種雜念，所以神秀就比較接近「漸悟」；至於禪宗的「頓」門，就是像慧能所說的：「菩提本無樹，明鏡亦非臺，本來無一物，何處惹塵埃？」無所謂「菩提樹」、無所謂「明鏡臺」，更無所謂「物」，所以心靈不是被對象化的，心靈超越了一般「物」、「我」的區隔，既沒有任何外物作為對象，做為「自我」一層之對象的心靈也被泯除了，所以在這種境界中，心靈通體透明，裏頭既沒有可以沾染塵埃的現象性的存在，也沒有作為塵埃的現象性的存在。……以上是我針對佛教裏面「瞑想」這種修行的一點補充說明，請繼續。

顏銘俊：嗯，關於這個《修習次第》所主張的觀想歷程，學界一般是以蓮華戒和寂護對《入楞伽經》卷十〈偈頌品〉中的第 256 到

258 三首偈頌的解釋，來加以扼要的說明。《入楞伽經》的這三首偈頌，內容是這樣的：

> （一）安住於唯心，不分別外境；住真如所緣，超過於心量。
> （按：以上為第 256 首偈頌）。
> （二）若超過心量，亦超於無相；以住無相者，不見於大乘。
> （按：以上為第 257 首偈頌）
> （三）行寂無功用，淨修諸大願；及我最勝智，無相故不見。
> （按：以上為第 258 首偈頌）

寂護在《中觀莊嚴論》裏面，對此這三首偈頌依次解釋：[12]

> （一）瑜伽行者，不可依唯有心（能取）之思想以分別外境（所取）。住真如相之對象，也應該要超越認為唯有心之思想，無所取，亦無能取故。
> （二）超越了唯有心之思想，然後，對於無能所二取的顯現之知的執著，也應該要把它超越。這在無顯現狀態的瑜伽者，能見大乘。
> （三）瑜伽行者的境界，已無可見的東西，所以為了見的努力已無必要，那是寂靜，同時是依據於本願而清淨的。住於此

12　此處寂護對《楞伽經・偈頌品》三偈頌的釋義，轉引自〔日〕一鄉正道：〈瑜伽行中觀派〉，收入〔日〕梶山雄一等著，李世傑譯：《中觀思想》（臺北：華宇出版社，1985 年 12 月初版），頁 278-279。

境界的他的知，是最殊勝的，不持有本體，他於彼無顯現的知之中，不見實在性。

而蓮華戒的對這三首偈頌的解釋則是：[13]

(一)瑜伽行者體會到唯有（具有形象的）心一點，便不以外界的對象為有。他沉潛於以（作為離主觀、客觀二者的光輝的心靈這樣的）東西的真相為對象的瞑想中，自更超越乎唯有（具有形象的）心一點了。

(二)這樣，他超越乎唯有（具有形象的）心一點後，便更超越了（在主客觀方面）都無顯現（的光輝的心靈）。這樣，他沉潛於（連光輝的心靈的）顯現都沒有了的瞑想中，便見到大乘的真理了。

(三)他不用勉力地保護所達致的境地。這境地是靜寂的，它通過（他的菩薩的）本願而被淨化。由於（連光輝的心靈都）沒有顯現，故他能體會到（先前）視為最高智慧的東西（即是光輝的心靈）的無本體性。

我們如果比較寂護和蓮華戒師徒的解釋，就可以發現，寂護所預設的、通過瞑想的修行所應逐層超越、步步達致的境界梯級應該是：

13　此處蓮華戒對《楞伽經·偈頌品》三偈頌的釋義，轉引自〔日〕梶山雄一著，吳汝鈞譯：《龍樹與中後期中觀學》，頁165-166。

外境有→唯有心（唯識）→唯心無我（中觀）

也就是，佛教修行者在瞑想的修行中，應該先瞑想到諸法都是心識所變現的，從而契會一切外境並非實有，不具有實在性。這自然是一種以「識」攝「境」的認識，也可以說是一種以「識」遣「境」的批判方式。而佛教修行者至此已越過諸種外界「實在論」者所住的境界，達到「唯識」論者的境界；再進一步，還應該瞑想著連變現外境的心識，都同樣不具備實在性，這可以說就是達到「境」、「識」俱泯的境界，「境」與「識」在這種內在境域裏面，都被當體解構了。於是佛教修行者就超越了「唯識」論者所住的境界，造臻、正觀了中觀學主張的最勝義境地了。

到了蓮華戒那裏，則是立足在寂護的基礎上，又將同一個瞑想歷程裏面，原先屬於「唯識」階段的境界，進一步細分為二，從而成為：

外境有→唯有心(有相唯識→無相唯識)→唯心無我(中觀)

也就是：佛教修行者必需先瞑想著，世間諸法都是心識所變現的「形象」，據此超越諸種外界「實在論」者所住的境界，證知一切外境的非實在性，達到「有形象唯識學」的境地；其次，必需瞑想一種不具有「形象」的、超越主客二元對立的光輝的心靈，洞澈心識中所變現、所存在的「形象」的虛妄本質，據此超越將識體所變現的「形象」執著為真的、「有形象唯識派」論者所住的境界，達到視心識所變現的「形象」為虛偽的、「無形象唯識學」的境地；最後，還應該瞑想著一種連超越主客二元對立的光輝心靈都無所顯

現的境界，從而證知到連光輝的心靈都不具備實在性，達致中觀學所主張的究極理境──也就是諸法皆「空」。

吳汝鈞：嗯，從寂護和蓮華戒的解釋，我們可以看到「瑜伽行中觀派」主張的「瞑想」的階段，就是從「外境有」，到「外境沒有實在性」──也就是一切外境都是心識變現出來的。接著在唯識的階段裏面，還區分出兩個必須依次觀想的階段，也就是「有相唯識」和「無相唯識」。但只到達這個境界當然是不夠的，最終當然是要把「境」和「識」都一併泯除掉，這樣才算是符合中觀學理解的最勝義──「空」，也就是認識到外境和心識都同樣不具有常住不變的自性。但在這邊我比較想針對所謂「光輝的心靈」作一點補充，因為就我的觀察，它跟後來的「佛性」思想很有關聯，是大家必須特別了解一下的。

　　我想，當一切外境都是心識所變現的道理在佛教內部成為一種共識後，便會推出只有變現外境的心識可以勉強說實在性的理解，而這種理解，便成為後來「佛性」思想的濫觴──也就是：既然心識乃是變現外境的源頭，那麼，這個心靈也就成為體證世間究極真理的樞紐。當我們不側重這個心靈乃是緣起諸法變現的源頭的、屬於客體性的一面，而是側重這個心靈乃是一種體悟究極真理的主宰的、屬於主體性的一面時，這個具有主宰義的心靈，就是從你上面提到的「光輝的心靈」延伸出來的──它同時也是後來由不屬於唯識學、也不屬於中觀學的如來藏系經典所明確提出的──「佛性」（buddhatā）和「如來藏」（thathāgatagarbha）的概念就成立了！

　　關於「佛性」的思想，本來在一些大乘經典裏面就出現過，例

如：《楞伽經》、《涅槃經》、《華嚴經》，這些經典裏面都有「佛性」思想的相關主張，特別是在《楞伽經》和《涅槃經》裏面表達得最確定，也出現得最頻繁。而且在某些論典裏面，也有專門提「佛性」和「如來藏」的，例如：《究竟一乘寶性論》裏面所謂的「寶性」，就是指「佛性」；還有《佛性論》、《大乘起信論》，都牽涉到「佛性」、「如來藏」的觀念。但這些經、論在印度佛教的發展歷史上，都沒有受到應有的重視，印度佛學界一直以來都比較重視唯識學和中觀學。但唯識學和中觀學向來都比較不強調主體性的一面，而是著重在客體性的面向上，也就是：比較著重在說明屬於客體現象的、世間諸法成立的「緣起」性格和「空」的性格上，而不強調要證知此種客體現象的真實性格，關鍵乃繫之於主體心靈的自我覺悟上。而且不只唯識學和中觀學不強調這種眾生能覺悟究極真理的主體心靈，就是般若系的思想也並不強調這一點。般若思想的重點在於「空」的真理，這「空」的真理主要還是指作為客體現象的、世間諸法的真實狀態，側重的一樣是客體性的一面，不是主體性的一面。如果我們今天從事一種判教的工作，而且是從「了義」與「不了義」的區別來看，那麼唯識學和中觀學都可以說只成就一種「不了義」。所謂的「了義」，應該是能洞悉所謂的終極真理和我們的主體心靈是主客不分、契合為一的，唯識學和中觀學都還沒到達這種境界，要證成這種境界，顯然必須要對那能體悟究極真理的主體性有所確立、有所側重，不管你將它稱呼為「如來藏心」或「佛性」都好。

就以「瑜伽行中觀派」來說，他們雖然確立了一種明確的瑜伽梯級，對修證過程中的所有瞑想階段有一種合理的設想，但對於那

個最終境界——「唯心無我」——的體證，卻沒有預設一種「超越的主體性」，這是有所不足的。因為只有預設了這種「超越的主體性」，「唯心無我」的最終境界才有實現的可能。而這個「超越的主體性」，在佛教的名相裏面，就是「佛性」、「如來藏心」，也就是成佛的可能性。講「佛性」、講「如來藏心」，都是從屬於主體性的、「心」的一面來講；而不是像唯識學、中觀學講「唯識」、講「緣起性空」、講「空無自性」，都是針對屬於客體性的、「境」的一面來講。沒有直接關連到主體性的一面去，主體心靈的重要性沒有被凸顯出來。這自然是有缺陷的，因為一種宗教的目標的實現，是由誰去實現呢？以佛教來說，覺悟、解脫能由誰去實現、誰去完成？自然只能是佛教修行者的主體心靈嘛！所以我這裏要強調的就是，不確立這種主體性，對於追求覺悟、解脫的佛教來說，就是不圓滿的。從這一點來看，印度佛教發展到最後，「如來藏」系思想能成為繼唯識學和中觀學以後的第三個大乘佛教系統，不是沒有理由的！但這種思想在印度卻終究沒有受到應有的重視，這也多少可以說明，為甚麼佛教在印度最終會走入式微的原因。

瞿慎思：老師，這邊我想問一個問題。就是我在想，唯識學和中觀學之所以不特別強調主體性，是不是有這一種思考在，也就是：它們試圖把主體性消融在客體性裏面，然後在認識的層面把主體視為是整個客體的一部分？

吳汝鈞：你的這種想法當然可以是一種解釋，但我想，可能比較不符合人類思想發展的正常軌道。一般而言——或者說，從歷史上

看，人類思想的建構，比較是從對外在層面的解釋，發展到對內在層面的解釋，因為人類的目光和興趣，最初就比較是投射到屬於外在的大千世界上去的；解釋外界存在的衝動，往往先於對內在精神或心靈的檢討和反省。從哲學的認識論和存有論建構來說也是這樣，最初那些思想家們的思考興趣，主要是對外的，是向著人以外的整個宇宙進行探究和解釋，即便在這個過程中可能隱約察覺到自己的內心、覺察到某種程度的主體性，但要發展到主張主、客體為一，特別是以客體性融入主體性這一步不是一蹴可幾的。就舉西方哲學的例子，最初哲學家比較關注的，是外在的宇宙如何成立的問題，他們試著為宇宙萬物尋找一種終極的、根本性的存在，譬如：希臘哲學早期的「水本源」說，就是以「水」這種元素作為宇宙的根源；其他一些哲學家們，不提「水」，就提「火」，或者提所謂的「四大」。換句話說，哲學最初的發展型態，就是「宇宙論」，哲學家關注的焦點放在宇宙萬物上，這和人類的主體心靈基本上沒有直接的關聯。等到對於外在的、宇宙萬物的關注和解釋有了一定程度的成果以後，哲學家的興趣才慢慢轉移到屬於人內在的、主體的心靈方面去。所以我的想法是，印度大乘佛教的三大支流裏面，較早出現的唯識學、中觀學比較重視對客體性存在的解釋，而忽略對主體性的確立和強調；而最後出現的如來藏系思想卻轉而比較重視主體性的確立和強調。這應該是在意識到僅僅重視對客體性的解釋的不足後，所從事的思維上的調整，我覺得這樣去理解，應該比較符合一般思想發展的正常軌道。……以上，是針對同學的問題進行的簡單回應，顏同學請繼續你的報告。

顏銘俊：嗯，感謝老師的補充。那麼我接下來就是針對「瑜伽行中觀派」的教相判釋進行說明。上面我已經提到過，「瑜伽行中觀派」因為特具批判精神，所以對「說一切有部」、「經量部」、「唯識學」和「中觀學」等的四派思想，都從事過一種批判性的評價——特別是在知識論方面，也因此「瑜伽行中觀派」展現了一種很接近教相判釋的思想特色。而且在修證的主張上，更是以這種對知識論問題的定位，要求佛教修行者在具體的修證過程中逐層瞑想，越過和各派的認識論主張基本上相應的境界梯級。所以我以下主要是針對「瑜伽行中觀派」所批判的「說一切有部」、「經量部」和「唯識學」的認識論主張進行介紹，然後輔以老師您對這三派哲學的判釋，嘗試說明「瑜伽行中觀派」之所以主張將它們逐層加以捨離的理由。

　　首先是「說一切有部」，作為「瑜伽行中觀派」在知識論問題上加以吸納，並在整體認識暨實踐層面上必須首先加以超越的教理層級，「說一切有部」在現象界構成的問題上，是主張「三世實有，法體恆常」，認為作為客體存在的世間諸法，都可以還原為七十五種元素，這自然就是一種「外界實有」的存有論立場，是樸素還原論思維的運作結果。但針對主體存在——也就是：「我」，「說一切有部」則否定此主體存在的實在性，據此，老師您把「說一切有部」的教說判釋為「法有我無」。[14]然而，在討論認識問題時，「說一切有部」不僅延續了外界實在的主張，甚至還承認認知主體——也就是：「心識」——的實在性。但心識發展認知活動，

14　吳汝鈞：《佛教的當代判釋》，頁 2-3。

在過程中並不能認知到「表象」（形象），亦即：心識的認知作用，是展現為對認知「對象」（也就是：實存的外物）的照耀作用。換句話說：心識的認識活動，就是一種心識直接照耀「對象」的過程，在這個過程中，「對象」並不投射出一種「表象」進到心識的照耀作用所及的範圍內，從而讓心識能加以照耀或認取。所以，在「說一切有部」的認識論裏面，心識的內裏，或者說——在心識的認識作用的範圍內，是不具有「表象」的，這樣就接近「無形象的知識論」。[15]老師您進一步指出，「說一切有部」的這套知識論，就是同時認可「心識」的實在性和外界「對象」的實在性，但由於這種得以開展認識活動的心識，在「說一切有部」的、「法有我無」的存有論前提下，只能被視為一種「經驗主體」（empirische Subjektivität），它的動感和作用性，只能在現象的、經驗的層面上去談，所以在廣度和深度上都有所限制，也只能成就一種經驗主義的知識論；而把認識活動限制在感覺機能的層面上，所得到的知識也是以經驗知識為主。[16]

我覺得，老師您的這種評論是很有見地的，因為「說一切有部」抱持外界實有、法體恆常的觀點，本來就和佛陀所確定的、「緣起法無自性」的真理是相違背的。而且諸法實有的認識，在佛教這個宗派的實踐思考理面，其實就是情識起執的始點，也是一切「苦」果緣生的根本原因，可以說，那正是邁向究竟解脫的、對世

15　關於「說一切有部」與「無形象知識論」的關係，可參考〔日〕梶山雄一著，吳汝鈞譯：《龍樹與中後期中觀學》，頁151。

16　吳汝鈞：《佛教的當代判釋》，頁396。

間存有之本質與對究極真理——在佛陀那裏說為「緣起法無自性」，其後被總括為：「緣起性空」——的超越性認識的根本障礙。「瑜伽行中觀派」在充實自我的認識論、進一步構作自我實踐主張的同時，把「說一切有部」的認識論吸納進來，並加以批判，最終只作為一種體證究極真理前的通過點，實在不是沒有道理的。

　　以上是「說一切有部」的部分，接著是「經量部」。作為「瑜伽行中觀派」在整體認識與實踐層面必須加以越過的第二個教理層級，「經量部」對整體現象界構成的解釋，已經比「說一切有部」那種外界實在的立場進步了，尤其是已經開始向「唯識學」萬法唯識的存有論觀點傾斜，基本上認可緣起諸法乃是由心識所變現的觀點，但對於心識所變現的物物事事，它們在心識中的呈現，是不是需要一種實存的外在「對象」作為支撐（或說：根據），「經量部」採取一種比較微妙的態度，也就是：「經量部」認可在思維推理上，可以假設這種外在「對象」的存在，但對於這種「對象」究竟能不能確切加以認識，以至於，得以在一種具有明證性的基礎上肯定它們的存在，「經量部」不置可否。[17]在這種存有論的背景上，「經量部」對認識問題的基本主張是：人的認識活動，是無法認知存在於外界的「對象」的，人們所能認識到的，只是外界「對象」賦予「心識」的「表象」（形象）。舉例來說：「心識」認識現前的一本書，它所認識到的，並不是作為外界「對象」的這一本書的本身，而是這一本書投射到「心識」中的「表象」（形象）而已。所以「經量部」在認識的問題上，成就的是一種「有形象知識

17　吳汝鈞：《佛教的當代判釋》，頁 214-215。

論」。[18]老師您認為，「經量部」的認識論，是以「心識」中的「形象」作為認識對象，以外界的「對象」作為「形象」的根據，但對於這個外界「對象」人們不能有所知覺。老師還認為：這大抵是以佛教邏輯中所謂的「現量」——也就是：知覺（perception）——來認識心識中的「形象」；以「比量」——也就是：推理（inference）——來認識心識外的「對象」。所以，這種認識活動，就同樣只展現了一種經驗性的動感和作用，不具有超越性的動感。經驗性的動感只能表現在經驗主體對於外在性與料（sense-deta）的接受過程中，這個經驗主體並不具備（或說：未能展現）一種超越的明覺。[19]

我覺得，老師您對「經量部」知識論的判釋，有不少也可以拿來做為對「說一切有部」的判釋，這主要是集中在：「說一切有部」和「經量部」所建構的知識論裏面，認識主體的動感都只能落在經驗層面上談，無法提起或發揮出佛教修行者在追求究竟解脫的過程中，最需要具備的、屬於主體層面的明覺，也就是：認識主體無法越過經驗層面中的物物事事，最終接觸到、認識到那個具有超越義的究極真理，從而使這個究極真理作為佛教修行者達致究竟解脫的認識根據。但畢竟，就「經量部」的認識論和存有論來說，外界實有的立場已被解消大半了——至少，實存的外在對象，只能是一種施設性的存在。而認識主體也無法確實把捉這個只是被施設的

---

18 關於「經量部」與「有形象知識論」的關係，可參考〔日〕梶山雄一著，吳汝鈞譯：《龍樹與中後期中觀學》，頁 151。

19 吳汝鈞：《佛教的當代判釋》，頁 396。

外在對象，這就是為甚麼「瑜伽行中觀派」的判教，以「經量部」作為瑜伽梯級的觀照次階，認為要通過它來越過對觀照初階的迷執。

吳汝鈞：這部分我想補充說明的是，「說一切有部」和「經量部」在存有論和知識論方面的主張，如果拿胡塞爾（E. Husserl）現象學來作為一種判釋的標準，那麼，它們明顯的都不具備足夠的「明證性」（Evidenz）。我們知道，在胡塞爾來看，不管是存有論或認識論的建構都好，是不是具備「明證性」是很重要的。但甚麼是「明證性」呢？這裏我就簡單舉一個例子來說明。如果我說：「我現在手裏拿著的這支筆很好用。」那麼我的這個主張是具有明證性的。為甚麼？因為我確實使用過這枝筆，我知道這枝筆的筆尖一碰到紙，筆管裏面的墨水就能很順暢地流出來，幫助我把想要寫的字都寫好；但如果我同樣一句話換了一個字，變成：「我現在用的這種筆很好用。」那這句話就缺乏明證性，為甚麼？因為同樣一種筆，我並沒有全部都使用過，尤其是，我根本就沒辦法真正去經驗到，這種筆的每一枝是不是全部都很好用。我這裏說的這種筆的全部，還不只是指在我所置身的、屬於「現在」的時空裏面已經被製造出來的筆，還包括那些「未來」會被製造出來的，以及「過去」已經被製造出來並且已經被使用過的同一種筆。你們想想，就我一個人，有可能用過這種筆的全部嗎？如果不能，我憑甚麼說這種筆通通都很好用呢？所以從這裏我們就可以看出，如果是嚴格地以胡塞爾所提的「明證性」來做標準，那麼在上面所舉的兩句話裏面，單單只是一個字的變化，兩種主張的證據力就天差地異了！真的是

所謂的「差之毫釐，失之千里」，是吧？

　　所以，我們再回到「說一切有部」那邊來看，他們對外界實有的主張當然非常有信心，認為我們所見所聞的萬事萬物，通通都有所謂的「法體」，支撐它們在現象界中成立和出現，但問題在於：明證性何在？不管是所謂「法體恆常」或「三世實有」，證據在哪裏？依據是甚麼？「說一切有部」面對這種質疑，是沒辦法回應的。通常我們說某種事物是存在的，一定是我們通過認知的機能，能夠有效地去了解它、明確地去揭觸它，在這種基礎上，我們可以說它具有存在性，但我們對於在現象界的存在以外的，並且又是支撐現象界存在的那些事物，到底它們是否真的是存在的？——不管是不是像「說一切有部」所主張的那樣是「五位」、是「七十五法」，對於類似這種問題，我們其實都只能給出一種判斷：那就是，如果我們的回答是肯定的，那我們就必須明確說出，我們是通過哪種認知的機能，能夠去把握、能夠去證明這種事物確實存在。從這一點來看，貝克萊所說的「存在就是被感知」（to exist is to be perceived）的觀點，實在是很有見地的主張。所以當某件事物，能夠被人們明確以認識的機能確實地知覺到、接觸到，那麼我們說這件事物確實存在，在邏輯上或哲學上就是具有效力的。相反的，「能夠被知覺」這個條件如果不能被滿足，那麼這事物的存在性就是站不住腳的。而「說一切有部」的問題就在這裏；然後到了「經量部」，它當然不像「說一切有部」那麼堅持外界實有，簡單說它客氣多了、保守多了，它只是基於一種推理，認為現象界中的存在，應該是依於現象界的背後，有一種常住不變的存在做支撐，這是通過推想得來的。「經量部」認為這種推想是合理的、可以被

接受的，但這僅僅是一種推想，「經量部」自己就認為，沒辦法有一種明確的認知能力，能夠去證明或接觸到這種外界對象的存在性。所以這根本上也不符合貝克萊「存在就是被感知」的條件。當然，也就滿足不了胡塞爾所強調的明證性了！……這部分補充到這裏，請繼續。

顏銘俊：好，那接著就進到「有形象唯識」和「無形象唯識」的部分。我們知道，因為「唯識學」基本上認為，世間諸法都是心識所變現的，那麼，存有論方面像「一切有部」和「經量部」所肯定的，或無法完全證成的外界實在的立場，在「唯識學」裏面便被徹底解消掉。依據這種存有論的立場，在認識論方面，「唯識學」基本上認為，作為認識主體的心識，它開展認識活動所能認識到的，通通都是心識自體所照現的、或者投射出去的「表象」（形象）而已，這就是「識的自己認識自己」，或者說是——「識的自證知」。在「唯識學」內部，這種思考基本上是共義，沒有甚麼爭議。但是，對於那些心識所照現、投射並加以認識的「形象」應該怎麼去評價？應該怎麼定位它們的存在性？進一步：心識這種認識自己所照現、投射的「表象」（形象）的認識活動，是不是就是認識活動的本質呢？以上這些問題，在「唯識學」內部就產生了歧異。

　　其中一種立場認為，心識中的一切「表象」（形象），在整個認識活動裏面——注意，僅在認識活動中——可以說是實在的，也可以被視為真實，縱使心識中出現的「表象」有可能是錯誤的，例如：見貝為銀、以繩為蛇；並且，「表象」（形象）就是認識活動

的基礎，因為離開了「表象」（形象），或不承認「表象」（形象），認識活動的整體就不能成立。所以抱持這種立場的學者認為，人們之所以會陷入虛妄、迷執，不是因為認識活動中的這種「表象」（形象）存在，而是心識所發起的「分別」活動，對這類「表象」（形象）慣常地會以主觀的解釋所造成的，所以「表象」（形象）自身無所謂汙染，只要掃蕩了心識對這類「表象」（形象）的「分別」，那麼人的心靈便能像撥雲見日一樣，從種種虛妄、迷執中覺悟，體證到那個離卻「表象」（形象）的光輝的心靈，其實就在心識的自體當中。總之，這種思想認為，「表象」（形象）就是認識的本質，自身是無污染的，也並非虛妄，光輝的心靈即存在於其中，對種種「表象」進行的種種「分別」活動，才是造成迷執的原因。這一種立場的思想，就是所謂「有形象唯識派」，在認識論上，就是唯識學中的「形象真實論」。[20]老師您認為，這種認識論是以心識中的印象來代替外界實在，認為心識中的「形象」和心識的明照、向外投射的作用都是實在的。心識中的「形象」由心識的變現而成立，這種認識活動，就是「識的自己認識」。老師您也強調，這種認識論並不是典型的以認識的對象獨立於認識主體之外，形成一種主客關係的思維導向。但由於在主客關係中主體的的活動受到一定程度的限制，因此動感的空間也是有

---

20 此部分針對「有形象唯識派」的介紹，在參考梶山雄一氏的說法上，加上不少我個人自己的理解。梶山雄一氏的原始見解，請參〔日〕梶山雄一著，吳汝鈞譯：《龍樹與中後期中觀學》，頁 152-153。

限。21

　　我個人認為，就「有形象唯識派」的整體思考來看，他們雖然主張認識主體——也就是心識的內裏，當體就存在一種光輝的心靈，只要停止認識活動中「分別」對「形象」的作用，就可以離卻形象，使這個光輝的心靈有所展現。但我們還是要問：如果心識所發動的「分別」，仍執取在認識活動中心識所向外投射的「表象」是真實的，那麼心識如何能掃蕩「分別」的運作，然後進一步洞澈、並遠離自體所投射的「表象」，返照自體內藏的光輝呢？我的意思是，「有形象唯識派」所肯定的，那種種的、雖然不是由種種外界實在的「對象」向心識投射而來的「表象」（形象），其實就可能、也可以被「心識」自體在認識過程中執取，從而成為人們陷於虛妄的原因。從這種角度來思考，「瑜伽行中觀派」以有形象唯識為觀照第三階，並最終還是要加以越過，就不是沒有原因的了。

　　再來，和「有形象唯識派」的觀點不同，在唯識學的內部還有一種立場認為：認識活動中的「表象」（形象）是會產生謬誤的，就像我剛剛所舉例的：見貝為銀、以繩為蛇這類狀況，從那種例子就可以看出，「表象」（形象）即使是在認識活動裏面，仍然是虛妄的，原因在於「表象」（形象）本來就是「心識」發動「思維」活動下的產物了。所以，認識活動的本質，不能說是依於「表象」（形象）而成立的，而是離卻分別的，那「心識」的照明活動當體就是認識的本質。換言之，「心識」的本來面目正像一面明鏡，原

21　吳汝鈞先生的原始見解，可參吳汝鈞：《佛教的當代判釋》，頁396。

本是沒有汙染的，它所映現的各種「形象」，縱使可能混雜著種種誤謬、虛妄，但那些都只是偶然的客塵而已。這種觀點，已經和中觀學很接近，因為這種不具備內容（按：因為它上面所映現的諸般「形象」，不管誤謬與否，都只是暫時的而已，就像浮光掠影一樣）的、無有汙染的光輝的心靈，和所謂「空」的境地幾乎已經是相同的東西了。所以，這一種立場大抵是認為：在認識活動中，心識所照現的「表象」（形象），和「分別」的活動同樣都是虛妄的。這種思想就是所謂的「無形象唯識派」，在認識論上，就是唯識學中的「形象虛偽論」。[22]老師您認為，這種認識論僅僅承認「心識」的明照投射作用為實在，而以種種「表象」為虛妄，這種明照投射的作用本身雖然比較具有動感可言，但是因為堅持這種明照、投射作用所產生的形象無實在性，便無法交代被認識的形象從何而來的問題。[23]

我想，整個看來，老師您顯然是對「無形象唯識派」在認識論上標舉的、那連「表象」（形象）都不具有的、光輝的心靈的明照投射作用，抱有比較高的評價，我認為，這毋寧是因為對一個佛教修行者來說，這種明照、投射作用的自我覺知和持續發動，和他最終能否覺悟究竟真理是密切相關的。而且也正如我前面所提到的：這種不具備任何內容並且無有汙染的、光輝的心靈，和「空」的境

22　此部分針對「有形象唯識派」的介紹，在參考梶山雄一氏的說法上，加上不少作者自己的理解。梶山雄一氏的原始見解，請參〔日〕梶山雄一著，吳汝鈞譯：《龍樹與中後期中觀學》，頁 152-153。

23　吳汝鈞：《佛教的當代判釋》，頁 396。

地幾乎已是相同的東西了，這正顯示著達到此種境地的佛教修行者，離究竟真理的體悟，就只差臨門一腳了，渡脫的彼岸已經近在眉睫。但「瑜伽行中觀派」還是認為依照這種認識論所可能通向的體證境地是不足的。把它視為達到究竟解脫的、最後的通過點，這終究是在於：對諸法「實在性」的否定。對中觀學來說，就是通向最勝義諦的唯一途徑；而「無形象唯識派」就算徹底否定了外界實在，並且連心識中「表象」（形象）的實在性都否定了，但終歸還是以一副光輝的心靈為最終的落腳處。也就是說，至少還執持著那副光輝的心靈具有實在性——至少在「瑜伽行中觀派」來看應是如此，因此瑜伽行中觀派所構想的、瑜伽的最終梯級——境識俱泯、諸法皆空——畢竟還是必須越過「無形象唯識派」所到達的境界，最終才能拾級而上、超邁以進。這是我的一點看法。

吳汝鈞：嗯，就像你所報告的，唯識學內部，在認識論的主張上最後分成「有形象唯識派」和「無形象唯識派」，這是在不離開萬法唯識的大原則下，一個學派內部比較細緻的立場區別，並且這也是一個學派在長期的歷史發展底下，內部成員不斷進行對話溝通、從事自我反省之後的結果。我們也可以看到，通過這種反省與對話的過程，使得唯識學內部有一派思想，他們對於「心識」的根本定位和評價，越來越逼近「如來藏清淨心」那一系的思想。本來唯識學的早期發展，對於能夠變現萬境的心識，基本上認為它是虛妄的，也就是：心識就是虛妄的。這種看法在無著所著的《攝大乘論》裏面就表達得很清楚。但發展到「有形象唯識派」和「無形象唯識派」那裏，對於認識活動裏面應該有一種所謂「光輝的心靈」，幾

乎成為一種共識了！一個人能不能破除對世間種種緣起物事的虛妄迷執，達到究竟的覺悟和解脫，基本上和這個「光輝的心靈」能不能被一個人所自我覺知有很大的關係，這就和如來藏系的思想越來越接近了。這就是我上面已經提到過的，印度大乘佛學後來為甚麼會發展出第三大支流——「佛性」思想，我們從唯識學內部的討論，就可以看出一點端倪。我想，同學可以稍微注意一下這個問題。

再來，同學應該注意到，整個印度佛學越是發展到後期，不管是唯識學或者是後來被唯識學影響的中觀學，都很重視建構知識論的問題。如果我們要探究原因，可能是因為整個印度哲學的傳統，除了早期的佛教以外，都很重視對知識論的建構。例如佛教以外的、被佛教視為外道的幾派思想，像正理派（Nyāya）、數論派（Sāṃkhya）、勝論派（Vaiśeṣika）、瑜伽派（Yoga）、彌曼差派（Mīmāṃsā）、吠檀多派（Vedānta）等印度六家哲學，都很注重對存有論和知識論的開拓，和這些學派相比，早期的佛教就顯現出一種弱點，特別是在知識論方面。我們知道，知識的問題直接關聯到人們對自己所處環境的正確認識，如果人們能比較正確地認識周遭生活環境中的一切，那麼，對人類整體生活當然是有所幫助的。所以知識論的建構，不單單只有理論上的價值，它其實還有一種實用的價值在裏面，對於人們整體生活的提升和改善是有實際作用的，它能幫助人們更加理解自己所處的環境，從而更加正確地利用環境，和環境之間發展一種較好的依存關係。譬如：如果我們對地球上的植物有正確的認識，我們就知道，植物在地表上的繁衍，對地表的土石結構的穩定性是有影響的，所以過度砍伐植物，特別是

過度砍伐深根植物，那麼土石結構就容易鬆動，如果遇到大風大雨，就可能造成山泥傾瀉、土石流，對人類造成一種災難，是吧！像臺灣現在不就是這樣嗎？越來越多土石流造成的災情，只要是颱風或豪大雨過後，便是如此。如果人們能夠對自己所處的環境有較正確的認知，就能夠避免這一類的情況出現。所以知識論確實是有實用價值的，不應該被忽略。而早期的佛教哲學，就剛好忽略了這一方面。但到了佛教發展的中、後期，卻一反其道，開始意識到知識論建構的重要性，這或許就是受了印度其他哲學重視知識論建構的影響，在這樣的整體氛圍底下，佛教如果不在相關的領域有所開拓，進而對這些哲學流派的相關主張有所回應，就無法提升自己教理內容的說服力。

　　但佛教的立教目的，就是為了普渡眾生，他們將芸芸眾生看做是陷入在一種生死輪迴的無限迴圈裏面，所以他們主張人們應該追求覺悟、邁向解脫，將自己抽離出這個無限迴圈之外。但印度佛教發展到中後期，知識論的建構卻開始大行其道，幾乎被一些比較重要的佛教學者放在思想工作的首位，彷彿那個作為佛教徒理該秉持的初衷——普渡眾生，已經被擺在一邊，全力去發展知識論方面的學問。這就漸漸形成一種危機，也就是，佛教作為一門宗教的理想、目標，無形中被忽略了！例如：在陳那、法稱那些開拓佛教知識論的重要學者手上，他們進行的思想工作，幾乎和宗教解脫的根本目的沾不上邊，只專注在知識論的發展上面，對實踐和修證理論的開拓卻欠缺意欲。這對佛教在印度的長期發展和傳播是不利的，因為佛教之所以能吸引信眾、發揮影響力，本就在於它自身的具體目標——普渡眾生，以及它為了達成這個目標所從事的、各種具體

的實踐行動。忽略這方面，佛教對於信眾的吸引力就要大大降低了！陳那、法稱那些學者對實踐理論的忽略，從他們所開拓的知識論中，比較著重討論「八識」中的前六識，對於第七識、第八識卻比較忽略就可以看出端倪。在唯識學中，第七識、第八識是與人的覺悟、解脫有密切關係的，也就是要擺脫、要轉化第七識、第八識的虛妄性格，人們才有可能達到覺悟、解脫的境界。「八識」中的前五識，功能在於提供人知覺，它們比較相應於西方知識論中的「感性直覺」；第六識則在於發揮思考能力，提供人們知識，比較相應於西方知識論中的「知性」，而這些都和佛教所主張、所追求的覺悟、解脫沒有很直接的關聯。要走向覺悟和解脫，關鍵還是在於第七識、第八識的轉化。但在陳那、法稱這些學者的著作中，卻把第七識、第八識忽略了或懸擱了，這就可以看到這個時期的學者，在從事知識論的建構工作時已經有所偏頗，對於佛教原初的宗教目的，已經沒能做到該有的兼顧和關照。

　　所以就我的觀察，佛教在這個方面，似乎是矯枉過正了！也就是，早期佛教在知識論的建構工作上的確有所欠缺，比較專心地探討如何覺悟、解脫的問題。但在中、後期的發展中卻又太專注在知識論的建構上，以至於忽略對覺悟、解脫理論的建構了！但幫助人們達到覺悟、解脫的境界，畢竟是佛教立教的目的，也是佛教對於信眾的根本吸引力所在，一旦這個目的被佛教自身忘卻了或忽略了，作為一門宗教的氣數，就也差不多要走到盡頭了！縱使從哲學建構的估值角度來看，佛教中後期發展的知識論，在體系上和內容上，都可以和西方哲學的知識論有很大的對話空間，學術價值毋庸置疑，但就佛教自身來說，做為一門宗教應該根本秉持的實踐性

格，卻無形中淡化了！對人們的吸引力，就也因此弱化！所以在印度佛教發展的中、後期，佛教在印度的影響力就漸漸衰退了，婆羅門教又在當時開始謀求復興，兩造之間此起彼落的歷史發展就在所難免了！我想，這是造成佛教後來在印度逐漸走向衰亡的重要因素。佛教畢竟是一種宗教，它過度發展知識論，對於佛教事業自身的發展未必有正面的幫助。像西方哲學，康德、貝克萊這些哲學家全力發展知識論，建構多麼龐大、多麼精密的知識論體系都沒有問題，因為他們不是宗教家，他們身上沒有宗教任務的繫縛。但佛教就不是這樣。我想，這點是佛教在印度後來漸漸走向衰亡的一個原因，而這一點也是我在最近幾年間，思考整個印度佛教發展走向的一點心得，在這裏提供給同學參考。……好，你繼續。

顏銘俊：嗯，謝謝老師的提示。我想，一般人在接觸這部分的材料時，未必會思考到這一層的問題。然後，我的報告也差不多要結束了。接下來我就把我個人對「瑜伽行中觀派」在知識論和修證主張上的特色做一點總結。

　　簡單說，「瑜伽行中觀派」因為想吸納唯識學，彌補自身在存有論和認識論上的缺陷，所以整體而言展現了一種空、有互融的理論特色。然後，整個「瑜伽行中觀派」在寂護憑他個人的思想創發，開始彌補中觀學在存有論和知識論上的不足後；再待到因歷史緣會的推動，由蓮華戒因應西藏王的要求，將「瑜伽行中觀派」的實踐主張加以理論化、體系化，整體「瑜伽行中觀派」的哲學理論，便展現了一種頗為全面的規模，並且在存有論、認識論與修證理論之間，形成了一種極為密切的關連。也就是：一名佛教修行者

在修證過程中所遍歷和觀照到的各種境界，其實就是認識主體從經驗認識逐步昇進到超越認識的過程中，所把捉到和認識到的、分別屬於經驗性的和超越性的存有。當然，對作為追求解脫道的佛教來說，這種經驗性的存有與超越性的存有，也正對應於「有執的存有」與「無執的存有」。而「瑜伽行中觀派」的瑜伽梯級，就可以說是一種對前此觀想的境界層級，進行逐一超越，以求最終達致無執之存有的思維歷程。……以上是我的報告。

吳汝鈞：嗯，你這邊提到「瑜伽行中觀派」後來發展為一種比較全面的規模，在存有論、認識論和修證理論之間，有一種密切的關連。我想這種看法是不錯的，我在自己的著作裏面，就提到寂護對整個「瑜伽行中觀派」來說，進行了一種比較具有創發性的工作，這當然就是指空、有互融的思維。但到了蓮華戒那裏，就吸收不少唯識學的東西，進一步對修行方面的問題比較有所開拓。但我也要強調一點，「瑜伽行中觀派」畢竟在印度佛教的發展中，已經屬於後期的階段，而且也單單是屬於中觀學內部的一個發展環節，所以它對印度中、後期佛學的整體發展，也就是剛剛我說的，太專注知識論發展的那種大趨向，沒有挽回的力道，對於佛教在印度終究要走向衰微的命運，也是無可奈何的。

從這裏我們也可以發現，一種學問，或者說一種文化系統，好像都注定要經過一種成、住、壞、滅的歷程，它會有興起、成長，達到一種生命力旺盛的豐收期，但也會慢慢沉澱、枯竭，走向生命力喪失的衰亡期。史賓格勒（O. Spengler）寫《西方的沒落》，就提出一種所謂「文化形態學」，認為每種文化系統都不可能永久發

展下去，總是要經歷幾個發展的階段，就像植物、動物和人類這種有機的生命體一樣，有出生和成長，就有衰弱和死亡。他的這種觀點不是沒有道理的。不只人類歷史上的巴比倫古文明、埃及古文明或印度古文明是這樣，我覺得印度佛教的發展也可以映證史賓格勒的這種觀點。你看印度人後來多半都信奉印度教，少部分人信奉回教，佛教的信眾當然還是有，但已經是屬於小眾了！印度當代歷史上的重要人物——聖雄甘地（Mahātma Gandhi），他不是佛教徒，印度的國教也不是佛教。可以說，佛教在印度的輝煌已經走入歷史，對印度人的影響力已經很小了，能夠發揮的創造力也很有限了！就當前來看，只有在印度的大學裏頭，還有佛學的研究者在關注佛教的學問罷了，這和泰國把佛教奉為國教相比，差異實在是很明顯的。……好，有關空、有互融和「瑜伽行中觀派」，我們就討論到這裏，這部分的課程就到此結束。

課程小結

綜觀本節內容，讀者不難看出，主報告人在前此兩節的討論基礎上，除了對於寂護其人深具開創性的教相判釋有所說明外，也對寂護的弟子——蓮華戒所開展出來的、較為具體的瑜伽行實踐，進行了概括性的介紹。而吳汝鈞先生則在整體課程的回應中，除了針對主報告者的報告內容進行了延伸性的補充，如：寂護吸收唯識教說以充實中觀學教理的用心何在？西藏「桑耶寺宗論」的發展始末為何？佛教的「瞑想」實踐是一種甚麼樣的修證方式？……等，還重點揭示了其個人在近年的佛學研究中，所觀察到的兩點較為隱微的面向，供研修者與讀者們參考：

（一）在唯識學內部——特別是「有形象唯識」與「無形象唯識」兩派思想——與瑜伽行中觀派的教相判釋之間有所交集，並展示二者所共同肯定到的「光輝的心靈」，與其後大乘佛學中的「佛性」思想，有莫大的關聯。

（二）佛教與人類社會中的其他文化體系一般，同樣有著從興起、發展走向沒落、衰亡的過程。而佛教的發展在印度地區之所以走向衰微，可以說正是導因於印度佛教中、後期的學者們——無論是唯識學或中觀學——投注過多心力在認識論的建構上，從而離卻了佛教的立教初心，也失去了吸引信眾、指導信眾生活的力量。

吳汝鈞先生的這兩點觀察，前者直指印度佛教在整體宗教義理的開拓上，屬於內部發展的邏輯關鍵；後者則關聯於印度佛教在整體宗教事業的傳播上，屬於外部發展的問題癥結，觀點都頗為新穎，也率皆是值得佛學研究領域中的先進、後學，爬梳更多相關文獻，進一步予以檢視、驗證的課題。

國家圖書館出版品預行編目資料

空宗與有宗：佛教判教的對話詮釋初續

吳汝鈞等著. – 初版. – 臺北市：臺灣學生，2013.09
面；公分

ISBN 978-957-15-1595-3 (平裝)

1. 佛教教理 2. 佛教哲學 3. 文集

220.107   102018871

空宗與有宗：佛教判教的對話詮釋初續

著 作 者：	吳　　　　汝　　　　鈞　　　　等
出 版 者：	臺 灣 學 生 書 局 有 限 公 司
發 行 人：	楊　　　　雲　　　　龍
發 行 所：	臺 灣 學 生 書 局 有 限 公 司

臺北市和平東路一段七十五巷十一號
郵 政 劃 撥 帳 號：00024668
電　　話：(02)23928185
傳　　眞：(02)23928105
E-mail：student.book@msa.hinet.net
http://www.studentbook.com.tw

本 書 局 登
記 證 字 號：行政院新聞局局版北市業字第玖捌壹號

印 刷 所：長 欣 印 刷 企 業 社
新北市中和區中正路九八八巷十七號
電　　話：(02)22268853

定價：新臺幣五四〇元

西 元 二 〇 一 三 年 九 月 初 版